D1726405

Hendrik Normann et al.

KREISGEDANKEN 2

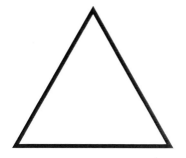

www.weg-arbeit.de

© 2016 Hendrik Normann
Herstellung und Verlag: BoD – Books on Demand, Norderstedt
Umschlaggestaltung, Satz und Layout: Dirk Petersen
ISBN 978-3-8370-2061-8
Bibliografische Information der Deutschen Nationalbibliothek
Die Deutsche Nationalbibliothek verzeichnet diese Publikation
in der Deutschen Nationalbibliografie; detaillierte
bibliografische Daten sind im Internet

Inhalt

haben, sind wir noch nicht von Neugier geschüttelt. Man darf aber wie praktisch immer davon ausgehen, dass ein leichtes Desinteresse oder gar Langeweile bestehen, **obwohl** wir die vorangehende Information in keiner Weise abschließend durchdacht haben – wenn das überhaupt geht. **Haben** wir es aber **nicht** oder **geht** es gar **nicht**, woher kommen dann Desinteresse oder Langeweile? Wahrscheinlich sind das Widerstände der Alltagspersönlichkeit. Erinnern wir uns: Nicht-Wissen ist ein grundsätzlich behebbares Faktum. Nicht-Wissen-Wollen eine „Sünde" die zu Leiden (karmischen Erweckungsversuchen) führt.

Schauen wir zuerst, welches die drei Ebenen sind. Klar, die drei Ebenen sind Gedanken, Emotionen und grobstofflicher Körper bzw. grobstoffliche Tat. Oder ein etwas anderer Ansatz, der die starke wechselseitige Bedingung von Gedanken und Emotionen berücksichtigt: Gedanken/Emotionen, Worte und Handlungen. Dabei sind Worte ein verbindendes Element, denn einerseits sind sie Inhalt und Ausdruck von Gedanken/Emotionen und andererseits sind sie gesprochen oder geschrieben schon Handlungen in der grobstofflichen Welt.

Doch unabhängig davon, welchen Ansatz wir wählen, können wir sehen, dass wir unsere Aufmerksamkeit auf eine Vielzahl von Möglichkeiten lenken müssen, wenn wir nicht in Schieflage geraten wollen. Die für unsere karmische Beurteilung wichtigste Ebene ist aber die unterste Ebene, die Ebene der grobstofflichen Tat.[1] Und warum? Weil wir nach dem tiefsten Abstieg und der weitestgehenden Verwicklung in die Materie unsere befreiende spirituelle Entwicklung quasi „von oben" nach unten in die Welt hindurchsickern lassen und sie sich als krönender Abschluss auf der grobstofflichen Ebene offenbaren soll. Unsere Mission ist, Gott in die Welten der Trennung zu tragen – bis ganz hinab! Wie weit uns das gelingt ist Maßstab unseres Erfolges.

---

[1] Vergleiche Matthäus 7,17-20: So bringt jeder gute Baum gute Früchte; aber ein fauler Baum bringt schlechte Früchte. Ein guter Baum kann nicht schlechte Früchte bringen und ein fauler Baum kann nicht gute Früchte bringen. Jeder Baum, der nicht gute Früchte bringt, wird abgehauen und ins Feuer geworfen. Darum: an ihren Früchten sollt ihr sie erkennen. (Luther 1984)

Und ohne allzu sehr ins Detail gehen zu wollen schauen wir einmal auf die drei Bereiche und stellen beispielhaft ein paar mögliche Punkte zusammen. Es wird schon dabei schnell deutlich, dass ein für viele Menschen geradezu traumatischer Begriff im Vordergrund spiritueller Verwirklichung steht – es ist der Begriff „Verzicht". Etwas trösten mag hier die Tatsache, das Verzicht zunächst **gradueller** Verzicht bedeutet. Also schrittweise Einschränkung mit dem **Ziel**, ganz zu verzichten. Dies entspricht auch dem Prinzip der Weg-Arbeit, obwohl es den Beschreitern des spirituellen Pfades auch gar nicht so selten gelingt, individuell unterschiedliche Arten von Fehlverhalten sofort und gänzlich zu unterlassen.

Im Umgang mit uns selber kann Verzicht beispielsweise Verzicht auf Drogen (zu denen auch Alkohol zählt) bedeuten. Weiter gefasst könnte man auch auf Kaffee verzichten. Man verzichtet also auf Dinge, die für einen selbst schädlich sind. Also vielleicht auch auf ungesundes Essen – was man freilich auf vielerlei Weise definieren kann. Oder man verzichtet auf Bewegungsmangel, was ja nicht nur Verzicht wäre, sondern umgekehrt auch Aktivität bedeuten würde. Laufen, schwimmen, Volleyball spielen, Gartenarbeit machen und so weiter. Wir können auch auf Stress verzichten, einen liebevollen, sanften Umgang mit uns selber pflegen, mal kürzer treten. Wir könnten darauf verzichten, uns selber zu belügen, wo immer wir dies tun. Wir können uns unangenehmen Wahrheiten stellen. Nur dann können wir sie akzeptieren oder ändern.

Im Umgang mit den Menschen in unserem Umfeld sind einige der fünf Silas eine gute Orientierungshilfe. Weitestmöglicher Verzicht auf Lügen, Stehlen[2] und sexuelles Fehlverhalten. Dazu freundlicher, liebevoller, fairer, dienender Umgang mit unseren Nächsten. Verzicht darauf, unsere negativen Emotionen auszuleben, zu projizieren. Verzicht darauf, ständig das Drama zu suchen. Lieber das Drama leben als gar nichts fühlen? Wie arm!

[2] Unter Stehlen können wir auch das Stehlen von Zeit und Energie verstehen. Auch das Verführen zu nicht förderlichen Handlungen ist eine Form von Diebstahl.

Im Umgang mit der Welt können wir uns Konsumverzicht groß auf unsere Fahne schreiben. Wieviel Leid verursachen wir bis in die letzten Winkel der Welt durch hemmungsloses und gedankenloses Konsumieren. Menschliches Leid, tierisches Leid, pflanzliches Leid, ja sogar sozusagen „mineralisches Leid" durch Raubbau und sinnlose Verschwendung und Vernichtung von unersetzlichen Bodenschätzen. Und neben dem Konsumverzicht soll der Verzicht auf unüberlegtes, nicht im globalen Gesamtzusammenhang gesehenes Fortpflanzungsverhalten nicht vergessen werden. Das wäre die Übertragung des Gebotes vom Verzicht auf sexuelles Fehlverhalten aus dem zwischenmenschlichen Bereich auf die Welt. Weitere Einzelheiten zu benennen, würde hier den Rahmen sprengen. Wir sind auch an anderer Stelle schon darauf eingegangen.

Doch soviel sei gesagt: Da es aufgrund der Größe der Welt eine schier unendliche Vielzahl von schädlichen Wirkungsmöglichkeiten gibt, entziehen wir uns ihnen ohnehin am besten durch konsequenten und möglichst umfassenden, alle Aspekte unseres Alltagslebens berührenden Verzicht, denn wenn wir das tun, brauchen wir Details gar nicht mehr zu wissen.

Fragen stellen

Wenn du einem Fechter auf der Straße begegnest, gib ihm ein Schwert.
Biete niemandem ein Gedicht an, es sein denn einem Dichter.
Wenn du mit den Menschen sprichst, dann erzähle ihnen nur Dreiviertel.
Gib niemals den anderen Teil preis.
(Zen-Weisheit)

Wenn dich einer fragt, sag immer nur die Hälfte. Wenn dich keiner fragt,
deute hin und wieder die Hälfte einer Hälfte an.
(Das Buch der drei Ringe)

Eine grundsätzliche Arkanpflicht gibt es heute nicht mehr. Sie ist zu unspezifisch. Insofern wird selbst ungefragt immer wieder Allen ein kleiner Teil der Wahrheit angeboten. Niemand wird sagen können, er habe nichts gewusst, weil keiner ihn darauf hingewiesen habe. Man könnte sagen, dass in letzter Konsequenz geprüft wird, wie sehr die Menschen dem Nicht-Wissen-Wollen verfallen sind.

Aber stimmt das, was oben steht? Die auf Fragen Antwortenden sollen nur die Hälfte erzählen? Hört sich fies an. Doch wie üblich ist das Gemeinte wieder komplexer als die einfachen Sätze vermuten lassen. Zum einen handelt es sich bei der „Anweisung" zumindest teilweise um einen Naturzustand. Im beiläufigen Gespräch und selbst in einem gezielten, längeren Vortrag **kann** niemand alles sagen. Man wird immer nur einen Einblick, eine Zusammenfassung geben. Vertiefte Wissensweitergabe ist vom Dialog abhängig.

Zum anderen handelt es sich aber definitiv um den Verweis auf eine Lehrmethode. Um **die** Lehrmethode[1]! Es ist aber keinesfalls eine fiese Methode. Die Gnade ist, dass man die Hälfte

---

[1] Es ist im übrigen auch eine Lernmethode!

einer Hälfte angedeutet bekommt. Auf Nachfrage erfährt man die ganze Hälfte. Ob das Erzählte verstanden wurde, wird getestet, indem man die andere Hälfte nicht erzählt bekommt. Hat man bewiesen, dass man verstanden hat, erfährt man die zweite Hälfte – und die Hälfte der Hälfte der nächsten Stufe! Und das gilt auf allen Ebenen der Entwicklung.

Und wie beweist man, dass man verstanden hat? Durch die Fragen, die man stellt. Und noch mehr dadurch, ob man überhaupt Fragen stellt. Stellen wir es uns so vor: Wir alle befinden uns auf irgendeinem Entwicklungsniveau. Wenn wir auf diesem Niveau Fragen haben, dann liegt die Antwort im Grunde schon in den Fragen. Darüber hinaus erhalten wir Informationen über die nächste Entwicklungsebene.

Diese Informationen können wir nun auf zweierlei Art bearbeiten. Wir können sie sozusagen in die darunterliegende Ebene als unbelebte Daten reintegrieren – also quasi herunterziehen. Einem spirituellen Lehrer gegenüber können wir dann diese Information wiedergeben, aber es ergeben sich entweder gar keine Fragen daraus, oder es sind Fragen, die eben die tiefere Ebene betreffen. Oder aber es können sich durch die Informationen über die nächsthöhere Ebene angeregt, wiederum entscheidende, weitreichende Fragen für uns ergeben. Dann schließt sich der Kreis. Obwohl man eigentlich besser sagen müsste, dass er sich dann erneut öffnet! Der Lehrende (oder auch einfach das Karma oder das Leben) wird wiederum höherwertige Antworten geben.

Klar muss aber sein, dass wir hier **keinen** Wettlauf beschreiben. Alle verbringen immer wieder längere oder kürzere Zeiten im Rückzug auf einer Ebene. Dinge müssen reifen! Der Vorteil des spirituellen Pfades ist, Informationen wie diese zu haben. Lassen wir sie zu sehr und zu lange zu unbelebten Daten degenerieren, verlassen wir diesen Pfad. Klar muss sein, dass wir hier **einen** Wettlauf beschreiben. (Widerspruch beabsichtigt)

Nahes und fernes Karma

Es fallen eure Gründ auf euch zurück
Wie Hunde, die den eignen Herrn zerfleischen!
(William Shakespeare, Heinrich V.)

Karma hat zwei Dimensionen von Nähe und Ferne. Die eine ist die Nähe und Ferne des Zeitpunktes des Reifens der karmischen Wirkung. Die buddhistische Überlieferung unterscheidet hier drei Stufen von Reifung. Reifung in diesem Leben, Reifung im nächsten Leben und Reifung in einem späteren Leben. Allerdings ist diese Unterscheidung rein akademisch, denn es werden in dem Zusammenhang keine Taten kategorisiert. Wir wissen also nicht, **welche** Taten schnell oder langsam reifen. So bedeutet die buddhistische Aussage schlicht: Karma kann sehr schnell reifen[1] oder es kann mindestens zehntausend Jahre dauern – und alles dazwischen. Und implizit: Die Verflechtungen von Ursachen und Wirkungen sind dermaßen komplex, dass selbst dem konkurrenzlos starken buddhistischen Wunsch, die Dinge in übersichtliche und hilfreiche Schubladen zu packen, hier offensichtlich Grenzen gesetzt sind. Diese verborgene Aussage ist vielleicht die stärkste und bedeutungsvollste Information in Bezug auf die erste Dimension.

Die zweite Dimension ist die der Nähe und Ferne des Ortes. Sie ist dem gegenüber nicht nur wegen des deutlich detaillierteren Informationsgehaltes wichtiger. Sie ist es vor allem wegen ihrer fundamentalen, alles durchdringenden Bedeutung für die Lebensführung jedes Menschen, denn sie bezieht sich nicht auf die zeitliche Nähe oder Ferne, sondern auf die Nähe oder Ferne unserer Einflüsse auf die ganze Welt. Wir sind ohne Ausnahme für alles verantwortlich, was irgendwie mit unserem Tun zu tun hat.[2]

---

[1] Wirf in einer Menschenmenge zwanzig mal einen Stein möglichst steil in die Luft. Neunzehn mal wird er einem anderen auf den Kopf fallen und beim zwanzigsten mal dir selber. Entsprechend der 95%-Regel ist das ein sich schnell erfüllendes Karma – stark schematisiert, aber nachvollziehbar. (Zur 95%-Regel lies die Betrachtung „Fünfundneunzig, fünf und fünf von fünf" aus Kreisgedanken 1)

[2] Siehe hierzu die Betrachtung „Die drei Säulen des spirituellen Lebens"

Nur weil wir von weitreichenden Konsequenzen unseres Tuns nichts wissen, sind wir karmisch nicht von den Konsequenzen dieser Konsequenzen frei.

Da wollen wir einmal genauer hinschauen. Aber auch hier gilt, dass die Verflechtungen von Ursachen und Wirkungen so komplex sind, dass die Beispiele notwendigerweise Vereinfachungen sind. Über diese Vereinfachungen können wir uns jedoch dem nichtlinearen Feld[3] unserer karmischen Verbindungen mit unserer gesamten Umwelt annähern und schließlich ein Gefühl für die Wahrheit entwickeln[4].

Nahes Karma ist zum Beispiel, wenn man lebenslang recht viel Alkohol trinkt und dann irgendwann die Leber versagt. Rauchen und dann ein Lungenleiden bekommen. Fettes Fleisch essen und irgendwann sind die Adern verstopft. Sonnenbaden und im Alter Hautkrebs bekommen. Oder sogar, wenn man unachtsam in einem Zimmer herumläuft und sich dabei die Zehen stößt. Folgender Witz illustriert nahes Karma auch recht gut: Ein traurig aussehender älterer Mann sitzt auf einer Parkbank. Ein anderer Mann geht vorbei, schaut und fragt besorgt: „Kann ich Ihnen helfen? Was ist denn los?" Der erste antwortet: „Ach! Niemand will mein Freund sein, du Blödmann." Nahes Karma entfaltet sich also nah. Körperlich nah, emotional nah und gedanklich nah.

Wohlgemerkt und nochmal zur Unterscheidung: Bei den vorangehenden Beispielen sieht man, dass die **zeitliche** Nähe unterschiedlich ist. Es ist denkbar, dass man ein ganzes Leben lang raucht und erst fünf Inkarnationen später als Nichtraucher Lungenkrebs bekommt. Das dient dann den Rauchern wieder als Argument dafür, dass sie ruhig Rauchen könnten, da man ja auch so an Lungenkrebs erkranken könne. Wir sehen aber bei den obigen Beispielen, dass die **Orte** von Aktion und Reaktion sehr nah bzw. sogar körperintern sind.

---

[3] Siehe hierzu die Betrachtung „Nichtlineare Felder".

[4] groken

Allgemein kann man sagen, dass örtlich fernes Karma in der Regel auch zeitlich ferner zur Reife kommt. Es ist jedoch nicht auszuschließen, dass es sich auch zeitlich nah auswirkt. Die Wahrscheinlichkeit ist allerdings geringer. Umgekehrt ist es natürlich genauso. Örtlich nahes Karma hat die Tendenz, sich auch zeitlich nah auszuwirken – wenn auch hier wiederum das Gegenteil möglich ist.

Wir sehen auch hier: Leicht zu überblicken ist die ganze Sache nicht. Was können wir daraus ziehen? Vorsicht mit dem Beurteilen anderer und auch seiner selbst. Demut bei der Auseinandersetzung mit dem Karmakomplex. Eine gewisse Bereitschaft, persönliche Leiden anzunehmen und als erkenntnisfördernden, befreienden Prozess zu akzeptieren. Wo die individuellen Grenzen liegen, das muss jeder selbst ausloten.

Und abschließend eine Hypothese zur eigenen Auseinandersetzung: „Am schnellsten lernen wir aus zeitlich **und** örtlich nahem Karma."

Der Ich-Wahn
Bruder Josef

Ein Egoist ist ein unfeiner Mensch,
der für sich mehr Interesse hat,
als für mich.
(Ambrose Gwinnett Bierce)

Wo immer ich gehe, folgt mir ein Hund namens Ego.
(Friedrich Wilhelm Nietzsche)

Die Welt wimmelt von Leuten,
die niemandem Leides antun,
aber Gutes nur sich selbst.
(Lebensweisheit)

19

Fast alle der gemeinsam mit uns inkarnierten Erzengelwesen stecken in ihrem Ich-Wahn tief in der Verwechslung und erkennen nicht, dass sie von ihrem selbst erschaffenen Alltagspersönlichkeitsegoismus nicht nur beherrscht werden, sondern fest daran glauben, dieser zu sein. Der Egoismus als realitäts- und bewusstseinsvermittelndes Gebilde liefert uns nicht nur die durch ihn gefärbte Sichtweise unserer Umwelt, sondern er erreicht dadurch gleichzeitig, sich eben durch diese permanente Interpretation seiner Umwelt selbst zu bestätigen und damit am Leben zu erhalten.

Zwanghaft ist er bemüht, durch das unablässige Benützen von Gedanken, Gefühlen und körperlichen Ausdrucksweisen sich über seine Umwelt zu erheben und sich von ihr abzugrenzen. Praktisch ununterbrochen rastert er über die fünf Sinne seine Umgebung ab, interpretiert die aufgenommenen Eindrücke und sucht darin die Bestätigung seiner Elementalstrukturen, die er sich aus alten Erfahrungen und ersponnenen Zukunftsphantasien zusammengebastelt hat. Dabei geht er bei den Sinneswahrnehmungen selektiv vor, alles was in sein Konzept passt, wird registriert und interpretiert, alle anderen Dinge werden ausgeblendet und ignoriert. So kann man erklären, warum Menschen oft die offensichtlichsten Dinge nicht bemerken, obwohl sie sich direkt vor ihrer Nase abspielen.

Eine besondere Bestätigung findet der Egoismus darin, seine Mitmenschen und deren Handlungen anhand seiner entworfenen Konzepte zu klassifizieren, zu bewerten, zu kritisieren und mit Vorliebe auch zu verurteilen. Letzteres erhebt ihn über seine Zeitgenossen, die er als fehler- und mangelhaft ansieht, und gibt ihm ein elitäres Gefühl von beinahe allwissender Vollkommenheit, das Gedanken an die eigene Verbesserung oder Modifikation als unnötig ausschließt. Seine diesbezügliche Starrheit und Unbeweglichkeit fußt in seiner Angst vor Veränderung, da er damit unterschwellig die Gefahr seiner Auflösung in Verbindung bringt.

Eine aktive Veränderung seiner Strukturen durch das höhere Selbst löst Todesängste und erhebliche Widerstände bei ihm aus! Eigene Unvollkommenheiten werden vom Egoismus grandios negiert oder verharmlost, nicht zu leugnende Schwächen werden von ihm als Originalität dargestellt. Er liebt es, sich und seine Muster in den ihn umgebenden Menschen gespiegelt zu sehen, auf dieser Basis sucht er sich auch seine Freunde aus. Es gibt ja nichts Schöneres, als sich zum Beispiel mit Gleichgesinnten über scheinbare Ungerechtigkeiten am Arbeitsplatz zu mokieren und gleichzeitig viribus unitis[1] den neuen Kollegen, der als Konkurrent betrachtet wird, gnadenlos zu mobben. Der eigene Vorteil wird genauso wie diverseste körperliche und gefühlsmäßige Annehmlichkeiten konsequent gesucht und verwirklicht.

Die Sucht nach Anerkennung und „Liebe" nimmt beim Egoismus schon beinahe groteske Züge an. Es wird alles unternommen, um in den Genuss dieser essentiellen Zuwendung seiner Mitmenschen zu gelangen. Am effektivsten und auch am naheliegendsten dazu geeignet scheint ihm der Ehepartner zu sein, der diese Annehmlichkeiten vorzugsweise in üppigem Ausmaß ausdrücken solle. Selbst kann er hier schon ein wenig knausrig sein, aber auch nicht zu sehr, denn dann besteht die Gefahr, dass sich der Partner nach neuen Egospiegeln umzusehen beginnt. Um dies zu verhindern, ist natürlich eine gehörige Portion Kontrolle notwendig. Vertrauen ist ja gut, Kontrolle bekanntlich besser (nach Lenin). Letztlich fühlt sich der Egoismus dann in seinem Element, wenn er alles und jeden kontrollieren kann. Kontrollverlust, zum Beispiel durch unvorhergesehene Ereignisse wie etwa Schicksalsschläge, sind für ihn schwer zu verkraften. Auch Kritik ist von ihm nur schwer zu ertragen, er fühlt sich direkt angegriffen und schlägt mit allen Mitteln zurück.

Es gibt nichts Schlimmeres für den Egoismus, als einen ehrlich bemühten Wahrheitsforscher, der systematisch seine Gewohn-

<hr />

[1] dt.=mit vereinten Kräften (Wappenspruch Kaiser Franz Josephs I. von Österreich und dort immer noch weiten Teilen der Bevölkerung geläufig.)

heiten und Muster beleuchtet und ernsthaft in Frage stellt. Das Versprechen der Wahrheitsforscher nach täglicher Innenschau und daraus abgeleiteter Verhaltensänderung empfindet der Egoismus als lebensbedrohende Kampfansage, der von ihm in Form von Integration entgegengewirkt wird. „Ah, das kenn ich ja schon – alles ein alter Hut" oder „das habe ich ja eh schon alles umgesetzt" und ähnliche Aussagen versuchen, die gewonnenen Erkenntnisse an der Oberfläche als reine Information liegen zu lassen und damit zu verhindern, dass substanzielle Veränderungen an der Persönlichkeit vorgenommen werden. Beliebt ist auch die Ablenkungsmasche, indem man mit Arbeit und „wichtigen" Hobbys nur so überhäuft wird und dadurch kaum Zeit findet, die Tagesaktivitäten tiefergehend zu reflektieren.

Müssen wir unseren Egoismus töten, wie es in manchen spirituellen Lehren gefordert wird? Nein, nicht direkt, wir müssen ihn zunächst als Teil von uns in all seinen Facetten kennenlernen, ihn vorläufig akzeptieren und dann beginnen, ihn sukzessive umzugestalten, also die unerwünschten Persönlichkeitsaspekte durch edlere Eigenschaften zu ersetzen. Wir können ihn nicht töten, da wir in letzter Konsequenz als höheres Selbst auch all diese Unvollkommenheiten sind und in der bewussten Verwandlung derselben unsere Lernaufgabe besteht. Oder wie es der Apostel Johannes ausdrückt: „Er muss wachsen, ich aber muss abnehmen" (Johannes 3,30).

Um ein Bild zu gebrauchen betrachten wir also unseren Egoismus als großen Drachen in all seinen furchterregenden Merkmalen und beginnen dann, ihn langsam aber konsequent in ein liebes Haustier umzugestalten. Wir werden ihm zuerst seine Krallen ziehen, dann die furchteinflößenden scharfen Zähne. Wir werden ihn so lange auf Diät setzen, bis er eine Größe erreicht, in der er für uns beim Spazierengehen auch bei unerwarteten Ereignissen beherrschbar bleibt. Wir werden ihm, um ihn bei Laune zu halten, manchmal auch bewusst Leckerlis geben oder bei zu starkem Tempo eine Verschnaufpause zugestehen. Letztlich werden wir mit ihm ohne Leine und Beißkorb überall hin unterwegs sein und ihn auch mit Kindern spielen lassen können. Gänzlich unbeaufsichtigt bleibt er aber nie, wir behalten ihn stets im Auge, da wir uns nie sicher sein können, ihn schon in allen Aspekten erkannt zu haben.

Als Wahrheitsforscher können wir auf eine Fülle von Übungen zurückgreifen, die die Strukturen des Egoismus Schritt für Schritt transparent machen und uns die Möglichkeit geben, uns behutsam zu transformieren. Die tägliche Innenschau stellt hier ein besonders probates Mittel dar, uns zeitlich entflochten und ohne zu werten von einer höheren Warte aus zu betrachten, um dann die entsprechenden Änderungen an unserer Persönlichkeit vorzunehmen.

Mit der Zeit schaffen wir es dann, uns auch direkt in Situationen des Fehlverhaltens vom Geschehen zu distanzieren und eine Beobachterposition einzunehmen, die es dem höheren Selbst erlaubt, immer stärker die Schale des Egos zu durchdringen und einzugreifen. Mit zunehmendem Abstand von uns selbst stellen sich dann die ersten Durchbruchserlebnisse ein, wir erkennen, dass wir nicht unsere Alltagspersönlichkeit sind und vor allem unser Egoismus als bewusstseinsvermittelndes Konglomerat eigentlich entbehrlich ist. Wir sind ohne ihn immer noch da und vollständig. Wir legen durch diese Erlebnisse die Angst ab, ohne unser Ego nicht mehr existent zu sein oder uns selbst im unendlich großen, stillen Raum zu verlieren. Genau das Gegenteil ist der Fall, wir sind unserem wahren Wesen erst dann unglaublich nah, wenn wir uns(erem Ego) fern sind.

Die „Eine Spirituelle Gemeinschaft"

In den verborgenen Tiefen der Religionen reichen die
Mystiker einander die Hände.
(unbekannt)

Menschheit ist kein irdisches, sondern ein kosmisches
Phänomen - der ganze Kosmos existiert auf den Menschen hin.
Der Mensch über den Kosmos hinaus.
(Ludwig Kirchhofen)

Menschsein ist mehr ein Ausdruck unserer Herkunft und unserer Aufgabe, als unseres äußeren Erscheinungsbildes und unseres Status' in der grobstofflichen Welt. Menschheit existiert auf Myriaden Welten in vielleicht äußerlich sehr unterschiedlichen Formen. Wenn Gott „uns nach seinem Ebenbild geschaffen" hat, so wohl weniger in unserem äußeren Erscheinungsbild, als in unserem inneren höchsten Selbst. Aber fragen wir uns einmal, wie denn „Menschsein" organisatorisch funktioniert und welche Konsequenzen die spirituelle Sichtweise im Detail hat. Wir müssen uns geistig öffnen und auf tiefes Nachdenken einstellen.

Die materialistische Position ist, dass wir als Menschen geboren werden, unterschiedlich lange und angenehm leben und schließlich der Tod eintritt und alles vorbei ist. Die vorherrschende religiöse Auffassung ist, dass bis nach dem Tod alles genauso läuft, wie aus materialistischer Sicht. Danach kommen wir dann in den Himmel oder in die Hölle – oder für einen gewissen Zeitraum ins reinigende Fegefeuer, um dann in den Himmel eingelassen zu werden. Letzteres ist aber eine schon vergleichsweise komplexe Vorstellung. Die Theologie sieht das Ganze noch etwas differenzierter, aber auch im Detail unterschiedlich. Hier kommen noch Aspekte wie das jüngste Gericht und die Wiederauferstehung des Fleisches dazu...

Uns scheinen Vorstellungen, die die Menschen mit nur einer Chance zu ewiger Glückseligkeit oder ewiger Höllenpein verurteilen, zu einfach und auch zu grausam gedacht zu sein. Auch Vorstellungen, die dann im Gegensatz dazu annehmen, dass alle Seelen nach dem Tode belehrt und dann ins Paradies geführt werden, sind unserer Ansicht nach zumindest zu stark vereinfacht dargestellt. Wir bevorzugen das Reinkarnationsmodell – von dem es allerdings auch unterschiedliche Varianten gibt. Modelle, bei denen Inkarnationen als Würmer, Schweine oder Insekten, Höllenbewohner, Götter, Hungergeister und ähnliches für gutes oder schlechtes Verhalten von Menschen vorgesehen sind, erscheinen uns einerseits einem allzu bunten Volksglauben zu entspringen, und andererseits ein Droh- und Kontrollinstrument religiöser Hierarchien zu sein, die mit Reinkarnationsvorstellungen arbeiten.

Wir halten Entwicklung für einen kontinuierlichen Prozess, bei dem allenfalls unterschiedlich schnelle Weiterentwicklung möglich ist; Stagnation[1] und Abstieg hingegen nicht. Die äußeren Lebensumstände können aber abhängig vom Verhalten unterschiedlich angenehm und vor allem förderlich sein. Sich gegen Entwicklung zu sträuben, bewirkt immer eine Verschärfung der karmischen Umstände. Demzufolge bewirkt der Eintritt in die aktive Entwicklung eine Verbesserung der karmischen Bedingungen.

[1] Wobei wir allerdings die möglichen Relationen bedenken müssen. Drei Lebzeiten mit minimaler Entwicklung können sowohl subjektiv als auch von außen betrachtet mit menschlichem Maßstab gemessen wie Stagnation wirken.

Schon aus diesem Sachverhalt leiten wir die Existenz der „Einen Spirituellen Gemeinschaft" ab. Alles im geistigen Sinne gute Karma führt zu ihr hin. Sie ist das förderlichste denkbare Umfeld für Menschen, die die bewusste Entwicklung zu ihrem Lebensinhalt gemacht haben und demzufolge muss sie überall verfügbar sein. Nicht nur überall auf dieser Welt, sondern überall im Kosmos wo es „Menschen" gibt. Dabei ist sie aber keinesfalls kulturell oder formal gleich, nicht global gesehen und noch weniger auf das ganze Universum bezogen. Inhaltlich allerdings schon – wenn wir hier auch besonders im kosmischen Kontext doch von Unterschieden in der Höhe der Verwirklichung ausgehen können. Das bedeutet, dass es Welten und vielleicht auch in früheren Zeiten auf diesem Planeten Regionen mit unterschiedlichem Klassenniveau gibt und gab.

Fakt aber ist: Es gibt nur eine spirituelle Gemeinschaft – die „Eine Spirituelle Gemeinschaft". Ein althergebrachter Begriff ist der der „Weißen Bruderschaft". Dummerweise scheint in Zeiten, in denen man zugunsten vordergründiger politischer Korrektheit immer weniger zwischen Genus (grammatischem Geschlecht) und Sexus (biologischem Geschlecht) unterscheidet, „Bruderschaft" die Schwestern auszuschließen. Um hier die Verwirrung noch einerseits zu erhöhen und andererseits zu beenden sei darauf hingewiesen, dass die „Eine Spirituelle Gemeinschaft" von Insidern durch eine Fülle anderer Begriffe benannt wird. Es sind Begriffe wie: Das Weiße Mandala, Pax deorum, Des Herzen Herz, Das friedfertige Königreich, Die beharrliche Pflanze, Das Auf- und-davon, Vera icon, Die Aula, Die verborgene Akademie, Der Torweg usw. Verständlich sind diese Begriffe nur für jene, die ohnehin schon wissen, wovon die Rede ist.[2] Und genauso ist es ja ...tztlich mit dem scheinbar so verständlichen Begriff der „Einen ...rituellen Gemeinschaft"[3].

---

[2] Sie kön... ...n folglich auch Wrblwgs oder Piesepa...pel dazu sagen.

[3] im Weiteren auch ESG

Man kann einen entwickelten spirituellen Meister in ein beliebiges Land der Welt verfrachten und er wird dort immer Anschluss an diese Gemeinschaft finden. Er kann aufgrund seiner höheren Wahrnehmung Mitarbeiter und besonders Obere dieser Kreise erkennen, wie Lampen in einem dunklen Wald. In der Welt sind die Mitglieder dieser nicht organisatorischen, sondern ideellen geistigen Gemeinschaft einigermaßen gleichmäßig verteilt. Bruder Laterne sagte dazu, dass man entsprechend der 95%-Regel[4] davon ausgehen könne, dass es weltweit etwa 875 000 hoch entwickelte spirituelle Meister gäbe. Echte Lehrer, die selber mit den üblichen Lerninhalten des Klassenraumes Erde nichts mehr zu tun haben. Das ist eine unglaublich hohe Zahl von Leuten, die ein für „normale Menschen" schwer vorstellbares Entwicklungsniveau haben, denn das, was hier weltweit als „Meister" und „spirituelle Lehrer" öffentlich auftritt, hat damit in der Regel wenig gemein. Letztere sind üblicherweise Menschen, die bestenfalls das Klassenziel „Erde" schon erreicht haben, oder einigermaßen weit auf dem Wege dorthin fortgeschritten sind. Schlimmstenfalls sind es Scharlatane! Oft sind sie einfach hohe Vertreter einer institutionalisierten Religion.

Die 875 000 Hohen sind andererseits nicht nach unseren Maßstäben beschränkt darin, wo sie sich aufhalten. Sie könnten durchaus auch hohe Vertreter verschiedener Religionen sein, einfache Mönche, einfache Gläubige. Sie können aber auch außerhalb davon stehen. Rechtsanwälte oder Bauern sein. Gemeinsam ist ihnen, dass sie nur selten öffentlich als Hohe in Erscheinung treten. Und auch, dass sie vor allem den auf dem Entwicklungsweg fortgeschritteneren Schülern lehrend und leitend zur Seite stehen. Immer aber bildet sich um sie eine Gruppe von Schülern, die mit ihnen eine gewöhnlich verborgene unsichtbare Zelle der „Einen spirituellen Gemeinschaft" bilden. Sie unterstützen sich gegenseitig in allen notwendigen Belangen und stärken so

[4] siehe auch die Betrachtung „Fünfundneunzig, fünf und fünf von fünf" aus „Kreisgedanken"

27

nebenbei auch die karmischen Bindungen, die sie immer wieder zusammenführen.

Und um keine Missverständnisse entstehen zu lassen – es gibt keinen einfachen Weg in diese inneren Kreise. Man kann sich nichts erkaufen, erbetteln oder (spaßig übersteigert) erschlafen und erschmeicheln. Nur über tatsächliche, anhaltende, bewusst nach oben offene spirituelle Entwicklung können wir der „Einen Spirituellen Gemeinschaft" zunächst nahe kommen und schließlich in sie hineinwachsen.

Wir müssen also unterscheiden zwischen (mehr oder weniger) spirituellen Gruppen und der einen, allumfassenden Spirituellen Gemeinschaft, die keine Organisation ist, sondern die übergeordnete Heimat aller wirklich spirituell ausgerichteten Sucher und Wahrheitsforscher. Daskalos sprach davon in gradueller Annäherung als von „inner", „inmore" und „inmost Circles". Diese innersten Kreise waren lokale Gruppen der ESG (oder wie immer man sie nennt) und Daskalos wohl zugänglich. Der Bremer Studienkreis ist ein innerer Kreis, der sich klar für die Arbeit und Entwicklung auf die ESG zu entschieden hat.

Wir sehen die Mehrzahl der Daskalos-Kreise im Wahrheitsforscher-System heute als spirituelle Gruppen, denen eine klare Ausrichtung in dieser Sache fehlt. Trotzdem sind die Kreise im einzelnen wohl durchaus zu schätzen. Es gibt sicher einige wertvolle Menschen in ihnen (freilich ohne die anderen damit als wertlos bezeichnen zu wollen), die wunderbare Beispiele gradueller Verwirklichung geben. Klar ausgerichtet könnten aber wahrscheinlich viele von ihnen deutlich weiter vorankommen. Trotzdem ist der Kontakt zu solchen Menschen erhebend, förderlich und durchaus empfehlenswert.

Eine Trennung zwischen Wahrheitsforscherkreisen und der ESG ist aber in gewisser Weise künstlich. Unterschiede gibt es wohl wie gesagt nur im klaren Ausrichten und in der graduellen

Umsetzung. Wichtig scheint uns aber, darauf hinzuweisen, dass es zwischen Bekenntnis und Ausrichtung einen Unterschied gibt. Speziell, wenn man sich zu ultrafernen Zielen wie der Theose bekennt – welche Auswirkungen hat das für die Alltagspersönlichkeit? Dabei gibt es vor der Theose auch noch ein paar Kleinigkeiten umzusetzen. Kindergartenkinder mögen sich zur Habilitation bekennen, aber ausrichten und vorbereiten sollten sie sich auf die Einschulung. Ein vollwertiges Mitglied der ESG zu werden ist lange, lange Arbeit genug. Wir müssen nicht nur bekennen, sondern uns auch konkret fragen, was das bedeutet und das Erkannte auch umsetzen. Und danach müssen wir uns erneut fragen und das dann Erkannte wieder umsetzen. Und so weiter. Tun wir das nicht, können wir uns ganz schnell festfahren. Wir finden etwas und hören auf zu suchen. Das ist Stagnation.

Wir sollen uns aber keinesfalls aus dem täglichen Leben zurückziehen, sondern gerade im alltäglichen Leben unsere Spiritualität entfalten. Ludwig sagte einmal zu einem Schüler: „Ich erlaube Dir zu uns zu kommen, aber das wäre ein Scheitern!" Die Vorstellung, es irgendwo sonst besser umsetzen zu können ist falsch. Wir nehmen uns selber überall hin mit. Keine Chance uns zu entkommen. Gerade in unserem nächsten Umfeld entfaltet sich unsere karmische Aufgabe und der Ansporn für unser Wachstum.

Über die Jahre haben wir drei bis vier Gruppen kennengelernt, die sich der ESG zurechnen und was dort zu sehen war, grenzt schon ans Phantastische. Wir streben nichts mehr an in dieser Welt, als uns entwicklungsmäßig und karmisch bereit zu machen irgendwo in den Trennungswelten nah oder innerhalb einer solchen Gruppe leben zu können. Am liebsten aber gemeinsam mit den Menschen, die uns schon nah stehen. Dazu arbeiten wir auch an unseren karmischen Verbindungen und Verbindlichkeiten. Wir versuchen, uns einander anzunähern, wo es geht und wie es eben geht. Wir sind überzeugt, dass die Annäherung an die ESG das Höchste ist, das wir gegenwärtig hier tun können. Die größte Garantie für persönliches Wohlsein und das unserer Lieben! Und ein definitives Ende des verbreiteten „Einzelkämpfertums"!

Da die ESG praktisch überall ist, zieht sie auch überall die spirituell Strebenden zu sich heran. Noch – also solange das Wissen um die ESG noch nicht weiter verbreitet ist – ist ein gutes Kriterium, nach dem man auf seiner spirituellen Suche Ausschau halten kann, ob andere Schüler und Lehrer des Weges sich zur ESG bekennen. Theoretisch ist die ESG auch in verschiedenen spirituellen und auch religiösen Organisationen vertreten. So auch in anderen Daskalos-Kreisen. Sie sind vielleicht nicht in der ESG, aber die ESG ist möglicherweise in ihnen.

Die innere Sehnsucht der Menschen nach der ESG ist allerdings weit verbreitet. Gerade diese Sehnsucht, dieses innere Wissen könnte man fast sagen, ist die Grundlage vieler Sekten und Gruppen – die aber oft in erschreckendem Maße alles pervertieren, wofür die ESG steht!

Du fragst Dich vielleicht: „Kommt die ESG bei Erreichen eines gewissen Entwicklungsgrades auf uns zu oder müssen wir hier aktiv werden und versuchen, Kontakt zu bekommen?" Sowohl als auch. Und das eine ist das andere. Durch die „Geschicktheit der Mittel" kommt die ESG die ganze Zeit auf Dich zu. Du wirst sie nur nicht unbedingt erkennen. Du kennst den Satz: „Wenn der Schüler bereit ist, ist der Meister schon da!" Die ESG ist der eigentliche Kern aller geoffenbarten Spiritualität. Selbst auf niedrigen Stufen der Entwicklung werden wir durch die ESG geschult. Die einfache, natürliche, praktisch durch den Karmaprozess vorbestimmte Annäherung an die ESG kann von unserer Seite dadurch deutlich beschleunigt werden, dass wir aktiv unsere Entwicklung angehen, uns klar ausrichten und eben auch zum Beispiel die Zufluchtsformeln als machtvolle Elementale verwenden. Darin liegt unsere Möglichkeit aktiv zu versuchen, Kontakt zu bekommen.

Bezüglich der Aufmerksamkeit der Meister verweisen wir hier auf das Kapitel „Missverständnisse über spirituelle Meister" aus den Kreisgedanken. Natürlich sind wir im weitschweifenden Überblick der Meister abgebildet, aber gewöhnlich herrscht wohl eine klare hierarchische Arbeitsteilung vor. Es kommt aber manchmal auch dazu, dass Hohe exponiert werden. Das wurde ja auch von Daskalos behauptet. Er hat sich demzufolge nicht gerne der Öffentlichkeit ausgesetzt. Ludwig hingegen ist deutlich ein verborgener Meister.

Wir können die Hohen eigentlich nicht erkennen. Sie uns schon! Wir stellen uns die geistige Hierarchie immer wie verschieden hohe Tische vor, auf deren Oberflächen diverse Dinge liegen. Die höheren Tische können natürlich von ihrer Oberfläche aus leicht nach unten schauen und genau sehen, was die kleineren Tische auf ihren Oberflächen liegen haben. Nach oben gesehen funktioniert das logischerweise nicht. Wir sehen nur, was die hohen Tische ganz am Rand abstellen – uns also sehen lassen wollen. Damit können sie sich sowohl offenbaren, als auch tarnen. Das liegt in ihrem Ermessen und kann von uns nicht erzwungen oder durchschaut werden.

Schüler- und Lehrertum ist unseres Wissens in den spirituellen Hierarchien selbstverständlich. Nicht lehren bedeutet karmisch gesehen nicht gelehrt werden. Schüler sein bedeutet Schüler haben. Allerdings sind diese beiden Stufen nicht klar getrennt. In der organisierten, ausgerichteten Schülerschaft sind wir einander oft auch Lehrer und Schüler zugleich.

Das Königreich der Himmel ist nahe gerückt! Einerseits ist es in Dir, im nahen Äußeren andererseits ist es die ESG. Erstaunlich, dass diese Erkenntnis sich nicht schon lange durchgesetzt hat oder zumindest weiter verbreitet ist. Eine Form von Betriebsblindheit vermutlich.

Elementale

Wir reichen viel weiter hinein und hinaus als wir glauben.
Von dort aus, wohin wir reichen, wirken wir
nochmals viel weiter hinein und hinaus. Man kann sagen,
unsere Verantwortung hat kein Ende.

Erzengelwesen sind identische Vielheiten. Erzengel Michael beispielsweise ist eine Vielheit von Myriaden und Abermyriaden Michaels, die darüber hinaus noch unterschiedlich groß denkbar sind. Wenn wir Michael dem Element Feuer zuordnen, dann wäre der Michael, der für ein brennendes Streichholz „verantwortlich" wäre entweder kleiner als ein Michael, der einen Waldbrand „verantwortet", oder im letzteren Fall wären viele Michaels am Werk. Wahrscheinlich gelten hier beide Aspekte.

Ähnlich ist es mit Elementalen. Die meisten sind Gruppenelementale und Elementalgruppen. Sie werden nicht neu geschaffen, sondern der Mensch lässt praktisch eine mehr oder weniger starke Verbindung zu einem Gruppenelemental entstehen und baut es mehr oder weniger groß temporär oder dauerhaft in seine AP (Alltagspersönlichkeit) ein. Er wird dadurch aber auch zu einem Sender/Projektor für dieses Elemental. Gänzlich neue Elementale entstehen selten. Dies im Hinterkopf kann man aber durchaus bei dem Bild vom „Schaffen von Elementalen" bleiben.

Von einem Menschen ausgesandte Elementale können einen anderen Menschen streifen, ohne hängen zu bleiben. Man könnte auch sagen, sie gehen durch einen hindurch, ohne Widerstand zu finden – es ist keine Resonanz da. Dann kehren sie wieder zu dem Sender zurück, um sich dort zu vitalisieren. Oder sie werden auf eine andere Person in der Nähe wirken (können). Es gibt zwei unterschiedliche Formen von Nicht-Resonanz. Die eine ist

Nicht-Resonanz in Verbindung mit Unaufmerksamkeit (zumindest in dem Punkt). Die andere ist Nicht-Resonanz in Verbindung mit Bemerken.

Im letzteren Fall kann man Elementale aktiv abfangen und umbauen. Hier liegt sogar ein nicht unwesentlicher Teil unserer Verantwortung in der Welt. Negative Elementale zu devitalisieren und positive zu vitalisieren. Nicht nur bei sich selbst, sondern auch bei anderen. In welcher Gewichtung und Kombination man das tut ist jedoch individuell herauszufinden. Allgemein schätzen wir die Elemental-Arbeit bei einem selbst aber als wichtiger ein.

Die Verantwortung für das „Entstehen" von Elementalen (besser: das Aufnehmen von Verbindungen zu Elementalen, das Erlauben des Einnistens von Elementalen) liegt immer beim Einzelnen. Ein Elemental von Person A kann auch das „Entstehen" eines ganz anderen Elementals bei Person B begünstigen. Und dieses Elemental kann wieder eine Rückwirkung auf das Ursprungselemental von A haben. Die Wechselwirkungen sind aber offensichtlich indirekt. Diese komplexen Vorgänge (und in Wirklichkeit sind wir ja andauernd viel, viel mehr Elementalen ausgesetzt) machen es uns grundsätzlich schwer, ganz deutliche Wirkungszuweisungen vorzunehmen. Es ist hier einfach wichtig, sich für das Verständnis der Prozesse zu öffnen, ohne zu sehr ins Detail zu gehen.

Trotzdem ist es auch ganz richtig, Beobachtungen gelegentlich quasi isoliert zu formulieren.

Aspiranz und Verwirklichung

Aspiranz durch Transzendierung der Alltagspersönlichkeitsebene ist auf vielen Verwirklichungsebenen möglich. Fortgeschrittene Verwirklichung führt still und unspektakulär zur Aspiranz.

(Ludwig Kirchhofen)

Man könnte es „Sägemehl sägen" nennen, wenn wir die Eingangsaussage hier zergliedern, da alles unten Betrachtete bereits in ihr enthalten ist. Man könnte die Eingangsaussage aber auch einen präzise behauenen Klotz nennen. Kann sie Sägemehl und Klotz zugleich sein? Unergriffen beinhaltet sie beide Zustände. Ergreifen wir sie, ist sie immer das eine oder das andere. Das allein sollte uns schon auf das Folgende vorbereiten:

Es gibt eine Wechselwirkung zwischen der Alltagspersönlichkeit (AP) und dem Höheren Selbst (HS), die wir nicht aus dem Auge verlieren dürfen. Die niederen Bereiche des HS, angrenzend an die AP und sogar in die AP hineinreichend, haben einerseits erzengelhafte Vollkommenheit, aber andererseits sind sie insofern unvollkommen, als sie ihre Mission in den Trennungswelten und ihre erfolgreiche Individuation noch nicht abgeschlossen haben. Die Reifung des HS ist neben HS-internen Prozessen abhängig von der spirituellen Verwirklichung auf AP-Ebene.

Gewiss ist ein Durchbruchserlebnis (Erleuchtung, Satori etc.) mit der Verschiebung des Selbstwahrnehmungsfokus aus der AP-Ebene in den Bereich des HS immer ein spektakulärer Aspekt der spirituellen Praxis. Zudem ist der daraus resultierende Zustand auch noch recht einfach erkennbar, kommunizierbar und beweisbar – zumindest unter Menschen, die diese Erfahrung teilen.

Es ist aber nicht der einzige Aspekt, der eine Annäherung an die „Eine Spirituelle Gemeinschaft" (ESG) bewirkt.

Die andere und gänzlich gleichwertige Seite ist die spirituelle Verwirklichung auf AP-Ebene[1]. Schließlich wird es ab einem gewissen Grad an Verwirklichung in der Welt kaum noch einen Platz für eine sinnvolle und karmisch passende Inkarnation geben, als in oder nah bei der ESG. Leider ist die Verwirklichung und die aus ihr resultierende Annäherung an die ESG bei weitem nicht so leicht zu erkennen und zu beweisen, wie ein Durchbruchserlebnis, denn zum einen ist sie ungeheuer multifaktoriell und damit in der Summe schwer zu überschauen[2], und zum anderen ist sie graduell fälschbar – kann also simuliert werden, ohne dass ein wirklich innerer Prozess vorliegt, aus dem bestimmte Verhaltensweisen resultieren.

Recht eigentlich ist die Trennung von Erleuchtung und Verwirklichung natürlich künstlich und dient vor allem dem Verständnis, denn zunehmend weitreichende Durchbruchserlebnisse machen voranschreitende Verwirklichung auf AP-Ebene leichter, so wie auch voranschreitende Verwirklichung weiterreichende Durchbruchserlebnisse erleichtert.

Leider ist die andere Seite dieser hoffnungsfrohen Aussage, dass weiterreichende Durchbrüche durch **mangelnde** Verwirklichung erschwert oder ab einem gewissen Grad mangelnder Verwirklichung unmöglich werden. Ebenso wird Verwirklichung **ohne** irgendwann hinzukommende Durchbruchserlebnisse ins Stocken geraten und mangels Inspiration schließlich auf der Stelle treten.

Als hilfreich erweist sich unter Umständen ein spirituelles Umfeld, in dem gegenseitige Inspiration über das persönlich Machbare hinaus stattfinden **kann**.

---

[1] Siehe die Betrachtung „Die drei Säulen des spirituellen Lebens".

[2] Die Entscheidung fällt daher hier hauptsächlich über den karmischen Prozess.

Der Weg zum Erbe
Bruder Josef

Ein Sklave trachtet allein danach, frei zu werden.
Er pflegt aber nicht nach dem Besitz seines Herrn zu trachten.
Der Sohn aber ist nicht nur ein Sohn,
sondern er schreibt sich das Erbe seines Vaters zu.

NHC II,3, Spruch 2

Der Verfasser des Spruches, der dem gnostischen Philippuse-vangelium entnommen wurde, vergleicht darin vordergründig die Beziehung eines Sklaven zu seinem Herrn mit der ganz anders gearteten Beziehung eines Sohnes zu seinem Vater. Während für den Sohn der Eintritt in das Erbe seines Vaters die zentrale Aufgabe darstellt, ist das Sinnen des Sklaven ausschließlich darauf ausgerichtet, seine Freiheit zu erlangen. Es werden hier also zwei grundverschiedene Verhältnisse mit unterschiedlichen Zielsetzungen dargestellt, die aber trotzdem in einer Beziehung zu einander stehen, denn der Autor hat hier bewusst eine Verknüpfung im zweiten Satz hergestellt, nämlich mit der Bemerkung, dass der Sklave eben nicht am Besitz des Herren interessiert ist. Wie kann man das in einen spirituellen Kontext bringen?

Betrachten wir die erste Beziehung einmal näher, die des versklavten Menschen zu seinem Herrn. Worin kann hier – spirituell betrachtet – die Sklaverei bestehen? Wohl am ehesten in der Anhaftung an die uns umgebenden materiellen Dinge, die ja auf viele Menschen eine starke Anziehungskraft ausüben und diese damit gleichsam in ihre Abhängigkeit bringen. Man sieht dies beispielsweise daran, wie schwer es uns fällt, auf lieb gewordene Gewohnheiten oder materielle Annehmlichkeiten zu verzichten. Leider ist das bloße Halten eines gewissen Lebensstandards für die meisten Menschen nicht genug. Die Gier nach „mehr", nach immer größerem Besitz, nach immer mehr Dingen, die uns Erfüllung versprechen, aber diese uns letzten Endes nicht geben können, bedingt einen immer größer werdenden Aufwand an Ressourcen und Arbeitseinsatz, um diese Dinge zu erreichen. Ein sich selbst verstärkender Teufelskreis, der uns immer tiefer in die Versklavung führt.

Es geht aber auch noch schlimmer, nämlich dann, wenn wir diese Dinge sogar als wesentlichen Teil unseres Selbstes betrachten, wenn wir uns also gleichsam durch unseren Besitz definieren. Wie oft treffen wir Menschen, die sich als erfolgreicher Geschäftsmann, Anwalt oder Spitzensportler sehen und damit voll identifiziert sind. Das Teuflische und Traurige daran ist, dass sie ihr Sklavendasein nicht einmal als solches erkennen, zumindest nicht bis zu dem Zeitpunkt, wo sie dies durch den Karmaprozess schmerzvoll vor Augen geführt bekommen. Massiver materieller Verlust, eine schwere Krankheit oder das Hinübergehen geliebter Menschen können hier die Wertigkeiten rasch und nachhaltig verschieben. Manche erkennen durch diese „Peitschenhiebe des Schicksals" ihre Unfreiheit und Abhängigkeit, sehr wenige versuchen aus dieser Erkenntnis heraus, sich aus ihrem selbstgewählten Gefängnis zu befreien.

Wir können uns dieser Art der Versklavung aber auch aus einem anderen Blickwinkel, nämlich dem Wirkungsgefüge unserer Persönlichkeitsstrukturen heraus, annähern: Es ist die Dominanz unserer Alltagspersönlichkeit, die über ihre permanenten niederen Impulse unserem höheren Selbst ihren Willen aufzuzwingen versucht. Die Alltagspersönlichkeit ist der Herr, der uns als höheres Selbst in der Sklaverei hält. Eigentlich sollte es ja umgekehrt sein, wir sollten versuchen, unsere Alltagspersönlichkeit mit liebevoller Strenge zu führen, aber Hand auf's Herz, wie oft wedelt auch bei uns noch – bildlich gesprochen – der Schwanz mit dem Hund?

Auch in diesem Aspekt der Versklavung ist es so, dass den meisten Menschen ihr Sklavendasein gar nicht bewusst ist. Sie versuchen, berauscht durch den Glanz der Materie, den Impulsen ihrer Alltagspersönlichkeit so weit wie möglich nachzukommen. Zum Beispiel findet man häufig das Phänomen, dass Alkoholiker ihre Krankheit vehement abstreiten, sie finden beispielsweise gar nichts dabei, wenn sie um zwei Uhr in der Früh zittrig wach werden, zur Whiskyflasche greifen und erst nach einem kräftigen Schluck weiterschlafen können. Wenn das keine Form von Versklavung ist, was dann? Interventionen des höheren Selbstes in Form von Gewissensbissen oder ernsthaftem Nachdenken werden nach kurzer Zeit von der Alltagspersönlichkeit gekonnt abgewiegelt oder bestenfalls in Form einer angenehmeren Ersatzhandlung rasch integriert, sodass letztendlich auch hier nur der schmerzhafte Karmaprozess die notwendigen Änderungen bewirkt. Der bewusste Einstieg in die aktive Modifikation unserer Alltagspersönlichkeit stellt hier den leider nur von wenigen beschrittenen Königsweg dar, der uns unsere Versklavung in den verschiedensten Aspekten unserer Persönlichkeit sukzessive vor Augen führt und uns die Tür zur Freiheit weist. Wenn wir diese einst durchschreiten werden, haben wir schon Gewaltiges vollbracht, wir haben unsere Herkulesaufgaben und damit einen wesentlichen Aspekt unserer Inkarnationsmission erfüllt.

Da das Abschütteln unseres materiellen Sklavenjoches nur einen – wenn auch sehr wichtigen – Teil unseres selbstgewählten Ausbildungsprogrammes zur Menschwerdung darstellt, deutet der Verfasser des Spruches in den nächsten Sätzen auf ein weiteres, wichtiges Aufgabengebiet hin, das diesem nahtlos anschließt und somit auch mit diesem in Verbindung steht.

Solange wir noch versklavt sind, besteht unser primäres Ziel einmal darin, frei zu werden. Rückt dieses schon in greifbare Nähe oder haben wir es bereits erreicht, ändert sich unser Status und damit auch unsere Zielvorgaben. Wir beginnen jetzt, nicht mehr als Sklave, sondern als von der Gängelung unserer Alltagspersönlichkeit und der materiellen Verhaftung freigewordener Sohn, der sich seiner Herkunft als Erzengel bewusst geworden ist, nach dem Erbe des Vaters zu trachten. Der Auftrag dazu wird uns vom Verfasser des Spruches klar dadurch mitgeteilt, dass „der Sohn aber nicht nur ein Sohn ist", also unsere edle Herkunft alleine nicht ausreichend ist, sondern wir uns unser Erbe „zuschreiben" sollen.

Was ist nun dieser Besitz des Vaters bzw. unser versprochenes Erbe? In einem Aspekt ist es paradoxerweise genau das, wovon wir uns in einem mühsamen Prozess erst befreien mussten, nämlich die materielle Welt! Wir müssen sie uns zu eigen machen, dadurch, dass wir ihre Gesetzmäßigkeiten erkennen und diese auch zu beherrschen lernen. Jetzt aber nicht mehr auf Basis eines gierbehafteten Besitzdenkens, nein, sondern auf der Ebene unseres höheren Selbstes in Einklang mit dem göttlichen Plan. Erst dadurch wird es uns einst gestattet werden, wie die Erzengel, die sich aller Aspekte ihrer Arbeit bewusst sind und damit fehlerfrei tätig sind, schöpferisch wirken zu können. Wir haben uns dann in aller Demut und reich an Erfahrung im wahrsten Sinne des Wortes die Erde untertan gemacht und damit als Söhne des Höchsten unser versprochenes Erbe angetreten.

Fettaugen

(eine im Studienkreis entwickelte Betrachtung)

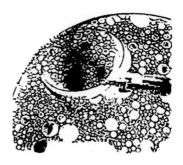

Die Alltagspersönlichkeit eines Menschen, der sich als religiöser oder spiritueller Sucher sieht, liebt bedeutungsvolle Informationen, Begegnungen oder Ereignisse. Im Moment des Erlebens genießt die AP die Situation. Sie fühlt sich angestachelt, wach und angenehm berührt. Um sich aber gegen das innewohnende Veränderungspotenzial der Erfahrung zu wehren, isoliert sie ihre Eindrücke und kapselt sie ab. Wie Fettaugen auf einer Suppe verbleiben die Perspektiven ändernden Erlebnisse auf der Oberfläche – einerseits schmückend und andererseits keinen „Schaden" anrichtend.

Es ist gewiss okay, wenn man am Anfang seiner Suche erst einmal für eine Anzahl Fettaugen auf der AP-Suppe sorgt, aber bei vielen Suchern wird die Fettaugensuche zum Selbstzweck, der eigentlich nur das Sensationsbedürfnis der Alltagspersönlichkeit kitzeln soll. Eigentlich geht es auf der Suche aber um die sinnvolle Integration der Fettaugen. Mit Hilfe von Emulgatoren sollte das „Fett" mit der Substanz der Suppe vereinigt werden. Nur so findet eine echte Veränderung der Alltagspersönlichkeit statt.

Die Emulgatoren sind die richtige[1] spirituelle Praxis, die richtige spirituelle Gemeinschaft und der richtige spirituelle Austausch. Leider ist die Integration mit etwas Mühe verbunden. Allerdings ist diese Mühe bei genauer Betrachtung nicht größer, als die Mühe, die wir für die Abkapselung brauchen. Nur sind wir Abkapselung so sehr gewöhnt, dass wir die Mühe gar nicht mehr bemerken, wohingegen das Gegenteil der AP ungewohnt und anstrengend erscheint.

Darüber hinaus geht der AP im Falle erfolgreicher Integration das „Schmuckstück" konzentrierter Erfahrung scheinbar verloren, denn emulgiert auf die gesamte Suppe verteilt ist das Fettauge für die ungeschulte AP kaum noch herauszuschmecken, da es in der Regel nur einen kleinen Bruchteil der Suppenmasse darstellt. Die Alltagspersönlichkeit meldet dann einen Qualitätsverlust – das genügt ihr so nicht und dient als weiterer Vorwand Integration zu verweigern. Das Fettauge als Fettauge dagegen ist bei Bedarf ohne unerwünschte Nebenwirkungen als Erinnerung hervorholbar und nostalgisch reaktivierbar.

Geduldige und gut ausgerichtete Weg-Arbeit integriert aber nach und nach eine immer größere Zahl von Fettaugen. Und was ist ein Durchbruchserlebnis? Vielleicht der Moment, in dem wir bemerken, wie sehr sich die Qualität der Suppe schon verändert hat und wie viel Potential und Raum für spielerische, freudvolle Weiterveränderung noch vorhanden ist.

„Unser Weg wird kein Weh sein, wird eine lange Allee sein..."
(Rilke)

---

[1] Richtig für einen selbst – hier sehr skeptisch und aufmerksam sein – und richtig im Sinne des höchstmöglichen für einen selbst erreichbaren spirituellen Kontextes – auch hier sehr... ^^

Heilungsarbeit

*Die Altväter der Vorzeit begaben sich in die Wüste und heilten nicht nur
sich selber, sondern wurden auch Ärzte für andere. Wenn aber von uns
einer in die Wüste geht, dann will er andere früher heilen als sich selbst.
Und unsere Schwäche kehrt zu uns zurück und unsere letzten
Dinge werden ärger als die ersten, und daher heißt es für uns:
Arzt, heile dich vorher selber!*

(*„Sprüche der Väter"*)

*Arzt, hilf dir selber: so hilfst du auch deinem Kranken noch.
Das sei seine beste Hilfe, dass er den mit Augen sehe,
der sich selber heil macht.*

(*Friedrich Nietzsche - „Also sprach Zarathustra"*)

Betrachten wir einmal unter den Gesichtspunkten Karma,
Gnade und 95%-Regel das Geschehen im Spannungsboden
Krankheit-Heilung-Gesundheit. Versuchen wir auch, bei der
Untersuchung einzelner Unterpunkte, die drei Gesichtspunkte
nicht aus den Augen zu verlieren und nicht emotional und auch
nicht gefühllos zu werden.

Sicher ist das Bedürfnis eines Leidenden nach Linderung seines
Leides absolut nachvollziehbar und unbestreitbar gerechtfertigt.
Es soll also keinesfalls um Schuldzuweisung oder irgendetwas
dergleichen gehen. Aber − verstehen wir uns richtig − auch nicht
per se um Unschuldzuweisungen. Wir wollen uns einfach einmal
den Sachverhalt ansehen.

Wenn wir Karma ernst nehmen, müssen wir davon ausgehen,
dass der Verursacher eines Leidens der Leidende selbst ist. Das
müssen wir erst einmal hinnehmen und es bedeutet ja keinesfalls,
dass man nicht alles Mögliche tun sollte, um des Leidenden Leid

zu lindern. Die Tatsache der Schuld des Leidenden zu verleugnen würde aber bedeuten, im weitesten Sinne der Heilungsarbeit seine Heilung zu behindern. Denn die unangenehmen Resultate eines Fehlverhaltens zu beseitigen wird dem „Opfer" sicher recht sein, aber wenn das Fehlverhalten nicht eingestellt wird, werden doch die unangenehmen Resultate früher oder später erneut auftreten. Und einfach vorauszusetzen, dass schmerzliche Karmawirkungen immer auf zurückliegenden und damit überwundenen Fehlleistungen beruhen, ignoriert eben gerade **anhaltende** Fehlleistungen.

Karma ist zwar ein Regulativ und eine Lernhilfe, aber wie wir an anderer Stelle schon gesehen haben, nicht die einzige Kraft[1]. Gnade wirkt ebenfalls die ganze Zeit, und unserer Ansicht nach ist das Wirkungsverhältnis ebenso wie viele andere Verhältnisse durch die 95%-Regel geregelt, die kein Dogma darstellt, sondern eine von jedem zu überprüfende Arbeitshypothese ist.

Die 95%-Regel besagt in diesem Zusammenhang, dass fünfundneunzig Prozent aller „verdienten" Krankheiten durch Gnade entweder nicht ausbrechen oder von selbst wieder weggehen. Daher können Ärzte und sämtliche anderen Heiler schon gute Heilungsquoten erzielen (und wenig gerechtfertigt für sich beanspruchen), wenn sie die Behandlung von sie tatsächlich aufsuchenden Patienten einfach über drei Wochen ausdehnen. Viele Kranke sind nach dieser Zeit von selbst geheilt. Damit soll aber die Arbeit von heilerisch Tätigen nicht schlecht gemacht werden. In vielen Fällen sind sie echte Hilfen. Einmal als Unterstützung auch bei von selbst heilenden Krankheiten und vor allem dann nämlich, wenn die restlichen fünf Prozent „verdienter" Erkrankungen eben nicht von selbst wieder weggehen.

Diese restlichen fünf Prozent sind das eigentliche Feld der Heiler, der Ärzte, der Fürbitte, der Bereitschaft des Kranken, der gewollten Heilung, in dem durch die „Bitte", das „Wollen" erneut

[1] Betrachtung „Karma, Gnade und Aufmerksamkeit"

fünfundneunzig Prozent dieser restlichen fünf Prozent Kranker Heilung finden. Eine Gnade in der Gnade. Aber bringen wir es genau auf den Punkt! Wodurch sollten sich Heiler und der Zu-Heilende auszeichnen?

Der Heiler sollte selber möglichst „heil" sein – oder, um es realistischer auszudrücken, er sollte möglichst deutlich auf dem Wege dorthin sein. Er sollte dementsprechend möglichst viel über die Bedingungen seiner eigenen „Heilheit" und damit der Heilheit überhaupt wissen. Und darüber hinaus sollte er möglichst viel von seinem Wissen über die Heilheit an den Zu-Heilenden weitergeben wollen und können[2].

Der Heilungssuchende sollte offen für den Preis der Heilung sein. Dieser Preis ist die Bereitschaft, sich selber in Frage zu stellen, sich zu untersuchen, sich zu verändern, Fehlverhalten aufzugeben und für alte Schulden um Verzeihung zu bitten. Loslassen-Vergehen-Neuwerden.

Beide aber, Heilender und Heilungssuchender dürfen dabei nicht vergessen, dass es einen statistischen Rest gibt, fünf Prozent von fünf Prozent, für den nur eine chronische Krankheit oder eine Erkrankung „zum Tode" bleibt. Für wen und wann das gilt, ist für niemanden vorhersehbar. Kein Fehler im System, sondern ein Zeichen seiner letztendlichen Undurchschaubarkeit und eine Übung in Demut.

Das alles ist nicht bequem, aber ehrlich.

---

[2] Es ist auf Offensichtliches hinweisen, aber wie oft überlesen wir solche Stellen. „Wollen" und „Können" sind unterschiedliche Qualitäten und darüber hinaus muss man beide sehr detailliert durchdenken. Nebenbei sprechen wir hier von „Können" als Potenzial. Wenn jemand nicht hören will, kann auch nichts geheilt werden.

AP-Modifikation

Müssen schwierige Sachverhalte eigentlich auch schwierig ausgedrückt werden? Oder sollten vielleicht sogar recht einfache Sachverhalte schwierig ausgedrückt werden? Natürlich kann man umgekehrt sogar versuchen schwierige Sachverhalte einfach auszudrücken...

Klar, im Grunde lassen sich Texte mit vielen, verschachtelten Nebensätzen in Texte verwandeln, die nur aus Hauptsätzen bestehen, die nie mehr als sieben Wörter haben. Solch einen Text liest man vielleicht leichthin, nickt verstehend und hat die Aussage schon vergessen. Einen „schwierigeren" Text muss man sich verstandesmäßig erarbeiten. Dadurch bleibt er möglicherweise leichter hängen, wenn man ihn erst einmal verstanden hat.

Sicher gibt es Befürworter beider Positionen und ein Text sollte auch gewiss nicht unlesbar werden. Schreiben ist ein Spiel mit Wörtern, Sprachen und vielleicht Wahrheiten. Jeder muss da seinen eigenen Weg finden. Lesen wir erst einmal den folgenden, zugegeben schwierigen Text. Danach die etwas vereinfachte Variante. Selbstverständlich kann man ihn auch weiter reduzieren, aber dann gehen vielleicht Details verloren.

Für einen wahrhaft Verstehenden ließe sich eine Menge Literatur beispielsweise auf „Liebe deinen Nächsten wie Dich selbst" reduzieren, aber ein Unverständiger wäre damit nur lückenhaft angeleitet – entsprechend der ihm eigenen Verständnislücken.

„Wenn ich Dich recht verstehe geht es doch darum, die Alltagspersönlichkeit (AP) zu untersuchen und negative Elementale zu devitalisieren und/oder zu ersetzen?"

„Ja, es geht darum. Aber es geht letztlich um mehr, denn es ist sehr wünschenswert, dass der Schüler des Weges gleichzeitig lernt, die engen Grenzen seiner AP zu überschreiten. Leider vollzieht sich die Erlangung dieser Fähigkeit einerseits unabhängig von der erfolgreichen Elementalsummenmodifikation, obwohl es andererseits eine positive Wechselwirkung gibt."

„Das heißt, dass das Überschreiten der AP-Grenzen die Fähigkeit zur Modifikation der Elementalsumme steigert?"

„Richtig. Und umgekehrt wächst vorher schon durch erfolgreiche Elementalsummenmodifikation und den dafür nötigen wachsenden inneren Abstand zu einzelnen Elementalen die grundsätzliche Fähigkeit zur Überschreitung der AP-Grenzen."

„Das ist die Wechselwirkung. Ich verstehe. Aber worauf willst Du mit der Unabhängigkeit von Elementalsummenmodifikation und Überschreitung von AP-Grenzen hinaus?"

„Ganz einfach. Da die Elementalmodifikation nicht zwingend ein voranschreitendes Überschreiten der AP-Grenzen bewirkt, kann eben dieses Überschreiten unter Umständen - und leider recht häufig - nicht eintreten, da die AP, die schon durch die Elementalmodifikation auf das Höchste alarmiert ist, die Grenzüberschreitung verhindert. Sie suggeriert sich quasi selbst (eigentlich dem in ihr durch Verwechslung gefangenen höheren Selbst), dass sie sich durch den Akt der Verwandlung schon von sich selbst befreit hat. Eben dadurch bleibt der unvorbereitete Schüler in den Grenzen der AP gefangen."

„Und was hilft dann dagegen?"

„Nun, zuerst einmal der Hinweis auf das Faktum. Und dann, dass wir in der spirituellen Praxis beide Faktoren im Blick behalten und uns auch der Prioritäten bewusst sind. Das Überschreiten der AP-Grenzen ist das deutlich höhere Ziel. Es ist bildlich gesprochen wie Schwimmen – während die Elementalsummenmodifikation eigentlich nur wie das Ablegen der Straßenkleidung und das Anlegen von Schwimmzeug ist. Wer schwimmen kann, kann das zur Not auch in Straßenkleidung. Wer eine Badehose anhat, kann alleine deshalb aber noch nicht schwimmen. Das sollte nie vergessen werden."

AP-Modifikation II

„Wir sollen doch unsere Alltagspersönlichkeit (AP) untersuchen und negative Elementale auflösen und/oder ersetzen?"

„Ja, richtig. Aber außerdem soll der Schüler des Weges lernen, die Grenzen seiner AP zu überschreiten. Leider sind beide Fähigkeiten unabhängig voneinander. Durch die Verwandlung der AP überschreiten wir nicht gleichzeitig ihre Grenzen. Trotzdem gibt es eine positive Wechselwirkung."

„Das heißt, dass das Überschreiten der AP-Grenzen die Fähigkeit zur Verwandlung der AP vergrößert?"

„Richtig. Und die Verwandlung der Elementale vergrößert die Möglichkeit, die AP-Grenzen zu überschreiten."

„Das ist die Wechselwirkung. Ich verstehe. Aber was meinst Du mit der Unabhängigkeit der AP-Verwandlung von der Überschreitung der AP-Grenzen?"

„Ganz einfach. Da die AP-Verwandlung nicht automatisch bewirkt, dass wir die AP-Grenzen überschreiten, werden sie häufig auch nicht überschritten. Die AP mag schon das Herumarbeiten an ihr nicht. Darum verhindert sie die Grenzüberschreitung erst recht. Sie suggeriert sich und dem in ihr eingeschlossenen höheren Selbst, dass sie durch den Akt der Verwandlung schon von sich selbst befreit ist. Dadurch bleibt der nicht auf diese Falle hingewiesene Schüler innerhalb der AP gefangen."

„Und was hilft dagegen?"

„Nun, als erstes eben schon der Hinweis auf die Tatsache. Und dann müssen wir in der spirituellen Praxis AP-Verwandlung und Grenzüberschreitung im Blick behalten. Das Überschreiten der AP-Grenzen ist dabei das höhere und wichtigere Ziel. Es ist bildlich gesprochen wie Schwimmen. Die AP-Verwandlung ist daneben nur wie das Ablegen der Straßenkleidung und das Anlegen von Schwimmzeug. Wer schwimmen kann, kann das zur Not auch in Straßenkleidung. Wer eine Badehose anhat, kann alleine deshalb aber noch nicht schwimmen."

Vita contemplativa versus vita mechanica

Michael Conrad

*Ohne Bemühung um inneres Wachstum bleibt der Mensch ein Wesen
ohne Ethos und Geist. Er ist dann nichts weiter als eine am Egoismus
gescheiterte Möglichkeit, ein falsch genutztes Potential - keineswegs
„ein Wert an sich", sondern vielmehr schuldig und gefährlich.
Individuell unscheinbar und klein, gewinnt er durch die Massengesinnung
Macht und damit Einfluss auf das Schicksal der Welt.*

(Werner Lind)

Viele Erdenmenschen führen ein auf sich selbst bezogenes und
gegenüber dem äußeren Weltgeschehen unreflektives, gleichgültiges Leben, welches in seiner hedonistischen Ausrichtung nur darauf bedacht ist, Lust zu erfahren und Schmerz bzw. Unlust zu
vermeiden. Sie leben ein mechanisches Dasein, welches sich von der
Illusion speist, dass man sich in der Welt und in den herrschenden
sozialen und politischen Verhältnissen gemütlich einrichten kann.
Insgeheim nagt in ihnen die zweifelnde Gewissheit, dass dies äu-
ßerst trügerisch sein kann. Doch die dumpfe und diffuse Furcht,
die sich letztlich aus der fundamentalen Todesfurcht ableitet, wird
von der vagen Hoffnung überdeckt, dass das Leben doch seinen
gemächlichen Verlauf nehme. Doch ein ewiger Friedensbund mit
den Schicksalsmächten lässt sich nicht schließen. Der Wunsch nach
solch einem Friedensabkommen ist selbst erschaffenes Blendwerk,
welches die beständige Unsicherheit des Lebens nicht akzeptieren kann und will. Es ist die Identifikation mit der Alltagspersönlichkeit, welche hybrishaft gegen die bestehende kosmologische
Ordnung rebelliert, deren wesentliches Merkmal die permanente
Veränderung ist. Es ist der beständige Vorgang des Werdens und
Vergehens, welcher der Identifikation mit dem Ego missfällt.

Die Identifikation mit der Alltagspersönlichkeit generiert eine Fixierung auf Wünsche, Leidenschaften und Begehrlichkeiten, da man sich auch durch das definiert, was man will, mag oder ablehnt – bzw. dadurch, dass man seine Persönlichkeit durch Abgrenzung zur Welt entwickelt, erzeugt man Zu- und Abneigungen. Doch die allzu oft gehegte und gepflegte Gleichgültigkeit ist der Weg der mentalen psychologischen Trägheit und Dekadenz, welche nicht nur eine trügerische Sicherheit vorgaukelt, sondern darüber hinaus der Entwicklung eines allumfassenden Mitgefühls im Wege steht. Die Gleichgültigkeit, die des Egoismus und der schwerfälligen Passivität wegen nichts wissen will, ist der Feind der liebenden Güte. Die liebende Güte, die an die Stelle der Gleichgültigkeit tritt, wird dann zur praktischen Nächstenliebe.

Allumfassendes Mitgefühl setzt als allererstes generelles Interesse für die Welt mit ihren vielfältigen menschlichen Belangen voraus. Es geht nicht darum, alle weltlichen Prozesse reflektiv und intuitiv zu durchdringen, da dies keinem normal Sterblichen je gelingen wird. Aber es geht im Sinne der spirituellen und mentalen Bewusstseinserweiterung darum, sich ernsthaft zu bemühen, die Welt und die Menschen (einschließlich der eigenen Person) erkenntnismäßig und gründlich zu erfassen.

Diese mental-psychologische Mentalität der Gleichgültigkeit ist nicht nur im eigenen individuellen Lebenskreis fatal, sondern erweist sich auch oft auf gesamtgesellschaftlicher Ebene als verheerend. Die politischen Aufstiege so vieler Tyrannen in der Geschichte waren nicht nur der breiten Unterstützung ihrer Anhänger geschuldet, sondern auch dem Verhalten vieler Indifferenten. Hitlers Erfolg bei der Errichtung seiner bonapartischen Gewaltherrschaft wurde auch durch das Stillhalten der vielen politisch gleichgültig Gesinnten möglich. Auch heute erweist sich ein kultivierter Phlegmatismus angesichts globaler Herausforderungen und Missstände (Umweltzerstörung, Waffenhandel,

Armut auf allen Kontinenten, verschärfter Kampf um Ressourcen, Wirtschaftskrisen, Massenarbeitslosigkeit, Korruption, etc.) als verhängnisvoll, da dieser zur Untätigkeit führt.

Menschen, die sich ihrem Phlegmatismus hingeben, handeln antiaufklärerisch, da sie nicht mehr bereit sind, sich ihres eigenen Verstandes zu bedienen, um den Ausgang aus selbstverschuldeter Unmündigkeit zu finden. Sie laufen Gefahr sich von den ökonomisch und politisch Herrschenden dumm machen zu lassen und zum Spielball mächtiger Interessen zu werden.

Menschen, die sich mittels ihres Phlegmatismus behaglich einrichten, werden oft dann zu wildgewordenen Kleinbürgern, wenn sie ihr Lebensmodell, ihren Besitz, ihre Reputation, ihren Lebensraum etc. durch krisenhafte soziale und politische Enwicklungen, die anscheinend mit apokalyptischer Wucht die Menschen zu treffen drohen, in Gefahr sehen. Verschreckt und furchtsam verunsichert mutiert man zu gewaltbereiten Personen, die sich furienhaft gebärden und im schlimmsten Falle pogromlüstern gefährlichen Demagogen folgen, die wiederum simplifizierende Erklärungsmuster und Sündenböcke den Massen anbieten.

Menschen, die sich nicht mehr geistig mit den Ereignissen und Angelegenheiten auseinandersetzen, die auf unser aller Leben einwirken, haben etwas von ihrem Menschsein aufgegeben.

Ein Leben, welches nicht um Erkenntnis und Selbsterkenntnis ringt, ist ein Leben, welches seinen Sinn verfehlt.

Bitri-Angel

Die Deutung des Davidsterns nennt häufig ein aufsteigendes und ein absteigendes Dreieck, die das Verhältnis von Mensch und Gott symbolisieren sollen. Gott steigt herab in die Welt und der Mensch kehrt zurück zu Gott. Viel weiter geht die Deutung nicht – oder bezieht sich auf gänzlich andere Bereiche. Beispielsweise sollen die sechs kleinen Dreiecke für die sechs Schöpfungstage stehen und das Sechseck in der Mitte für den (siebten) Ruhetag.

Auf dem braunen Handbuch für die Studienkreise des Daskalos-Systems ist die obere Linie des absteigenden Dreiecks scheinbar von der Spitze des aufsteigenden Dreiecks durchbrochen und nicht durchgezogen. In Wahrheit ist sie schlicht **offen**. Man könnte das Bitri-Angel – abgesehen von der daraus resultierenden graphischen Schwäche – besser sogar so darstellen:

Warum das? Weil die tiefe, die tiefere und die tiefste in Wort und Symbol fassbare Wahrheit dadurch besser ausgedrückt wird. Was ist diese Wahrheit?

Das untere, aufsteigende Dreieck symbolisiert die Alltagspersönlichkeit, die durch die zwei Seiten des absteigenden Dreiecks in drei Teile geteilt ist.

Die zwei kleinen Dreiecke, die dabei entstehen, stehen für den grobstofflichen und den psychischen Körper, den wir mit Tieren und Pflanzen gemeinsam haben. Das mittlere Fünfeck – das nebenbei bemerkt durch die unterste Spitze des absteigenden, göttlichen „Dreiecks" zu einer Raute ergänzt wird – steht für den noetischen Körper. Raute? Die taucht weiter unten nochmal auf. Hier ist sie sozusagen als Zielvorgabe angedeutet.

Die waagerechte untere Ebene des aufsteigenden Dreiecks steht für die breiteste grobstoffliche Grundlage der Alltagspersönlichkeit. Das aufsteigende Dreieck ragt in den nach oben offenen Raum des absteigenden, göttlichen Dreiecks hinein. **Aufsteigend** (also sich entwickelnd durch zunehmendes Offenbaren des höheren Selbstes) wird es immer schmaler, weniger dual, und endet mit seiner Spitze. Auf den darüber liegenden Ebenen hat die Alltagspersönlichkeit keinen Bestand. Sie ist ein Konstrukt für die stofflichen Trennungswelten. Ihre Dominanz und Dauer sind Illusion.

Das absteigende „Dreieck" symbolisiert mit seiner tiefsten Spitze sogar die Durchdringung der materiellen Grundlage durch die göttliche Gegenwart. Wir müssen erkennen, dass auch die Alltagspersönlichkeit als Artefakt aus der Perspektive des Höchsten ein vollkommener Ausdruck seiner selbst ist. Alle Schwierigkeiten resultieren aus der Illusion der Getrenntheit, die so weit geht, dass die Alltagspersönlichkeit noch nicht einmal das Objekt kennt, von dem sie sich für getrennt hält.

Das „V" ist bei genauer Betrachtung nichts, als eine Ausstülpung des Höchsten, bei der alle hier gestrichelt dargestellten Abgrenzungen in Wahrheit künstlich sind. Ganz unten in der Spitze die Alltagspersönlichkeit. Darüber das höhere Selbst, darüber was? Und darüber? Das wird sich zeigen...

Stellen wir uns die Alltagspersönlichkeit einmal als Fuß vor. Irgendwann entsteht in ihr ausreichend Bewusstsein und dieses Bewusstsein erkennt: „Hey, ich scheine ein Fuß zu sein!" Die Alltagspersönlichkeit untersucht sich, erkennt ihre Form, die Anzahl der Zehen. Und so weiter. Sie untersucht den Boden, auf dem sie steht. Dehnt sich und streckt sich. Erfährt sich selber in ihrem Fuß-Sein. Und dann bemerkt das Bewusstsein in ihr: „Da ist oben was. Das geht weiter hoch." Es fühlt dorthin. Weiter und weiter. Und entdeckt das Knie. Das war vorher auch schon da. Konnte den Fuß hierhin und dorthin bewegen. Das Knie ist das höhere Selbst des Fußes.

Ist damit ein Ende erreicht? Doch wohl nicht! Da ist ein Hüftgelenk, eine impulsübertragende Wirbelsäule, ein steuerndes Hirn, ein höherer Wille. Und damit? Was kommt dann? Müssen wir dies alles wissen, wenn wir als Fuß das Knie erforschen? Können wir dies überhaupt wissen, bevor wir das Knie kennen?

Und übrigens: Was geschieht, wenn das absteigende, göttliche „Dreieck" („V") und das aufsteigende, menschliche Dreieck sich in gänzlicher Erfüllung der Mission, die wir noch nicht in Worte fassen können, völlig durchdrungen haben? Es entsteht eine Raute. Damit haben wir alles klar vor Augen.

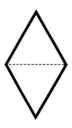

Loslassen

Als Kind lernten wir zu ergreifen und festzuhalten – nun üben wir loszulassen. Im Loslassen gewinnen wir die Welten, denn das Festgehaltene steht nicht mehr zwischen ihnen und uns.

Ein Teil der Arbeit im spirituellen Kreis ist die Untersuchung der eigenen Praxis, das Teilen der Ergebnisse und der Vergleich mit den anderen Wahrheitsforschern. Es kommt immer wieder vor, dass wir – trotz allgemeiner Fortschritte – Details sehen, die wir mehr oder weniger lange falsch gemacht haben. Das ist erstens kein Widerspruch zu den Fortschritten, festigt diese zweitens, wenn wir aus den Entdeckungen lernen und ermöglicht drittens weitere Fortschritte, wo es vorher vielleicht eine Stagnation gegeben hat. Viertens profitieren andere Teilnehmer des Kreises davon und fünftens ist es schwer, ein Ende bei der Aufzählung der vielen weiteren nützlichen Aspekte zu finden...

Kürzlich berichtete ein Wahrheitsforscher, dass er bei seinem Einstieg in die Versenkung einen Fehler in der eigenen Vorgehensweise bemerkt habe. Einen Fehler, den er nicht zu machen geglaubt hatte, da die Anleitungen für die Versenkung eigentlich immer und überall auf das „richtige" Tun hinweisen. Hochinteressant an dieser Feststellung ist, dass wir sie nahtlos auf weitere Bereiche und auch auf andere Personen übertragen können. Es wird sich bei uns allen immer mal wieder zeigen, dass wir **meinen**, dass wir bestimmte Dinge tun bzw. **richtig** tun und bei genauerem Hinsehen bemerken wir, dass wir sie entweder gar nicht oder falsch tun. Das ist überhaupt keine Schande, sondern einfach eine ehrliche Einsicht in unsere anhaltenden Unzulänglichkeiten und das Haupt-Faktum der Weg-Arbeit. Während wir eine lange Strecke zurücklegen wollen ist es unterwegs – bis auf den allerletzten Schritt – ja auch nie so, dass wir durch einen Schritt unsere Aufgabe beenden können. Eine Schande wäre es eher, wenn wir nach einem Schritt meinen würden, wir hätten jetzt alles erreicht und geschafft. Oder nochmehr, wenn wir die Notwendigkeit des Schrittes verleugnen oder nicht einmal erkennen würden. Zumindest, wenn es Schande überhaupt gäbe!

Doch zurück zu dem Fehler: Der Wahrheitsforscher stellte fest, dass er beim Einstieg in die Meditation neben der bewusst tieferen Atmung, dem aufrechten und gleichzeitig entspannten Sitzen und dem emotionalen Ruhigwerden falsch mit den Gedanken verfuhr. Ziel ist es ja, den umherspringenden Intellekt ebenfalls ruhiger werden zu lassen und ihm den Antrieb zu entziehen. Unser Mitglied stellte nun plötzlich fest, dass es nicht die auftauchenden Gedankenimpulse bemerkte und die Aufmerksamkeit darauf **nicht** verharren ließ, sondern die Gedanken aktiv zur Seite drückte.

Gedanken sind ja bekannterweise Elementale und für Elementale gilt, dass sie innerhalb der Alltagspersönlichkeit vitalisiert werden wollen. Diese Belebung geschieht gewöhnlich dadurch, dass man dem (Gedanken-)Elemental nachgeht, sich damit auseinandersetzt. Ein fieser Trick ist, dass unerwünschte Elementale aber auch dadurch vitalisiert werden, dass wir sie bekämpfen, sie aktiv nicht-wollen. Die einzige wirkliche Möglichkeit, die den Elementalen wirkungsvoll Energie entzieht, ist demzufolge, sie zu ignorieren. Wir müssen sie bemerken und sofort loslassen. Dies alles wurde dem betroffenen Mitglied auf einer tieferen Verständnisebene klar und sein Fehler stand ihm deutlich vor Augen. Schon durch diese „kleine" Einsicht wurde die Praxis leichthin auf ein höheres Niveau gehoben.

Ein anderer Wahrheitsforscher berichtete von seiner eigenen Vorgehensweise im Umgang mit Gedanken, die während einer Versenkungsübung auftauchen: „Wenn ich versuche, zur Ruhe zu kommen, stellen sich natürlich auch immer wieder Körperempfindungen, Emotionen und auch Gedankenimpulse ein. Gedanken erlebe ich dabei quasi als Gedankensamen, die in meinem Inneren auftauchen. Ich bemerke einen Kern und sehe ihn dabei innerhalb eines wüsten Knäuels an Zusatzinformationen und Implikationen. Beispielsweise denke ich an meinen Freund Oliver aus Berlin. Direkt daran hängen diverse mögliche weitergehende Gedankententakel, die zwar von außen gesehen oder gegrokt, aber nicht inhaltlich erforscht werden dürfen. Aber um konkret zu werden: Wie Oliver wohnt, wann ich ihn wiedersehe, welche Haarfarbe er hat, was er am 26.5.1989 zu mir gesagt hat, wann wir zuletzt telefoniert haben und so weiter und so weiter. Steige ich auf irgendeine mögliche Gedankenkette ein, vitalisiere ich das Oliver-Elemental. Also muss ich sofort mit dem Erkennen des Gedankensamens von ihm absehen. Ich erlebe das, als ob ich mit dem Auto auf einer leeren Autobahn fahre und plötzlich in einiger Entfernung etwas auf der Straße sehe. Es gibt zwei Möglichkeiten: Es ist ein dreidimensionales Objekt, dann muss ich agieren (mich gedanklich damit auseinandersetzen). Oder es ist ein zweidimensionaler Fleck, dann kann ich darüberfahren. Nur dass auf der inneren Autobahn ich selber die Entscheidung treffe, ob dort etwas Zweidimensionales oder etwas Dreidimensionales vor mir liegt. Ich bemerke etwas, klassifiziere es aktiv als zweidimensional, hebe den Blick ein wenig und richte die Aufmerksamkeit weiter voraus und fahre weiter."

Frage: *„Nimmst Du das wirklich so visuell wahr?"*

Antwort: „Nein, es ist eine Übertragung ins Visuelle. Unübertragen ließe es sich aber nicht kommunizieren. Einzelne Teile ereignen sich innerhalb der Alltagspersönlichkeit. Das Benennen des Kerns ist so ein Teil. Das Benennen ist ein intellektueller Akt. Weite Bereiche des Wahrnehmens würde ich aber als „Groken" betrachten. Es ist unformuliertes Wahrnehmen! Wäre es das nicht, würde sich alles innerhalb der AP ereignen und wiederum der Elementalvitalisierung über das Benennen hinaus dienen."

Wenn diese Informationen hilfreich sind, dann ist das ein Beispiel für den Nutzen der gemeinsamen Wahrheitsforschung.

Bewusstsein

Bewusstsein ist eine Möglichkeit, keine Tatsache.
(Das Buch der drei Ringe)

Wir gehen als Wahrheitsforscher davon aus, dass es in der Struktur der Alltagspersönlichkeit vertikal drei Bereiche gibt. Den grobstofflichen Körper, den psychischen Körper und den noetischen Körper. Sozusagen horizontal dazu gibt es drei weitere Bereiche innerhalb der Alltagspersönlichkeit (AP). Einen bewussten Bereich, einen **un**bewussten Bereich und einen **unter**bewussten Bereich.

Wir müssen hier wissen, dass das Bewusstsein und das Unbewusste **nicht** scharf getrennt sind, sondern sich lediglich durch vorhandene oder nicht vorhandene Aufmerksamkeit unterscheiden. Die Trennung zum Unterbewussten ist deutlich schärfer, aber auch nicht hundertprozentig. Es ist so, als ob man in einem gänzlich dunklen Raum steht und mit einer Taschenlampe (Bewusstsein/Aufmerksamkeit) in eine Ecke leuchtet. Man kann nur die Dinge sehen, die im Lichtkegel sind – oder nah dabei. Theoretisch kann man aber die Taschenlampe überallhin richten. Die Dinge, die sich im Nebenzimmer befinden (das Unterbewusste) kann man allerdings keinesfalls mit der Taschenlampe erfassen. Logischerweise beeinflussen die Einrichtungsgegenstände in dem dunklen Zimmer die Gesamtsituation bzw. das Design des Zimmers, auch wenn sie sich im Moment nicht im Lichtkegel befinden. Darüber hinaus wirken sie auch noch auf anderen Ebenen. Nämlich beispielsweise durch Gerüche oder Geräusche. Und dies wiederum gilt auch für das Nebenzimmer – wenn auch weniger stark, wie im gleichen Raum. Wenn wir im Nebenzimmer eine florierende Käseproduktion laufen haben, eine Schlachterei betreiben oder eine Rockband beherbergen, dann beeinflusst das die Vorgänge im „Wohnzimmer" sicher anders, als wenn wir dort eine Schreibstube oder einen Meditationsraum haben.

Bestandteile der AP nennen wir Elementale. Damit meinen wir normalerweise vor allem Bestandteile aus dem psychischen und dem noetischen Bereich. (Grobstoffliche Elementale lassen wir der Einfachheit halber einmal außen vor, da sie sich zwar auch unter dem Gesichtspunkt der drei Bewusstseinsbereiche betrachten lassen, aber sich der Einordnung gegenüber etwas sperriger verhalten.) Wenn wir unser Wissen um Elementale auf die Bewusstseinsbereiche beziehen, ergibt sich eine interessante Frage, die an dieser Stelle nicht beantwortet, sondern zur persönlichen Überlegung an den Leser weitergegeben werden soll.

Die Frage ist: Sind Elementale entweder im Bewusstsein ansässig oder im unbewussten oder unterbewussten Teil der AP verborgen? Also ausschließlich in jeweils einem der drei Teile? Oder können Elementale möglicherweise ebenenübergreifend vom bewussten Bereich über den unterbewussten gar bis in den unbewussten Bereich ragen (oder umgekehrt), wie sie eben auch gleichzeitig psychischer **und** noetischer Natur sein können?

Da wir wissen, dass unser Verhalten auch durch unter- und unbewusste Persönlichkeitsaspekte beeinflusst wird, ergibt sich eine weitere Frage, die wir allerdings an dieser Stelle zu beantworten versuchen wollen. Wir fragen uns, wie wir denn unbewusste und vielleicht auch unterbewusste Aspekte unserer AP nach und nach in den Bereich des Bewusstseins aufsteigen lassen können. Seien es nur ganze Elementale oder auch Elementalbestandteile.

Für einen Weg-Arbeiter wäre das eine große zusätzliche Chance, denn zu unseren wichtigsten Aufgaben gehört ja die AP-Modifikation – sinnvoll betreiben lässt diese sich auf den ersten Blick aber doch nur im bewussten Bereich. Zudem gehört zu den zwar nicht aktiv anzustrebenden aber faktisch eintretenden

„Belohnungen" für aktive AP-Modifikation das graduelle Wegfallen karmischen Druckes. Und Karma entfaltet sich zwar gewiss aus allen Bewusstseinsbereichen der AP und des in ihr sich ausdrückenden höheren Selbstes, aber besonders „karma-relevant" für momentanes und künftiges Karma sind eben aufgrund ihrer „Nähe" die Aufgaben, die sich im bewussten Bereich zeigen.

Kurz gesagt haben wir zwei Möglichkeiten, um un- und unterbewusste Persönlichkeitsaspekte langsam in den bewussten Bereich aufsteigen zu lassen. Die erste ist: Wir arbeiten **im** Bereich des Bewusstseins. Der einleitende Spruch bringt ja ganz gut zum Ausdruck, dass wir viel Zeit damit verbringen, ziemlich wenig bewusst durchs Leben zu taumeln, praktisch mit ausgeschalteter Lampe – bestimmt von „Bedürfnissen" der animalischen Ebene und/oder/bzw. von „Dingen" aus dem dunklen Teil des Wohnzimmers oder aus dem Nebenzimmer. Dazu kommen noch karmische Impulse, die uns mehr oder weniger sanft zu einer graduell höheren Wachheit anspornen wollen.

Arbeit **im** Bereich des Bewusstseins bedeutet, den Lichtstrahl der Taschenlampe einerseits breiter zu stellen und andererseits nicht nur auf einen Bereich zu richten. Das Eine bedeutet, die Aufmerksamkeit oder Wachheit zu erhöhen, das Andere bedeutet, dass wir unsere Aufmerksamkeit auch mal schweifen lassen. Ersteres beispielsweise zunächst mit zeitlichem Abstand durch Innenschau und Selbstanalyse oder im gegenwärtigen Augenblick durch beständiges Sich-Erinnern daran, dass man wacher sein will. Es kann auch hilfreich sein, sich etwa immer mal wieder zu fragen, **was** man jetzt tun würde, wenn man wüsste, dass man morgen sterben würde – und **wie** man das tun würde, was man gerade tut.

Das Zweite, nämlich das Schweifen-Lassen der Aufmerksamkeit, kann schon durch einen Willensakt geschehen. Also indem wir es uns täglich einmal vornehmen. Das wäre dann eine Form der Meditation oder des „tiefen Nachdenkens". Anregende Lektüre oder der spirituelle Austausch mit den Weggefährten können ebenfalls helfen, die Aufmerksamkeit auf bisher unbeachtete Bereiche zu lenken.

Durch die Ausweitung der Bewusstheit/Aufmerksamkeit werden uns im Wohnzimmer verschiedene Probleme auffallen, die wir vorher in der Dunkelheit nicht bemerkten. Ein Bild hängt schief, die Vitrine ist verstaubt, die Schuhe neben dem Bett könnten mal geputzt werden, der Müll neben der Tür könnte zur Mülltonne gebracht werden, den kaputten Tisch stellen wir zum Sperrmüll an die Straße oder verheizen ihn. Hier steigen Dinge direkt vom Unbewussten in das Bewusstsein auf und können nach und nach berichtigt oder gar aufgelöst werden – zusätzlich zu den Dingen, die vorher schon im Licht der Lampe erkennbar waren und auf Lösung warteten.

Die zweite Möglichkeit un- und unterbewusste Persönlichkeitsaspekte in das Bewusstsein aufsteigen zu lassen ist der indirekte Rückschluss. In der Innenschau und Selbstanalyse kommen wir bei rechter Anwendung Impulsen aus dem Un- und Unterbewussten auf die Spur. Warum verhalten sich Leute, als würde ich nach Katzenkacke riechen? Warum rieche ich nach Katzenkacke? Weil das Katzenklo im Wohnzimmer oder im Nebenzimmer endlich mal gereinigt werden müsste... Warum reagiere ich meinen Mitmenschen gegenüber manchmal so ärgerlich? Weil ich mit irgendwas unzufrieden bin? Weil ich verärgert bin? Über was? Will ich verärgert sein? Was kann ich dagegen tun?

Und um ehrlich zu sein – es gibt noch eine dritte Möglichkeit. Sie ist aber nicht allein aus sich selbst heraus zu bewerkstelligen und zudem/dadurch die schwierigste Variante: Wir können uns gelegentlich mal einen Tipp von Anderen abholen, denn andere Menschen sehen manchmal mit für uns selbst erstaunlicher Klarheit dunkle Ecken in unseren Zimmern. Die Kunst der Tippgeber muss dabei sein, nicht ihren eigenen Müll in die Zimmer der Anderen zu projizieren und die Kunst derer, die einen Tipp bekommen, muss sein, sich möglicherweise auf den Tipp einzulassen und nicht von vornherein zu leugnen und zu verdrängen und auch noch ärgerlich zu werden. Auf beiden Seiten wäre recht große Aufmerksamkeit und Freiheit sich selbst gegenüber wünschenswert.

Spiegelbilder

Bruder Josef

Was siehst du aber den Splitter in deines Bruders Auge,
und wirst nicht gewahr des Balkens in deinem Auge?
(Matthäus 7,3 Lutherbibel 1912)

Wie oben, so unten; wie innen, so außen.
(frei nach Hermes Trismegistos)

Niemand kann sich ohne Licht selbst sehen, weder im Wasser
noch im Spiegel. Andererseits sieht man auch im Licht nichts ohne
Wasser und Spiegel. Daher ist es notwendig, mit beidem getauft zu
werden: mit Licht und mit Wasser. Das Licht aber ist die Salbung.
(NHC II, 3, Spruch 75 i.d.F. des Lectorium Rosicrucianum)

Eine der wichtigsten Aufgaben für uns Wahrheitsforscher ist es, uns selbst zu erkennen und in unserer Alltagspersönlichkeit unerwünschte Gedanken-, Gefühls- und Körperelementale zu deenergetisieren bzw. diese durch wünschenswertere Elementale zu ersetzen. Jeder von uns beherbergt in mehr oder weniger großem Umfang schlechte Gewohnheiten auf allen drei Persönlichkeitsebenen, wie etwa zu lügen, zornig zu werden oder permanent mit dem Fuß zu zappeln, derer wir uns bewusst sind und die wir ablegen wollen. Aber was ist mit den vielen negativen Elementalen, die sich im dunklen Dschungel unseres Unterbewusstseins im Verborgenen gut eingerichtet haben und die uns in Form ihrer karmischen Wirkungen ständig Schwierigkeiten bereiten? Da wir uns ihrer aufgrund unserer Betriebsblindheit nicht bewusst sind, benötigen wir eine spezifische Herangehensweise, um sie überhaupt einmal erkennen zu können. Der Autor des gnostischen

Spruches gibt uns einen Hinweis, wie wir hier vorgehen können. Wir brauchen einerseits Licht, das wir in diesem Zusammenhang als Mut zur Wahrheit und Ehrlichkeit uns selbst gegenüber gepaart mit ernsthaftem Bemühen verstehen können, um auch in die verborgensten dunklen Winkel unserer Persönlichkeit eindringen zu können.

Andererseits benötigen wir dazu auch Hilfsmittel wie etwa das Wasser oder einen Spiegel, die uns diese Betrachtung erst möglich machen. Wie können wir diese beiden Hilfsmittel im übertragenen Sinne verstehen? Nun, beides liefert uns ein Spiegelbild, der Unterschied besteht lediglich darin, dass eine Wasserfläche etwas Natürliches ist und ein Spiegel ein künstliches, von Menschenhand geschaffenes Gebilde darstellt.

Was sind nun natürliche Spiegelbilder, bildlich in Form des Wassers dargestellt? Unsere Mitmenschen! Wir beobachten ihre Fehler, lernen daraus und ziehen unter Verwendung des „Lichts" Schlüsse für unser eigenes Verhalten. Wir umgehen damit den leidvollen Karmaweg, der uns durch die schmerzhaften Auswirkungen unseres Tuns Verhaltensänderungen mehr oder weniger aufzwingt. Es gibt dazu aber noch weitere Aspekte, denen wir nachspüren können: Wenn die Worte oder Handlungen unserer Mitmenschen in uns Kritik oder Abneigung hervorrufen, zeigen sie uns in einem glasklaren Spiegelbild jene Bereiche auf, die bei uns selbst nicht in Ordnung sind. Unfreundliche, ruppige Menschen zum Beispiel beschweren sich liebend gerne über andere, ihrer Meinung nach unfreundliche Zeitgenossen, empfinden sich selbst aber als höflich und zuvorkommend, obwohl sie es in Wahrheit nicht sind. Wir können diese und weitere Zusammenhänge in den „Spiegelgesetzen" finden, welche diese Wechselwirkungen und Resonanzen in vielen Aspekten beleuchten.

Und was entspricht nun dem künstlich hergestellten Spiegel? Es ist unser selbstgewähltes spirituelles System mit seinen Übungen, das uns hilft, unsere Persönlichkeit zu reflektieren und in weiterer Folge zu verbessern. Als Wahrheitsforscher benutzen wir hier die tägliche Innenschau, die es uns erlaubt, Situationen des vergangenen Tages aus der notwendigen emotionellen und gedanklichen Distanz heraus in einem neuen „Licht" zu betrachten. Die Art und Weise, wie wir das machen, ist sehr wichtig, nämlich nicht kritisierend und von einem möglichst neutralen Beobachterstandpunkt aus, der uns noch dazu im Laufe der Zeit in unser höheres Selbst hineinführen kann. Selbstvorwürfe etwa gehören zur Alltagspersönlichkeit und sind hier nicht zweckmäßig. Andererseits sollte man klar erkannte Mängel auch nicht verharmlosen oder beschönigen, sondern deren Modifikation mit liebevoller Strenge sich selbst gegenüber Schritt für Schritt in Angriff nehmen.

Es gibt noch eine tiefergehende Betrachtungsmöglichkeit der Zusammenhänge, auf die der Autor der ausgewählten Textstelle des Philippusevangeliums hindeutet. Wir können das Licht auch als Synonym für Joshua Emanuel den Christus sehen und das Wasser als Symbol für den heiligen Geist. Jesus bezeichnet sich gemäß Bibel ja selbst als „das Licht der Welt". Das Wasser, das – wie wir etwa in der Schöpfungsgeschichte nachlesen können – in enger Verbindung mit dem heiligen Geist gesehen werden kann, begegnet uns beispielsweise auch in Jesus´ Taufe im Jordan, wo der heilige Geist symbolisiert als Taube auf ihn herabgekommen ist. In vielen spirituellen Schriften wird darauf hingewiesen, dass wir beide Aspekte in uns verwirklichen müssen, um uns ausgewogen entwickeln zu können und einst zur Vervollkommnung zu gelangen. Neben dem Licht und dem Wasser als Synonyme für den Logos und den heiligen Geist begegnen uns in christlichen Schriften auch andere synonym zu verstehende Begriffe, die auf diese notwendige Verbindung hindeuten, wie etwa „Männliches" und „Weibliches", Adam und Eva, Brot und Wein, Leib und Blut, Geist (als höheres Selbst) und Seele (als Alltagspersönlichkeit).

Im Kontext der betrachteten Textstelle könnte der Autor damit die Ausbildung unseres Selbstgewahrseins und Selbstbewusstseins meinen, die ja Attribute des Logos und des heiligen Geistes darstellen und die wie zwei Seiten einer Münze eng miteinander verknüpft sind. Davon abgeleitet könnten wir es uns als Ziel setzen, uns unserer Gedanken, Gefühle und Handlungen aber auch unserer Umwelt weitestgehend bewusst und gewahr zu werden. Unsere Alltagspersönlichkeit wäre dann als vollständiges Bild im Spiegel unseres höheren Selbst abgebildet. Es gibt dann keine Persönlichkeitsaspekte mehr, die außerhalb des Spiegels sind, wir haben im Idealfall unsere Alltagspersönlichkeit vollständig mit unserem höheren Selbst umgeben und durchdrungen. Wir wären dadurch in der Lage, in allen Alltagssituationen zeitnah richtig reagieren zu können und nötigenfalls korrigierend einzugreifen. Oder noch enger gefasst, wir erlangen damit die Fähigkeit, negative Ausdrucksweisen bereits im Ansatz zu erkennen und diese damit zu verhindern. Das Bild unserer Alltagspersönlichkeit im blanken Spiegel unseres höheren Selbstes wird durch diese Selbstreinigung immer heller und strahlender, dunkle Flecken verschwinden.

Wie erreichen wir langfristig diesen wünschenswerten Zustand? Einerseits durch entsprechende Übungen, wie etwa die Schulung unsere Aufmerksamkeit und unserer bewussten Wahrnehmung. Andererseits durch die Gnade, die uns von unserem himmlischen Vater in Form der Geschicktheit der Mittel zu Teil wird. Wir werden dadurch letztendlich zu dem blanken Spiegel mit unserem strahlenden Abbild darin, das Gottes Licht hier in den Welten der Trennung zu ihm selbst und allen seinen Wesen zurückwirft.

Schwellen

„Lehrer öffnen dir das Tor.
Doch über die Schwelle treten musst du selber."
Hakuin Zenji (1686-1769 / Reformator des Zen)

Uns werden anfangs **immer** niederschwellige (Entwicklungs-) Angebote gemacht. Das gilt auch im weiteren Fortschritt unserer Erfahrungen in den Trennungswelten, da uns entsprechend unserem Stand nach und nach immer neue Angebote gemacht werden können, die vorher noch unmöglich gewesen wären. Und die neuen Angebote sind **wieder** niederschwellig. Also von außen betrachtet eigentlich recht einfach anzunehmen und zu verwirklichen. Diese Niederschwelligkeit gilt interessanterweise sowohl im Guten als auch im „Bösen".

Die **Wirkungsweisen** im Guten und „Bösen" sind teilweise sehr ähnlich. Wenn uns im Guten ein Angebot gemacht wird – also ein Angebot zu einem positiven Entwicklungsschritt – so dürfen wir das aufgrund der grundsätzlich geltenden Freiheit ablehnen. Die einzige Konsequenz ist zunächst, dass beim nächsten Mal, wenn wir dasselbe Entwicklungsangebot bekommen, die Schwelle zur Verwirklichung etwas höher sein wird. Das wiederholt sich unbestimmbar oft.

Schließlich geraten wir dann erstmals in eine Situation, in der **karmischer Druck** uns über die inzwischen schon recht hohe Schwelle zwingen will. Auch hier können wir verweigern. Das wird allerdings immer schwieriger, da sich von nun an statt der Schwelle, der karmische Druck mit jedem erneuten Auftauchen des jeweiligen Entwicklungsangebotes erhöht. Im zumindest denkbaren, schlimmsten Fall werden wir dann am Ende bildlich gesprochen „als Matsch" über oder gar durch die Schwelle gepresst. So weit kommt es allerdings wegen der oben erwähnten Freiheit nie – wenn es auch manchmal vielleicht so aussieht oder sich so anfühlen mag.

Entwicklungsangebote im „Bösen" erscheinen auf den ersten Blick paradox. Vielleicht sollte man hier schlicht von „Angeboten" sprechen. Allerdings rufen diese Angebote, wenn man ihnen nachgibt, sofort entsprechende negative karmische Konsequenzen hervor, welche Entwicklung forcieren. Zumindest also sind Angebote im „Bösen" **indirekt** Entwicklungsangebote.

Vor dem Annehmen eines „bösen" Angebotes läuft es aber ungleich-gleich genauso wie bei den guten Angeboten. Wenn man ein „böses" Angebot ablehnt, erhöht sich ebenfalls die Schwelle. Du hast zum Beispiel vor dem Einkaufen für das Wochenende Deine Geldbörse zuhause vergessen. Da kommt Dir dann die alte Oma vor Dir mit ihrer locker getragenen Handtasche ganz gelegen... Beißt Du statt dessen in den sauren Apfel und fährst wieder nachhause zurück, um Dein eigenes Geld zu holen, wird Dir beim nächsten Mal der tolle Einfall mit Omis Handtasche: a) erst später kommen und b) als Lösung weniger toll erscheinen. Die Schwelle ist höher geworden. Anders aber als bei den guten Angeboten erhöht sich jedoch bei „bösen" zwar die Schwelle, aber der karmische Druck sinkt die ganze Zeit. Die Höhe der Schwelle tendiert gegen Unendlich, während der **karmische Druck** gleichzeitig gegen Null fällt. Und als Erklärungsversuch dafür:

Es sind Modelle vorstellbar, in denen der Handtaschendiebstahl eine vergleichsweise gute Idee zu sein scheint. Wenn etwa das eigene Kind zuhause hungert und es keine erkennbare andere Möglichkeit gibt, Geld oder Nahrung zu beschaffen, müsste man den karmischen Druck zum Eingehen auf das „böse" Angebot des Taschenklauens schon als recht hoch begreifen. Der bereits auf niedriger Schwelle gegen das Angebot Resistente wird sehr wahrscheinlich gar nicht unter solchen karmischen Druck geraten (zumindest nicht aus dieser Richtung). Der niederschwellig auf dasselbe Angebot Eingestiegene steuert hingegen sehr wahrscheinlich auf **genau so eine Art** karmischen Druckes zu.

Isolation

Einsamkeit kann konstruktiv sein, zerstörerisch, und auch
selbstzerstörerisch – je nachdem, ob man sie wählt, ob man ihr
ausgesetzt wird, oder ob man sie billigend in Kauf nimmt.

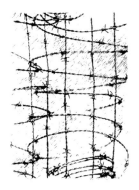

Selbstmorde kommen überall auf der Welt vor. Unheilbare Krankheit kann zum Suizid führen. Auch Angst vor Verfolgung oder unentrinnbare Armut und Verschuldung hat schon viele in den Tod getrieben. Ein weiterer und untersuchenswerter Faktor ist allerdings Einsamkeit. Und zwar nicht die konstruktive Variante.

Besonders verbreitet ist der Suizid aus Einsamkeit in den hochtechnisierten, „reichen" Industrienationen mit westlichem Lebensstil. Wahrscheinlich kann man sich in vielen anderen Ländern zwar über alles Mögliche beschweren, wenn man dort mit sieben bis elf Leuten aus drei Generationen in einer Lehmhütte mit einem Raum lebt, aber sicher nicht über Einsamkeit. Und die Großeltern im selben Raum schnarchen zu hören führt zumindest nicht zum Freitod.

Wenn man aber den Menschen in den weniger luxuriös lebenden Ländern dieser Welt die (finanzielle) Möglichkeit verschaffen würde, einen westlichen Lebensstil zu pflegen, dann würden diese Menschen mit nahezu hundertprozentiger Wahrscheinlichkeit sofort zugreifen. Klar, bessere medizinische Versorgung, Ernährung, Kleidung – das spielt alles eine wesentliche Rolle. Aber auch die Wohnsituation würde bestimmt schnell geändert werden.

Und was ist so verführerisch an einer Zwei-Zimmer-Wohnung mit 90 Quadratmetern für eine Person? Dass man kein fremdes Schnarchen und Furzen mehr hören muss? Ja, darauf könnte man das Ganze herunterbrechen. Aber es gibt noch einen verborgenen, geheimen und besonders perfiden Grund: Den Vorteil für die Alltagspersönlichkeit. Die nämlich profitiert insofern von Isolation und Einsamkeit, dass sie sich weniger zwischenmenschlicher Reibung ausgesetzt sieht und damit einem geringeren Druck, sich zu verändern. Sehr viele Entwicklungsimpulse erfolgen eben durch die Menschen, die uns nahestehen. Partner, Kinder, Freunde – das sind die Menschen, mit denen wir uns arrangieren müssen. In drittweltlich beengten Verhältnissen kommen oft noch Eltern, andere Verwandte und Nachbarn hinzu. Hier ist der beständige karmische Anpassungsdruck unumgänglich.

Allein in einer schönen, großen Wohnung können wir das alles zumindest zeitweise auf ein Minimum reduzieren. Und diese Zeiträume wachsen, wenn die AP erstmal lernt, wie „schön" es ist, Marotten zu pflegen und immer seltsamer zu werden, ohne dass einen jemand darauf hinweist. Unter Umständen werden wir schließlich so sehr eine Insel, dass kaum noch ein Schiff vorbeikommt.

Es heißt: „Die Alltagspersönlichkeit ist eher bereit sich zu töten, als sich zu verändern." Und das beginnt sie vielleicht auf gewisse Weise zu tun, indem sie – unbewusst sich entscheidend – solch einsame Wege beschreitet.

Die Alltagspersönlichkeitsdiät

Bruder Josef

"Er muß wachsen, ich aber muß abnehmen"
Johannes 3:30

Keine Sorge, es folgt hier keine Anleitung zur Gewichtsreduktion des materiellen Körpers, dafür gibt es schließlich mannigfaltige Veröffentlichungen in Tageszeitungen und Wochenmagazinen. Was uns viel mehr beschäftigt, ist die Diät, die wir unserer Alltagspersönlichkeit auferlegen müssen, um dem obigen Bibelzitat gerecht zu werden. Unser höheres Selbst bedarf ja keiner Reduktion, ganz im Gegenteil, ein Teil davon soll ja in den Welten der Trennung seine Lektionen lernen und damit letztlich vollständig werden. Es muss wachsen.

Was müssen wir dann aber an unserer Alltagspersönlichkeit verringern? Naheliegenderweise vor allem unerwünschte Gewohnheiten, die wir uns im Laufe unseres Lebens angeeignet haben, vor allem unsere animalische Ebene betreffend. Essen, Trinken, Sexualität, all das sind Bereiche, wo es für uns richtig viel zu tun gibt. Es geht aber auch – nicht minder wichtig - um unsere starren Meinungen, Standpunkte und Glaubenssätze, die wir in alltäglichen Situationen reflexartig hervorholen und damit versuchen, den Anforderungen der jeweiligen Situationen gerecht zu werden. Stereotypen wie etwa: „Einmal Lügner – immer Lügner" oder „Ach, der schon wieder, der will sicher nur wieder streiten" wären geläufige Beispiele solcher Muster, derer wir uns bedienen.

Warum benutzen wir unsere Erfahrungen eigentlich so gerne? Wäre es nicht besser, jeder Situation, die sich uns darstellt, ergebnisoffen zu begegnen? Unsere Erfahrungselementale bieten uns eine gewisse Sicherheit, da sie sich schon einmal bewährt haben und wir uns nicht anstrengen müssen, auf die jeweilige Situation konkret eingehen zu müssen. Reine Bequemlichkeit und ein gewisser Automatismus scheint also die Motivation dahinter zu sein, Fehlhandlungen sind damit aber vorprogrammiert und werden uns in entsprechende Schwierigkeiten bringen. Wir können hier in der jeweiligen Situation insofern gegenwirken, als dass wir unsere bisherigen Erfahrungen als eine von mehreren Möglichkeiten sehen, die wahr sein können, aber auch nicht. Wir verlieren dadurch zwar an vermeintlicher Sicherheit, da wir das Ergebnis offen lassen, aber ist diese Sicherheit denn nicht sowieso reine Selbsttäuschung? Unsere einzige Sicherheit liegt in Wahrheit in unserer uneingeschränkten, vollen Hingabe an das Leben, das uns führt.

Durch diese Art von Diät werden wir als Alltagspersönlichkeit Stück für Stück weniger und kommen damit immer mehr in die Fülle, die eigentlich schon immer in uns und um uns herum war, die wir aber durch unsere Einschränkungen nicht als solche erkennen konnten. Was bleibt aber dann noch von uns übrig, wenn wir uns aller starr einzementierter Gewohnheiten, Meinungen, Denkstrukturen entledigt haben? Nichts und doch wieder Alles. Dann wird in uns ein neues und doch so altes Licht wiedererstrahlen, das Licht der Einheit und Ganzheit. Wir erkennen, dass wir eins sind mit Allem, das uns umgibt. Wir erkennen, dass wir alles um uns herum sind, dass alles Teil von uns selbst ist. Wir empfinden grenzenlose Liebe, die wir ausstrahlen und unseren Mitmenschen vollumfänglich entgegenbringen. Egal, ob sie mit uns in Resonanz stehen oder nicht. Wenn wir einmal so weit gekommen sind, dann haben wir das Ziel unserer Diät schon fast erreicht. Und was meinst Du wäre dann der Jojo-Effekt, der auf dem Weg dorthin immer wieder auftritt?

Spinale Psychopraktik und Ego

Die Harmonie ist die Antwort der Welt auf unser Scheiden,
denn das Schattenlose wird nicht getrennt.

(Bruder Silvio)

In der spinalen Psychopraktik lenken wir unsere Aufmerksamkeit auf die Tatsache, dass wir als Alltagspersönlichkeiten mit unseren drei Körpern von einem unbegrenzten Ozean von Lebensenergie umgeben sind. Diese sich selbst verströmende Energie fließt von unten nach oben durch alle Energiezentren der drei Körper und schenkt Leben und Gesundheit, bevor sie sich beim Austritt aus unseren Körpern wieder mit ihrem Ursprung vereint.

Im Idealfall würde die Lebensenergie blockadefrei durch alle Zentren strömen, dabei hundertprozentig beleben und – oh Wunder – verlustfrei in ihren Ursprung zurückfließen. Leider stehen dem Energiefluss aber mannigfaltige Blockaden entgegen. Diese sind in der Regel keine völligen Blockaden, denn dies würde den Tod bedeuten. Sie sind aber graduell. Und interessant ist hier, dass die Lebensenergie also bei den meisten Menschen nicht verlustfrei am oberen Ende der verlängerten Wirbelsäule austritt und gerade **darin** der Verlust für die Alltagspersönlichkeiten besteht.

Nun kann zwar der absoluten Fülle durch die in den Blockaden wirkungslos absorbierte Energie kein Mangel entstehen, aber karmisch bezahlt das Individuum mit den Blockaden doppelt. Einmal durch die Krankheitstendenz, die nach und nach durch energetische Unterversorgungen in verschiedenen Zentren der drei Körper entsteht, und zum anderen durch die „Schuld", die aus dem Zurückhalten von Lebensenergie vor dem Rückstrom in den alles umhüllenden Ursprung resultiert.

Wenn wir dies betrachten, erkennen wir, dass wir energetisch gesehen offene Systeme sein sollen und von der Anlage her auch sind. Dementsprechend funktionieren (leben) wir umso besser, je offener wir sind. Diese Systemoffenheit finden wir, wenn auch in leicht anderen Formen, auch in allen anderen Bereichen unseres Seins als Alltagspersönlichkeiten wieder. Grobstofflich lassen wir Atemluft durch uns hindurchgehen. Wir atmen ein, Austausch von Kohlendioxid und Sauerstoff findet statt und wir atmen aus. Ist der Austausch beeinträchtigt entsteht Krankheit. Wir trinken, Austausch findet statt und wir scheiden Flüssigkeit aus. Wir essen, Austausch findet statt und wir scheiden Feststoffe aus. Mangelhafter Austausch – Krankheit entsteht.

Auch emotional und gedanklich funktioniert es ähnlich. Eine Emotion, die von außen kommt, kann unseren eigenen emotionalen Status verändern. Ein von jemand anderem ausgesprochener Gedanke löst eigene Gedanken aus, die wir wiederum aussprechen. Es ist offensichtlich, wie Blockaden auch hier schädlich wirken.

Wir müssen unseren Blickwinkel nur wenig ändern, um zu erkennen, dass wir das Bild der spinalen Psychopraktik direkt in eine körperförmige Darstellung der Alltagspersönlichkeit übertragen können. Sehen wir uns selber als Individuen, die aus drei einander überlagernden und durchdringenden Körpern aus grobstofflichem Körper, Emotionalkörper und Gedankenkörper bestehen. Die Körperoberflächen stellen eigentlich nur künstliche Abgrenzungen des Egos dar – wie wir oben sogar am Beispiel des grobstofflichen Körpers gesehen haben. Die Oberflächen sind Grenze zwischen Identifikation und Nicht-Identifikation. Zwischen scheinbarem Sein und scheinbarem Nicht-Sein.

Dies sollte jetzt nicht missverstanden werden. Die Grenzen haben ihre Berechtigung, denn Teil unserer Mission ist ja auch die Egoifikation. Die Grenzen sind aber als offene Grenzen angelegt und nicht als geschlossene. Wir könnten uns die Oberflächen unserer drei Körper vorstellen und sie untersuchen. Dort wo wir Verhärtungen finden, könnten wir auch in diesem Bild von Blockaden sprechen. Diese Blockaden wirken dann auf zweierlei Weise: als Blockaden nach innen und als Blockaden nach außen. Eine Blockade nach innen bewirkt zum Beispiel eine Nicht-Zugänglichkeit für Mitgefühl in einer äußeren Situation, die Mitgefühl erfordern würde. Eine Blockade nach außen würde beispielsweise bewirken, dass in einer Situation, in der von außen Zorn und Aggressivität auf einen einwirken (**ein**wirken!), diese nicht einfach wirkungslos durch die Person hindurchgehen, weil der Austritt blockiert ist. Dann kreisen diese Emotionen im Inneren und werden durch die eigenen Energien weiter vitalisiert und verstärkt.

Die mögliche Verwandlung der Alltagspersönlichkeit durch die spinale Psychopraktik wird viel deutlicher, wenn wir das Blockadephänomen auf eine körperliche Vorstellung übertragen. Erinnern wir uns an diese Vorstellung, bevor wir die spinale Psychopraktik ausüben.

Tempus fugit[1]

Bruder Josef

*Wenn man zwei Stunden lang mit einem Mädchen zusammensitzt,
meint man, es wäre eine Minute. Sitzt man jedoch eine Minute auf
einem heißen Ofen, meint man, es wären zwei Stunden.
Das ist Relativität.*

Albert Einstein

*Die Gegenwart ist der Zustand zwischen der guten alten Zeit
und der schöneren Zukunft.*

Zarko Petan

Als Wahrheitsforscher betrachten wir es als Teil unserer Mission, das Wesen der Zeit zu durchdringen und zu erkennen, was es damit auf sich hat. Das, was uns hier in der materiellen Welt so vertraut vorkommt, nämlich das Phänomen der Zeit, scheint dort, wo wir ursprünglich herkommen, keinerlei Bedeutung zu haben. Viele Meister haben darauf hingewiesen, dass wir in Wahrheit unsterbliche Wesen sind, deren Heimat im ewigen Jetzt liegt.

[1] Die Zeit flieht.

Das Phänomen der Zeit scheint also auf seltsame Weise mit unserem derzeitigen, materiellen Aufenthaltsort verknüpft zu sein.

Warum kommen wir überhaupt auf die Idee, dass es so etwas wie Zeit gibt? – Es sind die Abläufe in unserer Welt, die uns dies vorgaukeln. Das Auf- und Untergehen der Sonne, die Jahreszeiten, oder grundsätzlich das Entstehen und Vergehen aller Dinge, die uns umgeben, sie erwecken in uns den Anschein zeitlich geordneter Abläufe. Unserem Verstand, der selbst weitgehend linear gestrickt ist, kommt eine solche Betrachtungsweise natürlich auch sehr entgegen. Und trotzdem, dass die Zeit kein starres, fixes Etwas ist, ist zumindest seit dem Bekanntwerden der Relativitätstheorie hinlänglich bekannt. Zeit vergeht halt physikalisch betrachtet in Bezug auf Ort oder Geschwindigkeit nicht überall gleich schnell. Auch empfinden wir zehn Minuten beim Zahnarzt viel länger als bei einem Gespräch mit einem edlen Freund. Zeit ist also sowohl physikalisch gesehen als auch vom Zeitempfinden her bei weitem nicht so klar definiert, wie unser linear denkender Verstand das gerne hätte.

Wie wirkt eigentlich die Zeit auf uns selbst, sind wir als neunzigjähriger Rentner immer noch derselbe Mensch wie als Zehnjähriger? Ja und nein. Eindeutig nein bezüglich unserer Alltagspersönlichkeit, die ja im permanenten Wandel ist. Und wie sieht es mit unserem höheren Selbst aus? Hier ist die Antwort nicht so offensichtlich. Die Teile, welche die Alltagspersönlichkeit umgeben und durchdringen, sind sicherlich ebenfalls einem Wandel unterworfen. Das ist ja auch notwendig, denn wie sollten wir sonst reifen und unsere Lektionen in den Welten der Trennung lernen können? Alle darüber hinausgehenden, höheren Anteile können wir einmal als unveränderbar, konstant und zeitunabhängig annehmen. Das wahre Ich – als Ausdruck unseres höheren Selbst – wäre also beim Zehnjährigen und dann später beim Neunzigjährigen in dieser Hinsicht nahezu ident.

Wie müssen wir als Wahrheitsforscher mit der Zeit umgehen, welche Aufgaben werden hier in Hinblick auf unsere notwendige Entwicklung an uns gestellt?

Nun, die erste große Anforderung an uns liegt darin, dass wir versuchen sollten, im Hier und Jetzt zu leben. Hört sich einfach an, ist es aber nicht. Viele von uns haben bereits verinnerlicht, dass die Vergangenheit und die Zukunft nichts weiter sind als ein Sammelsurium von Elementalen, Erinnerungen und Luftschlössern, denen wir dadurch Ausdruck verleihen, dass wir an sie denken und uns auch emotional mit ihnen auseinandersetzen. Worin besteht hier unsere Verfehlung, wenn wir das tun? Abgesehen von der Verschwendung von ätherischer Vitalität – wir nehmen nicht wahr! Wir sehen nicht die Schönheiten, die uns umgeben, wir erkennen nicht die Chancen und Möglichkeiten, die uns vom göttlichen Plan permanent angeboten werden. Wir können uns von ihm nicht durch den Tag führen und leiten lassen, da wir seine Hand, die er uns in vielen Situationen reichen will, in unserer Gedankenversunkenheit einfach nicht bemerken. Auch die ungebetenen Gäste, welche die karmischen Wirkungen unserer schlechten Taten sind, müssen wir im Hier und Jetzt mit voller Aufmerksamkeit und Demut annehmen und hereinlassen, sonst werden sie immer wieder an unsere Türe anklopfen. Viele weisen sie ab, flüchten in eine fiktive, schönere Zukunft, die dann leider allzu oft nicht kommt. Die Fahnenflucht in die andere Richtung, nämlich in die gute alte Zeit, verspricht auch nur kurzfristige Linderung. Unsere Verfehlung liegt also in unserer Entwicklungsverweigerung.

Es gibt aber noch einen weiteren Aspekt, der bereits angeklungen ist und dem wir als Strebende unsere Aufmerksamkeit schenken sollten: Wir sollten nicht gegen die Zeit arbeiten, oder anders herum gesagt, uns die Zeit zum Freund machen. Wie kann man denn gegen die Zeit arbeiten? Nun, viele von uns tun das eigentlich permanent. Wir empfinden Situationen als unangenehm, wie etwa beim Zahnarzt oder bei einer Prüfung, wir wollen weg und bereits woanders sein. Oder wir werden zum Beispiel aufgrund einer dringenden Verpflichtung aus unserem Gespräch mit einem edlen Freund herausgerissen, obwohl wir noch gerne verweilen würden. In beiden Fällen sind wir mit der Zeit unzufrieden, wir wollen sie verkürzen oder ausdehnen. In diesem Spiel erkennen wir leider nicht, dass wir bedingt durch unsere Zu- und Abneigungen in Wahrheit die Zeit eigentlich erst erschaffen. Wären wir frei von unseren Befindlichkeiten, würden wir die Dinge so akzeptieren, wie sie sind – wir wären außerhalb der Zeit im Jetzt. Wir sind dann einfach. Wir nehmen dann zwar auch noch die Veränderungen um uns herum wahr, empfinden diese aber wie uns selbst als Teil eines unendlichen Kontinuums. Und das sind wir in Wahrheit doch auch.

Denken und Sein

Michael Conrad

„Der Mensch ist nur dann der Herr der Schöpfung,
wenn er seine göttliche Seele klar entfaltet."
(Koichi Tohei)

Descartes' berühmter Ausspruch "Ich denke, also bin ich", definiert den Menschen im Gegensatz zum Tier als ein bewusst denkendes und vernunftbegabtes Wesen. Das cartesianische System war materialistisch geprägt und mit einigen idealistischen Facetten ausgestattet. Das cartesianische Denksystem betrachtet die Natur als ein nach logischen Gesetzen funktionierendes, unveränderliches, mechanisches Gebilde, welches gemäß des rationellen, vernunftbegabten Einsatzes des Denkens erkannt werden kann. Descartes versuchte die Dinge der Natur logisch zu erklären und die göttliche Existenz zu beweisen.

Aber das Denken steht trotz seiner Kraft dem Sein im Wege, insofern sich der Mensch mit ihm gleichsetzt. Das bewusste Denken brachte die Ich-Identifizierung hervor, die von der mentalen und seelischen Abgrenzung gegenüber der Welt lebt. Gleichzeitig bestärkt die Ego-Identifizierung die menschliche, lineare Fixierung auf das Denken. Der Mensch verwechselt sich gerade mit seinem Denken und übersieht dabei, dass dieses nur ein Werkzeug ist, mit dem er in die Lage versetzt wird, nur Ausschnitte einer komplexen Wirklichkeit zu erkennen. Das Denken als ein Erkennungswerkzeug unterliegt selbst einem ständigen Wandel und ist von relativer Natur, da es nur im Verhältnis zu anderen Objekten existieren kann. Es besteht im Verhältnis zum Objekt der Erkenntnis und kann nicht aus sich selbst heraus bestehen. Wäre dies der Fall, dann wäre es absolut und göttlich.

Es muss keineswegs das Schicksal des menschlichen Denkens sein, dass es nach dem Verständnis des Werkes "Die Dialektik der Aufklärung" von Horkheimer und Adorno, sich nur als Herrschaft über Natur und Menschen manifestiert. Nach Adornos und Horkheimers Interpretation der Odyssee beginnt der menschliche Sündenfall damit, dass er zusehends lernt die Natur zu beherrschen.

Dies übersieht jedoch, dass der Mensch nur zu dem wurde, was er ist, indem er mit Hilfe seines Intellekts sich der Natur bewusst gegenüber stellte und planmäßig in ihre Vorgänge eingriff, um seine materielle Lebensgrundlage zu sichern. Es war die fortschreitende Naturbeherrschung, die ihn zum Kulturwesen machte und dazu verleitete, sich immer weniger als Naturwesen zu betrachten.

Will der Mensch das sein, was ihn als Mensch auszeichnet, dann muss er Prometheus sein, ohne sich hybrishaft mit den Göttern gleichsetzen zu wollen. Dass sich das Denken weniger der gesellschaftlichen Vernunft als vielmehr der instrumentellen bedient, ist keineswegs ein unabdingbares und unveränderliches Gattungsmerkmal, sondern Ausdruck eines kulturell noch nicht abgeschlossenen Bewusstseins- und Lernprozesses der menschlichen Spezies.

Die Annahme des Menschen, dass alles im rechten Lot sei, wenn er seine Vernunft entwickle, kann jedoch leidvolle Verstrickungen erzeugen. Oft genug verliert die Vernunft im Kampf gegenüber den Begierden und Leidenschaften und die animalische Ebene dominiert den Menschen. Der Verstand als solches kann die Instinkte nicht vollständig beherrschen. Beide ringen miteinander und tragen den Sieg zu unterschiedlichen Zeiten davon. Die bloße Anwesenheit der Vernunft erzeugt im Menschen den Schmerz des dauernden Gefechts. Dieser Schmerz ist dem Tier unbekannt. Der wirksamere Weg seine Instinkte und den Verstand zu kontrollieren, ist den Zugang zum wahren Geist des

Menschen zu finden, der auch als Selbst bezeichnet werden kann. Die Wahrnehmung des göttlichen Geistes lässt Verstand, Seele und Körper zur Ruhe kommen und leidenschaftslos handeln.

Menschliches Leben ist letztlich nur mit Hilfe des bewussten Denkens bewusstes Handeln. Ohne dieses würde der Mensch dem Tier gleich ein Leben des passiven Erduldens führen und die Welt nur als Gegebenheit hinnehmen. Das bewusste menschliche Leben strebt nach Verwirklichung seiner Ziele und gestaltet dabei die Welt nach eigenen Vorstellungen. Gleichzeitig bleibt der Mensch als kulturschaffendes Naturwesen grundlegenden Naturgesetzen unterworfen, die er nicht für sich abstreifen oder für sich außer Kraft setzen kann. Ganz gleich wie weit der Mensch die Natur umgestaltet, bleibt sie seine Existenzgrundlage und Quelle seines erarbeiteten Reichtums. Der Mensch kann aufgrund seiner beiden Bestimmungspole (Abhängigkeit von der Natur und Selbständigkeit durch Bewusstsein), die seine Existenz bestimmen, nur auf zweifachem Wege reifen: Er muss durch sein Streben gestalten und durch die allumfassende Liebe zur Welt bewahren. Durch diese innere Haltung kann der Mensch eine Balance zwischen beiden Bestimmungsextremen finden. Sie zeichnet sich durch Demut und Dankbarkeit aus.

Diese Geisteshaltung bewirkt einen anderen Umgang mit dem eigenen Denken. An die Stelle von Gefühlen und Gedanken tritt Wahrnehmung und das Bilden von Konzepten, welche beide ohne Worte auskommen. Außerhalb des Gehirns und seiner Denktätigkeit existieren keine Wörter, sondern Töne, die als solche interpretiert werden. Worte sind nur Interpretationen von Dingen, die der Mensch erkennt. Die reale Welt enthält keine Worte. Wenn man wortlos wahrnimmt, bildet das Gehirn automatisch Konzepte. Die Qualität eines Konzeptes hängt immer von der Güte der Wahrnehmung ab. Die absolute oder umfassendere Wahrnehmung bringt effektive Konzepte hervor, welche der Wahrnehmung Ordnung und System verleihen. Bei der absoluten Wahrnehmung arbeitet das Gehirn wortlos und somit auch sehr wirksam. Die absolute Wahrnehmung schließt immer die untergeordnete Möglichkeit des Erkennens von Dingen mit ein. Im Gegensatz zur Wahrnehmung ist das Erkennen immer partiell und mit der Verwendung und der Bildung von Gedanken verknüpft.

Es ist das bewusste Denken, das sich selbst erkennt und selber transzendiert und sich als jederzeit abrufbares Programm der vorherrschenden, gedankenlosen, absoluten Wahrnehmung unterordnet. Diese absolute Wahrnehmung ist der erleuchtende Weg des Menschen.

Der Kegel

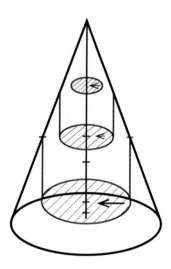

Diese Skizze soll noch einmal aus einem etwas anderen Blickwinkel den Zusammenhang zwischen dem „inhaltlichen", entwicklungsmäßigen Aufstieg und der „formalen" Verwirklichung erläutern. Die Trennungswelten als „Entwicklungs-Raum-Zeit-Kontinuum" sind in Form eines blauen Kegels dargestellt. In der Mitte des Kegels verläuft von unten nach oben eine blaue Achse, die sowohl für die „Eine Spirituelle Gemeinschaft" bzw. für die ihr entsprechenden Inhalte, als auch für das Entwicklungsniveau, den Grad der Erkenntnis (Gnosis), der Einsicht, der spirituellen Entwicklung in den Welten der Trennung steht.

Am Anfang unserer Mission Mensch inkarnieren wir in den Trennungswelten ganz am unteren Ende der zentralen blauen Achse. Ursprünglich sind wir dann aufgrund unserer Herkunft noch ganz in der Einheit. In der Einheit mit dem „Höchsten". Hier nicht sichtbar darzustellen, wären wir ein Punkt an der

Basis der Achse – denn ganz unten an der Basis befinden wir uns, da wir in den Trennungswelten spirituell noch gänzlich unentwickelt sind. Konfrontiert mit Polarität und ihrer durch Missverstehen geborenen Schwester Dualität und durch unsere Unkenntnis verführt, beginnen wir aber schnell, uns von den Idealen der Achse, vom Ausdruck des Höchsten auf dem jeweiligen Niveau, zu entfernen. Dadurch fangen wir an, einen Ring zu bilden, der um die Achse herum verläuft. Mit zunehmender Verwicklung in die Trennungswelten wird dieser Ring immer umfangreicher. Unser Abstand zur Achse wird immer größer. Zeitgleich beginnt, zunächst nur angeschoben durch das läuternde Feuer des karmischen Prozesses langsam, langsam unser Aufstieg entlang der Zentralachse.

Hier ist es wichtig zu verstehen, dass der Ring nicht zwingend ein Ring sein muss. Er ist nur eine idealisierte Form. Wir können in unterschiedlichen Bereichen unserer Persönlichkeit durchaus unterschiedlich nah oder fern von der Ideallinie der ESG/Gnosis-Achse sein und somit eine asymmetrische Figur bilden. Ferner entspricht die Größe des Ringes in keiner Weise einem stärker oder schwächer ausgeprägten Ego, einem größeren oder kleineren Ego. Der Ring steht lediglich dafür, wie nah oder fern die Inhalte des Egos den spirituellen Idealen stehen. So kann also ein sehr ausgeprägtes Ego durchaus einen kleinen Kreis bilden und ein wenig ausgeprägtes Ego einen großen Kreis. Genauso ist das Gegenteil möglich.

Da der „Ego-Ring" in der Regel eine waagerechte Scheibe auf der Höhe des spirituellen Entwicklungsniveaus bildet, ist das zentrale Problem deutlich zu erkennen. Wenn wir unsere Erkenntnis ausbauen, unser spirituelles Niveau heben, kann es passieren, dass die Ring-Scheibe mit der Kegelwand in Berührung gerät. Sie wird dann nicht mehr weiter aufsteigen können und schnell erhöht sich eine innere Spannung zwischen dem Ausmaß der

Erkenntnis und der Ring-Scheibe, die ja für die „formale" Verwirklichung in den Trennungswelten steht. Der Spagat zwischen dem Erkenntnisaufstieg und dem nicht nachrücken könnenden Ego-Ring kann nicht sehr groß werden und führt schnell zu für die AP gefährlichen Widersprüchen.

Wir können auch deutlich erkennen, dass, wenn wir nur ein stark ausgeprägtes Defizit in der Verwirklichung haben, wir schon früh mit diesem „Zacken" im Ego-Ring unseren Entwicklungsaufstieg behindern, obwohl der in allen anderen Bereichen kleinere Ring ansonsten dem Aufstieg nicht im Wege stünde.

Am Rande will ich feilen
von meinem Ringlein rund,
denn durch das Maß des Ringes
tu ich der Welt mich kund.
Dem folgt ein Sprung nach vorne
mit einem Freudenschrei,
wenn Wahrheit tief ich schaue
bald altbekannt bald neu.

Seelenruhe

Bruder Josef

Kommt alle zu mir, die ihr euch plagt und schwere Lasten zu
tragen habt. Ich werde Euch Ruhe verschaffen. Nehmt mein Joch auf
euch und lernt von mir; denn ich bin gütig und von Herzen demütig;
so werdet ihr Ruhe finden für Eure Seele. Denn mein Joch drückt nicht
und meine Last ist leicht.

Mt11,28-30

Im einleitenden Satz richtet sich Jesus mit einer Einladung an
alle Menschen, die sich „plagen und schwere Lasten zu tragen" haben, zu ihm zu kommen. Als Wahrheitsforscher wissen wir, dass
Jesus hier Menschen anspricht, die hauptsächlich den Karmaweg
beschreiten und unter den meist negativen Auswirkungen ihrer
Taten zu leiden haben. Gebeutelt durch Zu- und Abneigungen
taumeln sie scheinbar als Sklaven äußerer Umstände durch ihr
„Leben". Wenn man den weiteren Text noch nicht gelesen hätte,
könnte man meinen, dass nun die Aussage folgen sollte, dass Jesus uns das Tragen der Lasten erleichtern wird, uns beim Tragen hilft oder uns zumindest Mut macht, durchzuhalten. Auch

die Aussicht auf eine wie auch immer geartete Belohnung für die, die durchhalten, wäre denkbar. Nichts dergleichen kommt aber. Bemerkenswerter Weise stellt er uns in Aussicht, die Plagerei vollkommen hinter uns zu lassen, uns Ruhe zu verschaffen. Er möchte uns helfen, dass wir uns überhaupt nicht mehr abplagen müssen und auch gar keine Lasten mehr auf uns nehmen müssen. Wie das denn?

Im nächsten Satz folgt schon die Antwort: Einerseits soll man von ihm lernen, also seine Lehre intellektuell und emotional verstehen und verinnerlichen. Welche Lehre ist hier gemeint, was sollen wir von ihm lernen? Im konkreten Zusammenhang wohl das Wirken und die Prinzipien des Karmas, die er uns im Bild vom Säen und Ernten vor Augen geführt hat.

Als Wahrheitsforscher wissen wir, dass man den leidvollen Karmaweg nur dadurch verlassen kann, wenn man in Form der Weg-Arbeit sein Geschick selbst in die Hand nimmt und beginnt, seine Alltagspersönlichkeit aktiv zu modifizieren. Dieses Wirkungsgefüge rein intellektuell zu verstehen reicht aber nicht, wir sind andererseits dazu aufgefordert, das als richtig Erkannte auch praktisch umzusetzen, also das Joch auf uns zu nehmen. Wir müssen uns im täglichen Leben – und hier vor allem im Umgang mit den uns nahestehenden Personen, wo hauptsächlich neues Karma entsteht - immer wieder aufs Neue beweisen, uns also in einem permanenten Prozess umgestalten. Durch den Segen, den wir mit Eintritt in die bewusste Weg-Arbeit erfahren, nimmt der karmische Druck, unsere schwere Last, ab, wir erfahren die Erleichterung, die uns Jesus verspricht. Wir empfangen Gottes Liebe und Güte, wenn wir uns in Demut dem göttlichen Plan fügen, uns also unter sein Joch begeben.

In einem Joch eingespannt zu sein bedeutet, nach vorne ziehen zu müssen, also Arbeit zu verrichten. Die Weg-Arbeit ist mitunter anstrengend und manchmal auch belastend, besonders zu

Beginn, wenn wir die vielen Persönlichkeitsaspekte erkennen, die der Bearbeitung bedürfen. Wir wissen oft nicht, wo wir anfangen sollen. Wichtig ist es, sich hier in Demut der göttlichen Führung zu überlassen, die die Zügel, die am Joch befestigt sind, in die Hand nimmt und uns liebevoll lenkt und leitet. Wir werden zur richtigen Zeit mit den Dingen konfrontiert, die unserer Betrachtung und Änderung bedürfen.

Wir können zwar zeitweise stehenbleiben, uns ausruhen oder auch von unserem vorgegebenen Weg seitlich abweichen. Der zunehmende karmische Druck, der beim Stillstand auf uns wirkt, fordert uns sanft und doch bestimmt dazu auf, weiterzugehen. Ein seitliches Abweichen unsererseits wird durch die veränderte Zügelführung wieder korrigiert. Jemand, der sich einmal freiwillig unter das „Joch" begeben hat und den Segen, der mit seinem Tragen einhergeht erfahren hat, wird es wohl kaum mehr freiwillig ablegen.

Das Joch kann also als unser spirituelles System verstanden werden, das wir als richtig und für uns förderlich erkannt haben und dem wir uns freiwillig unterwerfen. Dass das nicht immer angenehm ist, wenn wir auf dem Erkenntnisweg mit unseren dunklen Seiten konfrontiert werden, ist klar. Ein Joch, das nicht drückt, also ein System, das uns nicht fordert und uns in Bequemlichkeit und Selbstzufriedenheit einlullt, ist kritisch zu hinterfragen! Jesus meint zwar, dass sein Joch nicht drückt und seine Last leicht ist. Ich denke aber, dass mit diesem abschließenden Satze schon ein sehr fortgeschrittener Zustand gemeint ist, wenn wir nämlich unsere Alltagspersönlichkeit weitestgehend gereinigt und unter Kontrolle gebracht haben. Dann sind wir tatsächlich „Meister" unserer Lebensumstände geworden, unser Joch drückt nicht mehr. Wir haben uns vollständig daran angepasst, es uns zu Eigen gemacht, es gibt keine Druckstellen mehr, wir spüren es nicht mehr als Last.

Die von Jesus versprochene Ruhe in unserer Seele, welche man im valentinianischen Sinne auch als gemeinsames Konstrukt unseres Gedankenkörpers, Gefühlskörpers und materiellen Körpers auffassen kann, findet dann ihren Ausdruck in der Beruhigung unseres Gedankenfeuers, unserer emotionalen Gewässer und letztlich auch unseres grobstofflichen Körpers. Dass dieses Ruhe-Finden nicht so einfach ist, eine Menge Weg-Arbeit bedeutet, also einen Prozess darstellt, findet seinen Ausdruck im Futur des Satzes: so werdet ihr Ruhe finden für Eure Seele.

Wie lange kann das dauern, bis wir tatsächlich wie die Meister unsere Gedanken zum Schweigen gebracht haben und unser emotionales Gewässer so ruhig und glatt wie ein Spiegel ist? Möglicherweise Lebzeiten, aber zumindest der Weg dahin ist uns vorgezeichnet und gut beleuchtet.

Blinde Flecken

Wir weinen über die Art,
wie wir in der Finsternis und in der Welle waren.
(Exegese der Seele)

Wahrheitsforschung ist ein großes Vorhaben, ein hoher Anspruch. Vor allem, wenn wir den Begriff nicht so verstehen, wie ihn vielleicht ein idealistischer Reporter verstehen würde. Der würde versuchen, skandalöse Zustände irgendwo in der Gesellschaft zu enthüllen – mit dem Ziel, dass sie behoben werden. Er würde also Fehler oder Fehlverhalten im Äußeren suchen und auf Verbesserung bestehen. Als Wahrheitsforscher wollen wir aber üben, nach innen zu schauen, Missstände in uns selber bloßzulegen und sie auch selber zu beheben.

Das ist gewiss nicht leicht und am Anfang oft schmerzlich, denn eigentlich wären wir gerne ganz wunderbare Menschen, ganz toll und ach so gut. Vielleicht ändern wir anfangs auch tatsächlich das eine oder andere und denken dann, wir hätten es und möchten dann eigentlich nicht mehr genauer hinsehen und noch weiter an uns arbeiten. Wir haben ja schon etwas, an dem wir festhalten können. Manche widerstehen dieser Versuchung und erkennen den Prozess und das Graduelle in unserem Tun. Sie bleiben aufmerksam und arbeiten bewusst weiter an der Summe der Elementale, die die Alltagspersönlichkeit bildet. Sie schaffen sich auch Rahmenbedingungen, in denen es leichter fällt, nett, freundlich, liebevoll, warmherzig zu sein. Einige erliegen auch dabei nicht der Gefahr, Form und Inhalt zu verwechseln und nutzen die verbesserte Ausgangssituation, um noch größere Schritte auf dem Wege der Modifikation der Alltagspersönlichkeit zu machen. All das ist in größerem oder kleinerem Maß „gut" für das Karma und gut für die Mitmenschen. Wir ändern also **indirekt** auch die Welt um uns herum, indem wir uns selber verändern.

Es gibt aber noch einen weiteren Aspekt der Wahrheitsforschung, bei dem wir nicht zuerst nach **innen** schauen, sondern unsere **Wirkung** in der Welt und auf die Welt untersuchen und dann von den Ergebnissen ausgehend unser Verhalten ändern. Wir können dabei auf der einen Seite viel über die Widerstände der Alltagspersönlichkeit lernen. Auf der anderen Seite lernen wir etwas über Gruppenelementale und Gruppenkarma.

Der oben angeführte Satz aus der „Exegese der Seele" – einer gnostischen Schrift aus den Nag Hammadi Funden – beweint die Finsternis und die Welle. Mit der Finsternis ist, da es sich ja um eine spirituelle Schrift handelt, nicht die Finsternis in der Welt gemeint, sondern die Finsternis in der Alltagspersönlichkeit. Was ist mit der Welle gemeint? Ja, Gruppenelementale und Gruppenkarma, aber wir meinen, dass hier die besonders tragische Variante gemeint ist. Gemeint sind kulturelle blinde Flecken!

Kulturelle blinde Flecken sind Bereiche, in denen ganze Kulturen und Kulturkreise in der Regel drastische Fehlleistungen vollbringen, ohne sich dessen bewusst zu sein. Ein schon an anderer Stelle genanntes Beispiel ist jenes der unsere Kultur mitprägenden Philosophen der europäischen Antike. Sie lebten in Sklavenhaltergesellschaften ohne Sklavenhalterei zu kritisieren. Auch die vielgerühmte „Demokratie" des antiken Athens war eine, in der Frauen, Sklaven und „Gastarbeiter" (Metöken) nicht mitwählen durften. Ebenso zeigte sich die hinduistische Gesellschaft auf dem indischen Subkontinent über Jahrtausende blind für die teils himmelschreienden Ungerechtigkeiten des Kastensystems. In der Bhagavad Gita wird die Auflösung dieses Systems sogar als Auslöser und Begleiterscheinung des Weltenendes dargestellt. Die Liste lässt sich fortsetzen: Die mittelalterliche Ständeordnung in Europa, die Menschenopferpraktiken besonders bei den Azteken oder auch die lange, schwere Geburt des Frauenwahlrechts, das sich im europäischen Kulturkreis erst im 20. Jahrhundert nach und nach durchsetzte. Als letzte führten hier 1971 die Schweiz und 1984 Liechtenstein das Frauenwahlrecht ein.

Allen zurückliegenden Ausprägungen von blinden Flecken ist gemein, dass wir uns heute wundern, wie man die Dinge damals so sehen konnte – oder besser, wie man sie damals **nicht** sehen konnte. Als Wahrheitsforscher müssen wir aber stutzig werden. Wir werfen den Menschen anderer Zeiten und Kulturen ihre blinden Flecken vor. Wenn wir den Gedanken von Karma und Wiedergeburt ernst nehmen, dann fragen wir uns, waren wir nicht selber beteiligt? Waren wir nicht auch damals „in der Welle"? Gibt es auch jetzt kulturell blinde Flecken? Sind wir wieder in einer Welle? Die schlechte Nachricht ist: Ja! Die noch schlechtere ist: Wir sind sogar in einer Doppelwelle, die sich in ihrer Wechselwirkung multipliziert. In einer Welle, die bedrohlicher und zerstörerischer ist als alle, in denen wir vorher waren.

Und was ist zu erwarten, wenn wir jetzt diese Welle benennen? Auch unter Wahrheitsforschern wird es massenhaft Verneinung, Abwiegelung, Verdrängung, Rechtfertigung, Schuldzuweisung an andere, Ohnmachtsbeteuerungen, Krokodilstränen und sogar Ablehnung und Wut geben, weil Wahrheitsforschung eben oft kein auch gegen persönliche Widerstände durchgehaltenes Prinzip, sondern nur ein bis zu einem bestimmten Grad gehendes Deckmäntelchen ist. Ähnlich schlimm zu bewerten sind Versuche, sich mit minimalem Entgegenkommen reinzuwaschen!

Die Welle von der wir mitgerissen werden und gleichzeitig ein Teil sind, ohne es zu bemerken, besteht aus immer weiter steigender Bevölkerung und immer weiter steigenden Konsumbedürfnissen in einer Umwelt, die in ihren Ressourcen begrenzt ist. Und wir dürfen jetzt nicht den Fehler machen, dass wir beide Punkte nicht auf uns selber beziehen, denn nur bei uns selber können wir den blinden Fleck erkennen und etwas gegen seine Auswirkung tun.

Es ist in der gegenwärtigen Situation damit zu rechnen, dass die Weltbevölkerung weiter wachsen wird und dass die Konsumbedürfnisse immer größerer Anteile der immer größeren Weltbevölkerung immer weiter steigen. Wir bewegen uns auf einen systemischen Kollaps schwer vorstellbaren Ausmaßes zu. Ob dieser in fünf Jahren offensichtlich wird, in zwanzig Jahren oder in hundert Jahren ist dabei letztlich nicht von Bedeutung – wenn wir wiederum den Reinkarnationsgedanken ernst nehmen. Wir werden hier sein!

Für einen klarsichtigen Menschen findet der Zusammenbruch sogar jetzt schon statt. Fischbestände, Regenwälder, bebaubares Ackerland und Wasserressourcen schrumpfen. Artensterben und Kohlendioxydanstieg in der Atmosphäre gefährden zunehmend das globale Ökosystem und andere Kreisläufe. Rohstoffe aller Art werden immer schneller ausgebeutet und verkonsumiert. Die Liste ließe sich fortsetzen und man könnte auch weiter ins Detail gehen, aber im Grunde sind diese Informationen jedem zugänglich und auch grundsätzlich bekannt.

Wir sind überzeugt, dass sich die Menschheit auf unserem Planeten einem Einschnitt nähert, auf den wir uns spirituell und in unserem Tun vorbereiten sollten. Laut Bruder Laterne bemüht sich die „Eine Spirituelle Gemeinschaft" weltweit, die Werte von Konsumverzicht und Vermehrungsverzicht nach innen zu leben und nach außen zu vertreten. Beim Vertreten nach außen gibt es wohl regionale Gewichtungsunterschiede, aber zumindest in spiritueller orientierten Kreisen wird auch deutlich auf den direkten Zusammenhang der Bestandteile der aktuellen Welle hingewiesen.

Sicher ist man als Wahrheitsforscher mit vielen modifizierbaren Bereichen konfrontiert, aber es ist schon seltsam, jemanden aus diesen Kreisen zu treffen, der zwei- oder dreimal im Jahr nach

Australien, Indien oder Zypern fliegt, drei Kinder hat und mit seinem Partner je einen SUV (auch Geländelimousine genannt) fährt. Darüber hinaus haben noch alle fünf Familienmitglieder jeweils eines der neuesten Smartphones und so weiter und so weiter. Reicht es aus, wenn wir an unserer Liebesfähigkeit bzw. Fähigkeit zur Nächstenliebe arbeiten, ohne die Welle zu erkennen, von der wir ein Teil sind? Oder anders herum gefragt: Wie groß kann unsere Nächstenliebe sein oder werden, wenn wir das Faktum der Welle nicht erkennen und demzufolge nicht versuchen können, aus ihr herauszukommen bzw. nicht mehr Bestandteil von ihr zu sein? Weinen wir über die Art, wie wir in der Finsternis waren, aber nicht darüber, wie wir in der Welle waren? Oder aus der Perspektive der Weg-Arbeit gesehen darüber, wie wir in der noch graduellen, aber bearbeiteten Finsternis **sind**, aber nicht darüber, wie wir in der nicht wahrgenommenen Welle **sind**?

Tugendpyramide

*Jeder baut sich seine Pyramide, wenn er sie auch nicht bis an die
Spitze bringt, so hat er doch gewiß nichts Besseres tun können.*
(Friedrich Schiller - 1759-1805)

Pyramide I

Tugenderwerb erfolgt innerhalb eines komplexen Systems. Stelle
es Dir vor, als wolltest du eine Pyramide mit einer Grundfläche von
neunhundert würfelförmigen Steinen bauen. Du musst nicht alle
neunhundert Steine auf der ersten Ebene verlegen, bevor du anfangen kannst, Steine auf der zweiten Ebene anzuordnen. Es reichen
schon vier Steine auf dem Grund und du kannst einen Stein der
zweiten Ebene unterbringen. Sechs Steine reichen für zwei Steine
der zweiten Ebene. Neun für vier. Plus einen auf Ebene drei.

Du siehst, hier herrscht kein gradliniges Verhältnis. Gradlinig
ist aber, dass du keinen Stein auf Ebene drei legen wirst, ohne
zuvor Steine auf Ebene zwei gelegt zu haben. Andererseits gibt
es eine positive Rückkopplung für deine Fähigkeit zum Verlegen
von Steinen auf niedrigeren Ebenen, wenn du Steine auf höheren
Ebenen hast.

Nehmen wir zur Verdeutlichung einmal drei Basistugenden an:
Ruhige Gelassenheit, liebevolle Güte und Mitgefühl. Auf Ebene
eins hast du schon etliche Steine ruhiger Gelassenheit verlegt. Du
bist aber bei Weitem noch nicht immer ruhig und gelassen. Auf
Ebene zwei sind auch schon diverse Steine liebevoller Güte verlegt.
Und darüber eine Reihe Mitgefühl. Du magst nun in einer Situation auf ruhige Gelassenheit geprüft werden und vom Impuls her
nicht ruhig und gelassen sein. Jetzt kommt deine liebevolle Güte
zum Einsatz, die eigentlich gar nicht vordergründig gefragt ist.
Oder dein Mitgefühl. Sie bewirken, dass du in der Situation ruhig

und gelassen wirst und auch bleibst - du hast einen neuen Stein auf der unteren Ebene verlegt, der dich umgekehrt wieder potenziell in die Lage versetzt, weitere Steine auf höheren Ebenen zu verlegen. Die Welt schaut entweder auf die Defizite oder verleugnet sie. Eines, um auch noch das Gute schlecht zu machen. Das Andere, um scheinbare Vollendete aufzubauen. Je nach den persönlichen Bedürfnissen.

Die wahren Meister schauen auf das, was da ist - und auf das Potenzial.

Pyramide II

Wir sehen am Pyramidenbeispiel auch, wie sinnlos vergleichender Dünkel ist. Jeder Mensch wird beim Anordnen seiner „Tugendwürfel" seine eigene Strategie verfolgen (wenn er ein Weg-Arbeiter ist), oder aber durch den individuellen Karmaprozess in ein ebenso individuelles Verlegemuster hineingeführt. Wir wissen selbst auf einer Ebene nicht, wie schwierig die anderen Steine derselben Ebene zu verlegen sind. Wahrscheinlich sind auch Steine an gleichen Positionen in verschiedenen individuellen Pyramiden für die Einzelnen individuell unterschiedlich schwer unterzubringen. Kann jemand, der 54 oder 94 Steine dicht an dicht im Westen platziert hat, über einen anderen urteilen, der 67 Steine unzusammenhängend in der Ostecke untergebracht hat? Und selbst wenn einer genau die gleichen Steine positioniert hat wie ein zweiter – plus drei weitere – wir wissen nicht, wie lange die beiden Personen schon im Spiel sind oder wie lange ein vermeintlicher Vorsprung hält.

Vielleicht ist die latente Entwicklung des scheinbar Langsameren schon viel weiter fortgeschritten. Vielleicht arbeitet er sehr viel effizienter und ausgerichteter. Vielleicht sind seine Steine aus einem höherwertigen Material? Wir sollten uns vornehmlich um unsere eigene Pyramide kümmern, nicht wahr?

Pyramide III

Aspiranz erlangt man beim Bau seiner Tugendpyramide beispielsweise mit dem Erreichen von Ebene 15. Zwangsläufig bemerken muss der Schüler dies nicht. Möglicherweise erwacht er auch erst auf einer höheren Ebene zur Aspiranz. Daraus und aus der Tatsache, dass der Schüler gewöhnlich an unterschiedlichen Stellen mit unterschiedlichem Unterbau die Aspiranzebenen erreicht, ergeben sich unterschiedliche Grade und Ausprägungen von Aspiranz.

Mit dem Erreichen der Aspiranz beginnen die Schleier des Todes zu fallen und spätestens mit der nächsten Inkarnation erlangen/behalten die Kinder der Einen Spirituellen Gemeinschaft nach und nach Zugang zur Erinnerung an ihre Vorleben. Bis zu diesem Zeitpunkt nehmen die Selbste in den Trennungswelten nur Wesenszüge mit von Inkarnation zu Inkarnation. Von jetzt an und sukzessive informationsinhaltlich zurückgreifend begleitet sie zudem eine dauerhaftere Form von Wissen und Erinnerung. Dies hilft, die Schüler des Weges immer bewusster zusammenzuführen.

Pyramide IV

„Eine Pyramide aus Würfeln, bei der als kleinste Einheit jeweils vier Steine einen zentralen Stein der höheren Ebene tragen (Zwischenräume zwischen den Zentralsteinen müssten natürlich auch gefüllt werden), würde bei einer Basislänge von 30 Steinen im fertigen Zustand auch 30 Ebenen haben.

Wofür steht die fertige Pyramide?"

„Die fertige Pyramide steht für einen relativ vollendeten Meister der jeweiligen Welt (im Gegensatz zu Meistern, die deshalb Meister sind, weil sie in einem Kontext am meisten wissen). Der relativ vollendete Meister ist, wiederum relativ auf die 95%-Welt bezogen, ein besonders hoher spiritueller Lehrer. Kein absolut vollendeter Meister. Wechselt dieser Meister von einer 95%-Welt in eine 85%-Welt, wird er dort kein relativ vollendeter Meister sein."

„Wie ist das innerhalb des Pyramiden-Bildes zu verstehen? Sie ist doch fertig?"

„Die Basislänge der in der 85%-Welt gewünschten Pyramide wird einfach verlängert. Möglicherweise um einen beträchtlichen Faktor. Es kommen vielleicht nicht zehn, sondern hunderte von Steinen hinzu. In einer Zielpyramide von 330 Steinen Seitenlänge würde die abgeschlossene 30er-Pyramide nicht viel Raum einnehmen."

„Es bliebe viel Platz für weitere Entwicklung."

„Genau. Ich sage dies aber nur, um überzogene Erwartungen von vor der Tür stehender Theose zu dämpfen. Realistischer ist etwa eine Verdoppelung der Seitenlänge. Auch da bleibt viel Platz."

„Und wer diese Pyramide vollendet..."

„...wäre ein vollendeterer Meister – absolut gesehen. Daraus ist ersichtlich, dass wirklich vollendete Meister in unserer 95%-Welt recht selten sein dürften. Was sollten diese hier zu tun haben? Zu lehren haben? Wird hier von „vollendeten Meistern" gesprochen, sind immer relativ vollendete gemeint. Entwickelte Menschen, aber eben Menschen! Von Gottgleichheit weit entfernt. Nichts Anzubetendes oder überzogen zu Verehrendes."

Pyramide V

„Wie hoch ist der Anteil von Menschen mit Aspirantenniveau an der Bevölkerung – inklusive derer, die nicht wissen, dass sie es erreicht haben? Kann man das irgendwie aus der 95%-Regel ableiten?"

„Die Aussage der ESG, alle Menschen seien Mitglieder der ESG, sie wüssten es nur leider nicht, beleuchtet das Problem aus einem anderen Winkel. Ich würde tatsächlich die 95%-Regel bemühen und sagen: 95% der Menschen sind unspirituelle

Menschen ohne wesentlichere Verwirklichungen (unbewusster) spiritueller Anteile. Die restlichen 5% haben bewusste oder unbewusste spirituelle Anteile und eine gewisse daraus resultierende Ausrichtung. 5% von denen wiederum sind bewusst oder unbewusst Aspiranten."

„Wie kann man das Aspirantenniveau in Bezug zur Höhe der Pyramide ansetzen, bei 5%, 50% oder höher?"

„Das Niveau der „Aspiranzebene" kann man etwa mittig annehmen. Das **Volumen** oberhalb ist aber deutlich geringer. Mit dem Erreichen der Aspiranz haben wir wesentliche Lernaufgaben in diesem Klassenraum vollendet und sehr viel bleibt oberhalb nicht und wird zudem schneller abgearbeitet."

„Können Meister erkennen, wie unsere Pyramide aussieht? Können sie das schauen? Machen sie uns auf Defizite aufmerksam, z.B. wenn ein großer Pyramidenbasisbereich unzureichend ausgebildet ist?"

„Ja, die Schnittmengen können von relativen Meistern geschaut werden und die relativ vollendeten Meister haben mit allen Personen eine vollständige Schnittmenge. Aus der Schau resultieren aber nicht zwingend Hinweise der Meister. Die Geschicktheit der Mittel versetzt sie in die Lage zu erkennen, wo sie sinnvoll eingreifen können – Aspiranten (relative Meister) arbeiten daran, diese Geschicktheit auszubauen."

„Wenn wir im Zuge des Census von einer 95%-Welt z.B. in eine 85%-Welt wechseln, müssen wir dann unsere neue, großteils noch leere Pyramide wieder auf ein neues Aspiranzniveau aufbauen? Ich dachte immer, Aspiranz wäre ein Grad der spirituellen Ausrichtung, der sich eigentlich so nicht ändert (Rückschritt ist ja nicht möglich) und unabhängig von den Bedingungen in der Welt ist. Müssen wir uns in einer Welt, die neue Rahmenbedingungen aufweist, neu ausrichten? Gibt es auf jeder Entwicklungsstufe die Einteilung in Volontäre – Aspiranten usf.?

„Die Implikation des jeder Schulklasse eigenen Aspiranzniveaus hast Du ganz richtig verstanden. Aspiranz bezieht sich in den höheren Klassen auf die anderen, höheren Lernziele. Der spirituellen Gemeinschaft gehören wir in höheren Klassen zwar von Beginn an an – nicht aber der sozusagen „**innereren** spirituellen Gemeinschaft", die das Aspiranzniveau der Lernaufgabe der höheren Klasse repräsentiert. Das Aspiranzniveau der mitgebrachten Pyramide, die innerhalb der noch großteils leeren Pyramide der höheren Klasse steht, bleibt uns erhalten. Die Ebene kann dann theoretisch bis zu den jetzt weiter entfernten Rändern ausgebaut werden, um ausgeweitete vollständige Aspiranz zu erlangen. Das Niveau der innereren Aspiranz zur innereren SpirGem liegt darüber hinaus höher – wieder bei etwa 50% der Höhe der Pyramide. Das Gradsystem der Freimaurer kann vielleicht als krückenhaftes Gleichnis für den Aufstieg durch die Schulklassen gesehen werden. Volontäre und Aspiranten gibt es entsprechend auf jeder Entwicklungsstufe."

Lebenswege

Denn wo viel Weisheit ist, da ist viel Grämens;
und wer viel lernt, der muss viel leiden.
(Prediger 1.18)

Gerne fragt der geistige Schüler einen Lehrer oder Meister, was er denn tun solle – oder er sucht ihn sich schon danach aus, was er als „Weg" anbietet. Die Alltagspersönlichkeit liebt einerseits eine klare Ansage und andererseits die damit einhergehende Gewissheit. Bedauerlicherweise gibt es aber ein spirituelles Axiom, das klare Ansage und Gewissheit aushebelt. Es heißt: „Man kann alles auf die richtige und die falsche Weise tun.[1]"

Auf diese Art werden jedoch nur wenige Menschen die Begriffe „richtig" und „falsch" anwenden. Umgekehrt ist man sehr schnell damit, andere Personen und ihre Wege damit zu beurteilen. Zwar beschreitet jeder Mensch einen einzigartigen, ganz persönlichen Entwicklungsweg durch die Trennungswelten, doch gleichzeitig empfindet er den Wunsch, seinen Weg zusammen mit anderen, gleichgesinnten Menschen zu gehen. Darum bildet er in Gedanken Gruppen, die er eben mit den Kategorien „richtig" und „falsch" überschreibt. Richtig erscheinen ihm Leute, die

---

[1] Natürlich bezieht sich dies auf den Kontext spiritueller Praxis und auch da höchstwahrscheinlich nicht auf jede denkbare Vorgehensweise.

sich irgendwie ähnlich wie er selber voranbewegen. Falsch praktisch alle, die sich auf andere Weise bewegen, oder frühere oder spätere Stadien seines eigenen Voranschreitens darstellen.

Der Irrtum ist ein doppelter. Die Gruppe der Richtigen ist nicht homogen und die Gruppe der Falschen steht unter Berücksichtigung des eingangs erwähnten Axioms nicht in letztlichem Widerspruch zu seinen eigenen Bestrebungen.

Nehmen wir, nur um ein Gefühl für die Sache zu kriegen, einmal die drei oder vier hinduistischen Yogas unter die Lupe. Bleiben wir dabei auch nicht zu eng an der Vorlage kleben, sondern nehmen wir sie als Anregungen für eigenständige Überlegungen.

Wird von drei Yogas gesprochen, so meint man gewöhnlich Bhakti-Yoga, Karma-Yoga und Jnana-Yoga. Bhakti-Yoga könnten wir als „Weg der liebevollen Hingabe" bezeichnen. Diese Hingabe kann einem persönlichen Gott, einem spirituellen Führer oder einem verkörperten göttlichen Prinzip gelten und spricht besonders die emotionale Ebene an.

Karma-Yoga ist der „Weg des selbstlosen Dienens" ohne Anhaften an den zu erwartenden karmischen Früchten oder auch nur den ich-geplanten weltlichen Resultaten.

Jnana-Yoga wäre dann der „Weg des Wissens", auf dem letzte Erkenntnis und Wahrheit in anfangs eher logisch-intellektueller Weise durch Lernen, Verstehen und Verinnerlichen gesucht wird.

Manchmal wird vom Raja-Yoga als viertem Yoga gesprochen. Raja-Yoga wird auch als „Weg der Geisteskontrolle" bezeichnet und ist ein komplexeres System aus Atem- und Körperübungen, Konzentrationsübungen und Meditationspraxis.

Dhyana ist im hinduistischen Kontext ein Unteraspekt des Raja-Yoga und steht eben für die Meditationspraxis. Im indischen Buddhismus wurde der Meditation besonders viel Raum gegeben und von dort aus verbreitete sich diese Praxis besonders in China als „Chan" und später in Japan als „Zen". Man könnte hier über die vier Yogas hinaus also auch noch von einem „Weg der Meditationspraxis" sprechen.

Es fällt nicht schwer zu erkennen, welche Probleme entstehen können, wenn diese Wege in wechselseitiger Ausschließlichkeit beschritten werden. Schon das Nicht-Wissen um die gleichzeitige Gültigkeit von Alternativen kann verheerend sein. Liebevolle Hingabe ist ja schön und gut, aber wem oder was man sich hingibt sollte schon durch eine Portion Jnana-Yoga hinterfragt werden können. Für selbstloses Dienen gilt dasselbe. Den Weg des Wissens zu beschreiten und dabei eine starre Herzenskälte zu entwickeln ist auch ein gutes Beispiel dafür, wie man einem richtigen Weg auf die falsche Weise folgen kann. Weitere Nicht-Kombinationen zu durchdenken soll hier der Vorstellungskraft des Lesers überlassen bleiben.

Umgekehrt ist es auch schädlich, wenn man sich nicht klar einordnen kann. Wenn man beispielsweise meint, man folge einem klaren, erkenntnisorientierten Weg und bei einer sachlichen Nachfrage zum Thema fühlt man sich, seinen Weg, seinen Lehrer, einfach alles, total kritisiert und (Verzeihung!) emotional total angepisst, dann war es mit dem logischen Abstand und Überblick wohl nicht so weit her. Man ist vielmehr zu großen Teilen ein Bhakti-Yogi und das auch noch auf die falsche Weise... Andere Kombinationen ersparen wir uns hier jetzt ebenfalls.

Eine klare Einordnung der eigenen Vorlieben bzw. ein Wissen darum, welches der von einem selbst beschrittene Hauptweg ist, ist dagegen der tatsächlichen Entwicklung sehr förderlich, denn dann kann man bewusst die anderen Blickwinkel als perspektivische Ergänzung benutzen. Die Schwächen und blinden Flecken, die sich dem Blick von innen durch Betriebsblindheit nicht mehr zeigen, können durch einen Blick von außen oft leicht erkannt werden.

Zugegeben, dieses „man kann alles auf die richtige und auf die falsche Weise tun" ist für die Alltagspersönlichkeit wie ein Sturz in eine Hölle. Und warum? Weil sie glaubt, sich nirgends festhalten zu können! Und festhalten will sie sich, damit sie sich nicht verändern muss. Bizarrerweise vermag eine ungeschulte Alltagspersönlichkeit auch nicht zu unterscheiden zwischen einer Leitersprosse, einer Leiter, dem Punkt, zu dem man mit Hilfe der Leiter aufsteigen will und der möglicherweise unabsehbar langen Folge von weiteren und weiteren Leitern, die man noch für weitere Aufstiege wird brauchen müssen. Sie neigt dazu, ständig das eine mit dem anderen zu verwechseln – und zwar immer dahingehend, dass sie sich selber suggeriert, dass eben die eine Leitersprosse vor ihren Augen schon das Ziel aller Dinge sei. Überzeugt, gläubig und verzweifelt klammert sie sich mit beiden Händen an die Sprosse und steht dabei vielleicht noch mit beiden Füßen auf dem Boden und pervertiert damit sowohl den Sinn der Leiter als auch der Sprosse[2].

Und was sind Sprosse, Leiter und der Punkt zu dem wir mit Hilfe der Leiter aufsteigen? Arbeitshypothesen! Alle drei! Man könnte vielleicht noch sagen: „Relative Wahrheiten!" Doch dieser Begriff ist schon wieder zu verführerisch für die Alltagspersönlichkeit. Arbeitshypothesen also!

Erkennen wir aber, dass es möglich ist, diese Art von Freiheit auszuhalten und daraus auch noch – wenn auch nicht in Worten formulierbare – Rechtleitung und Inspiration zu ziehen, dann erfahren wir den Eintritt in eine wahre Schülerschaft, die vorher kaum vorstellbar gewesen ist.

---

[2] Nun ja, immerhin hilft diese Art mit einer Leiter umzugehen dabei aufrecht zu stehen...

Groken – die Schau haben

Wir sehen jetzt durch einen Spiegel in einem dunkeln Wort;
dann aber von Angesicht zu Angesicht. Jetzt erkenne ich's stückweise;
dann aber werde ich erkennen, gleichwie ich erkannt bin.

(1.Korinther 13,12 Luther 1912)

Im Gespräch mit einem edlen Freund gewahrte ein Bruder, dass er, durch die Worte des Freundes hervorgerufen, plötzlich ein umfassendes Bild dessen vor Augen hatte, was jener ihm mitteilen wollte. Ohne dass es nötig geworden war, das ganze Geschaute in Worte zu fassen, war ein tiefes Verstehen eingetreten. Dies war ein spontanes Groken und im Moment des Eintretens wurde dem Bruder klar, dass er diese Fähigkeit schon vorher einige Male genutzt hatte, ohne sie zu erkennen.

Bisher hatte der Schüler des Weges Groken als das Endresultat eines wiederholt in verschiedene Richtungen ausgeworfenen Geistes erfahren. Durch das Auswerfen war der Bereich eines nichtlinearen Feldes abgesteckt worden, den es grokend zu überschauen galt. War das Feld abgesteckt, stellte sich das Bild ein...

Jetzt aber stellte sich das Bild ein, **bevor** das Feld abgesteckt war. Ein Gewinn an Fähigkeit! Ein Grund, bei einem Oberen nachzufragen. Ein schwacher Grund allerdings. Aber die sich aus der Feststellung der neuen Möglichkeit ergebenden Fragen waren nicht so ein schwacher Grund! Flugs wurde eine E-Mail verfasst:

„Schauen die Meister die Welt grokend? Bemühen sie den Verstand nur noch in Einzel- oder Spezialfällen? Wie schnell kann sich ein Bild nach dem anderen einstellen? Ist das eine Frage der Entwicklung?"

Gewohnt schnell kam die Antwort: „Gute Fragen. Das ist das Wichtigste! Aber ich setze Dich einmal auf die Spur. Die Meister schauen die Welt grokend. Doch Bild nach Bild zu schauen, ist eine Anfängerübung. Und als solche eine Sackgasse, die befreit. Die Schau der Meister vollzieht sich fließend und unaufhörlich. Die geschaute nichtlineare Wahrheit ist von Meister zu Meister unterschiedlich detailreich. Man könnte sagen „gepixelt". Je mehr Pixel, desto entwickelter ist der Schauende. Das bedeutet, dass – auf das Angesicht Gottes bezogen – die Sicht aus der Nähe detailreich, aber nicht überblickend und aus der Ferne überblickend, aber weniger detailreich ist. Hierin liegt ein quasi unendliches Entwicklungsspektrum selbst für die, die von den Menschen durch ihre begrenzte Perspektive „Meister" genannt werden.

Im ersten Korintherbrief 13,12 wird unterschieden zwischen einerseits den „unwissend Schauenden". Das sind die gewöhnlichen Menschen, die nur einen kleinen Ausschnitt sehen, und weil sie nicht wissen, wie sie aus dem Nasenhaar Gottes auf das Ganze schließen sollen (was ginge), ist ihnen alles ein dunkles Wort. Und andererseits werden die „wissend Schauenden" erwähnt. Aber auch auf der unendlich weiten Ebene der wissend Schauenden wird die Zweiheit von Schauendem und Geschautem vorerst nicht gänzlich aufgehoben, denn sie schauen „von Angesicht zu Angesicht". Erst in der Theose werden beide eins. Ein langer Weg noch – dorthin! Und nicht vergessen, die Perfektionierung der Schau ist nur einer von vielen scheinbaren Einzelaspekten, den wir über die Modifikation in Richtung Perfektion zur Einheit bearbeiten müssen. Noch wahrer jedoch hängen alle Einzelaspekte untrennbar zusammen."

Ungebetene Gäste

Bruder Josef

Draußen mußte der Gast nicht bleiben,
sondern meine Tür tat ich dem Wanderer auf.
(Hiob 31,32)

Wir verstehen Blockaden als in unserer Alltagspersönlichkeit unerwünschte Elementale, zum Beispiel Gewohnheiten, Konditionierungen, Meinungen oder Konzepte, die tief in uns verankert sind und unserer bewussten Wahrnehmung nicht unmittelbar zugänglich sind. Charakteristisch für sie ist, dass sie zusammenziehender, abgrenzender und einschränkender Natur sind und dem freien Fluss der ätherischen Vitalität durch unsere ätherischen Körper im Wege stehen, bildlich gesehen wie große Hindernisse in einem Fließgewässer. Unsere Aufgabe als Wahrheitsforscher ist es, uns von den Blockaden sukzessive zu reinigen, um damit unserem höheren Selbst immer mehr Ausdruck verleihen zu können.

Die göttliche Vorsehung hilft uns dabei insofern, als dass sie uns in unserem Leben permanent in Situationen bringt, durch die wir diese alten Muster wie in einem Spiegel vorgehalten bekommen. Als Wahrheitsforscher, die wir uns zu einer aktiven Modifikation unserer Alltagspersönlichkeit bekennen, werden wir hier besonders intensiv gefordert, uns zu verändern, erhalten aber im Gegenzug von der spirituellen Gemeinschaft eine umso stärkere Unterstützung.

Viele Formen von Schmerz, sei er physisch, psychisch oder gedanklich, weisen uns klar auf die Dinge hin, die bei uns noch nicht in Ordnung sind und die der Verwandlung bedürfen. Anfangs wird der – bildlich gesprochen – unliebsame Besucher vorerst leise bei uns anklopfen und wir werden dadurch sanft auf einen bestehenden Mangel aufmerksam gemacht. Jedes Mal, wenn wir uns verweigern, also den uns unangenehmen Besucher an unserer Haustüre abweisen, kommt dieser nach einer gewissen Zeit wieder zurück und versucht, umso energischer bei uns Einlass zu begehren. Wenn wir wiederholt verweigern, wird irgendwann einmal der karmische Druck zu groß werden und der Gast verschafft sich gewaltsam Zutritt in unser Haus. Manche Menschen wehren sich so sehr gegen Einsicht und Erkenntnis, dass sie sich erst im Augenblick der höchsten Verzweiflung ergeben und dadurch die Bedingung schaffen, unter der echte Erlösung stattfinden kann. Als Wahrheitsforscher versuchen wir, diesen Karmaweg größtenteils zu vermeiden und über Einsicht und Erkenntnis uns schon bei den ersten karmischen Anzeichen so zu wandeln, dass wir uns die bittersten Erfahrungen von vornherein ersparen können.

Wie erkennen wir denn, ob wir unsere Lektion gelernt haben? Ganz einfach, indem der Schmerz nachhaltig verschwunden und der Mangel dadurch behoben ist. Und wie erreichen wir das? Gleichnishaft ausgedrückt dürfen wir den Gast, der unerwartet und meist auch unangenehmerweise auftaucht, nicht abweisen sondern müssen ihn hereinbitten und ihm dann unsere volle, uneingeschränkte Aufmerksamkeit schenken. Wir müssen uns in ihn hineinversetzen und letztlich versuchen zu verstehen, was er uns zu sagen hat. Diesen Punkt zu erreichen, kann bei tief sitzenden Blockaden zeitlich lange dauern und auch sehr qualvoll sein. Es kann aber auch sein, dass unser Gast nur kurz verweilt, dann aber öfters bei uns vorbeikommt. Wenn wir seine Botschaft letztlich wirklich verstanden haben, wird er sich von uns verabschieden und uns verlassen. Mag sein, dass er noch das eine oder andere Mal bei Gelegenheit kurz bei uns vorbeischaut, doch das stört uns jetzt nicht mehr. Wir winken ihm freundlich zu und lassen ihn seine Wege gehen. So kann echte Heilung geschehen.

Und wie müssen wir uns nun ganz konkret verhalten, wenn wir zum Beispiel in einer bestimmten Situation emotional stark gefordert sind? Nun, zuerst müssen wir uns unsere Emotion eingestehen, sie akzeptieren. Jeder kennt es nur allzu gut, wenn wir z.B. grantig-ärgerlich sind und dann felsenfest behaupten, überhaupt nicht grantig zu sein. Wir machen unserem Gast also nicht einmal die Türe auf, von hereinbitten kann gar keine Rede sein.

Nehmen wir an, dass wir als geübte Wahrheitsforscher diese erste Hürde nehmen und unseren Ärger als solchen klar erkennen. Den nächsten Fehler, den wir nun begehen können, wäre, ihn in seinem Ausmaß kleinzureden, indem wir uns z.B. vormachen, eh nur ein klein wenig ärgerlich zu sein. Auch damit werden wir unserer Aufgabe nicht gerecht, denn wir sind gefordert, uns voll und ganz in unser Gefühl hineinzubegeben, auch dann, wenn es sehr stark ist. Wichtig dabei ist es, trotz aller Gefühlsintensität sich nicht im Gefühl bzw. der Emotion zu verlieren, wir müssen, obwohl wir die volle Verantwortung dafür übernehmen, trotzdem eine gewisse Distanz wahren. Das ist nicht immer leicht! Wir dürfen dabei keinen Widerstand aufbauen sondern müssen das Gefühl in all seinen Facetten annehmen.

Wichtig ist dabei auch, uns selbst gegenüber und dem Gefühl eine liebevolle Grundhaltung einzunehmen. Gleichzeitig sollten wir vermeiden, uns in irgendeiner Form dafür zu schämen, das Gefühl zu verurteilen oder es zu bewerten. Wir betrachten es liebevoll wie unser Kind und öffnen uns so weit dafür, um seine Botschaft intuitiv verstehen zu können. Es ist ja auch ein Teil von uns, ein Teil, den wir bisher nicht bewusst gesehen haben oder den wir sogar aktiv verdrängt haben. Wir nehmen es auf, wie der Vater den verlorenen Sohn. Wenn wir es in dieser Art liebevoll umarmt haben, können wir vorsichtig beginnen, zu fragen, was es uns zu sagen hat. Was ist deine Botschaft für mich? Wichtig hierbei ist, nicht in eine verstandesmäßige Analyse zu verfallen sondern einfach nur zu sein.

Wir sollten dem Gefühl gestatten, so lange zu bleiben, wie es mag. Oft genug, vor allem bei nicht so intensiven Gefühlen, werden wir feststellen, dass sie uns schon nach kurzer Zeit wieder verlassen. Zurück bleibt aber kein Gefühl der Leere oder des Mangels, ganz im Gegenteil, Fülle und Vollständigkeit stellen sich ein. Eine große Erleichterung kann spürbar werden gepaart mit tiefer Demut und Dankbarkeit. Das gegangene Gefühl kann noch für eine gewisse Zeit in uns nachklingen. Wir sollten es gehen lassen und nicht versuchen, es festzuhalten. So geschieht echte Heilung.

Frau Welt[1]

Walther von der Vogelweide wird als bedeutendster Dichter des deutschen Mittelalters betrachtet. Sein vielleicht wichtigstes und ihm selber liebstes Metier war der Minnesang. Man kann sagen, dass er in jungen und mittleren Jahren ein Mann war, der die Frauen liebte. Auch sonst war er den weltlichen Freuden zugetan. Er war am politischen Geschehen interessiert und strebte an die Höfe der Großen seiner Zeit.

Als er älter wurde musste er leider irgendwann erkennen, dass die Burgfräulein, bedingt durch sein vorrückendes Alter, zunehmend weniger Interesse an ihm hatten. Für ihn war das sicher eine schmerzliche Erfahrung, die er als eine grundlose, schnöde Abkehr der Frauen von ihm erlebte. Gleichzeitig summierten sich für ihn Erfahrungen des letztlichen Scheiterns vieler seiner Bestrebungen, Ziele und Vorstellungen.

[1] Sicher ein klarer Fall von Projektion der Meinungsmacher. Hätte man Frauen zum Thema befragt, hätten sie wohl von „Herrn Welt" sprechen mögen.

Am Anfang dieser Seite sehen wir eine Darstellung der „Frau Welt" am Wormser Dom – einmal von vorne und einmal von hinten. Von vorne ist sie jung und hübsch, von hinten jedoch ist sie voller (Eiter-)Beulen, Kröten und Schlangen. In einem fiktiven Dialog mit dieser Figur, die im Mittelalter eine Personifikation der verführerischen aber trügerischen Qualitäten der Welt darstellte, sagte Walther:

> *Deine Zartheit hat mich fast verführt,*
> *weil sie viele süße Freuden schenkt.*
> *Als ich Dir genau in die Augen gesehen habe,*
> *da war Deine Schönheit wundervoll anzuschauen,*
> *das ist nicht zu leugnen.*
> *Doch waren's der Scheußlichkeiten so viele,*
> *als ich Dich von hinten gesehen habe,*
> *dass ich Dich immer schmähen werde.*

Wir können sehen, dass Walther sein Scheitern in der Minne und sein Scheitern in der Welt im Bild der Frau Welt verschmolzen sah. Diese Vorstellung ist nicht ohne Anzeichen von persönlicher Gekränktheit. Trotzdem führte sein Erleben zunehmend zur Erkenntnis der Hohlheit allen Strebens und Treibens in der Welt.

Wir wollen diese Einsichten nicht schmälern. Sicher ist es besser sie zu erlangen, als das Offensichtliche durch erstaunliche Gedankentricks zu verdrängen. Das sehen wir ja überall in der Welt um uns herum. Es sind aber Einsichten, die auf dem Karmapfad erlangt wurden. Denn erst **nachdem** sich Frau Welt von ihm **abgewandt** hatte, konnte er sie von hinten sehen – also quasi die Schattenseite all dessen erkennen, was er in falschem, weil einseitigem Lichte sah, solange das Glück ihm hold war. Dass Frau Welt ihn **fast** verführt habe, ist eine nachträgliche Beschönigung. Sie **hat** ihn verführt, solange sie wollte...

Auf diese Weise werden auf dem Karmapfad früher oder später alle zu Einsichten gezwungen, auch jene, die sich beharrlich gegen sie sträuben. Der karmische (Erkenntnis-)Druck wird einfach immer weiter erhöht. Nicht-Wissen-Wollen kann so zu großen Leiden in der Welt führen, denn die Alltagspersönlichkeit ist manchmal eher bereit unterzugehen, als sich durch Erkenntnis wandeln zu lassen. Dabei ist doch der Untergang/Tod eine recht drastische Wandlung.

Walther gehört also wie gesagt zu jener Minderheit, die Einsichten tatsächlich hatte oder hat. Er hatte sie nicht gerne, aber er konnte und wollte sich auch nicht mehr dagegen wehren. Der Weg der freiwilligen Suche nach Einsicht, der bewussten Wahrheitsforschung ist aber zweifellos dem Karmapfad überlegen, da er mit sehr viel weniger Leiden verbunden ist. Es ist ein Weg, der absichtsvoll Frau Welt von allen Seiten begutachtet, solange und während sie ihm noch die glänzende Fassade zuwendet. Ja, es ist sogar so, dass Frau Welt sich gar nicht abwendet, denn dies ist ja beim Einsichtigen nicht nötig, um das Erkennen ihrer Rückseite zu erzwingen...

Verlieren wir nicht etwas, wenn wir beim Lächeln der Frau Welt um die Kehrseite wissen? Ja und nein. Ja, wir verlieren ein Glück, das auf einer Täuschung beruht und auf dem Karmapfad zu schmerzlicher Ent-Täuschung führen muss. Nein, im Gegenteil, wir gewinnen eine tiefere Freude, die dem Schätzen einer Blüte trotz ihres unvermeidlichen Welkens gleicht und der ganzheitlichen Wahrnehmung der „Dinge-wie-sie-sind" entspringt.

Annehmen und Loslassen

Was du suchst, erreichst du nicht. Was du fliehst, verlässt dich nicht.
(Anonyma)

Annehmen und Loslassen sind zwei scheinbar unterschiedliche Strategien, die wir – wenn überhaupt – zuerst einzeln und selektiv einsetzen. Klar, angenehme Erfahrungen kann man gut annehmen. Steckt in dem Wort „angenehm" nicht sogar von der Wortverwandtschaft her „angenommen", „annehmen" drin? Und unangenehme Erfahrungen loslassen? Das ist auch nicht schwer. Zumindest könnte man das glauben.

Wenn wir genauer hinsehen, erkennen wir, dass wir angenehme Erfahrungen zwar suchen, wenn wir sie nicht haben, sie zwar ergreifen und festhalten wollen, wenn wir sie haben und zwar manchmal verzweifelt nachfassen, wenn sie uns zwischen den Fingern zu zerrinnen beginnen, aber sie **so-seiend** wie sie eben sind **anzunehmen**, ohne ihr Werden mit innerer Aufgeregtheit beschleunigen zu wollen, in ihrem Sein Steigerung zu suchen oder ihr Vergehen zu beklagen, ist gar nicht so leicht. Dazu braucht es Aufmerksamkeit, Im-Jetzt-Sein und Übung.

Loslassen und Nicht-Haben-Wollen sehen wir auch gerne, schnell und leicht als dasselbe. Kopfschmerzen beispielsweise wird niemand haben wollen. Jeder wird sie ablehnen und fortwünschen. Je nach Stärke sogar ziemlich intensiv. Man könnte meinen: „Ich lasse die Kopfschmerzen los, dann gehen sie weg." Erstens tun die Kopfschmerzen das nicht, wenn wir es hinkriegen und zweitens neigen wir dazu, uns bei vordergründigen Schmerzen bei allem Nicht-Haben-Wollen intensiv mit ihnen zu beschäftigen. Das geht bei starken Schmerzen kaum anders. Und bei vielen anderen unangenehmen oder auch nur unerwünschten Erfahrungen ist es nicht anders. Das ist aber offensichtlich nicht Loslassen.

Ein erster Erkenntnisschritt ist, dass wir begreifen, dass wir zuerst genau andersherum vorgehen müssen. Wir müssen unangenehme Erfahrungen annehmen und angenehme Erfahrungen loslassen. Erst dadurch gelangen wir in einen inneren Zustand, der uns einen richtigeren Umgang mit dem scheinbaren Gegensatzpaar von angenehmen und unangenehmen Erfahrungen ermöglicht.

Durch das Annehmen unangenehmer Erfahrungen können wir unseren inneren Widerstand gegen sie nach und nach überwinden. Und nochmal ganz deutlich: Es gibt gewiss unangenehme Erfahrungen, bei denen wir kaum davon ausgehen können, dass der innere Widerstand gegen sie wirklich überwunden werden kann. Und weit vorher müssen wir – ausgehend von den Prinzipien der Weg-Arbeit – annehmen, dass wir im Bereich der Alltagspersönlichkeit (AP) einer Fülle von schon der Einsicht zugänglichen Erfahrungsqualitäten gegenüberstehen. Wir müssen und können nicht alles auf einmal lösen. Zusätzlich zu den **erkennbaren** Erfahrungsqualitäten gibt es dann noch eine mögliche Fülle von bisher in den Tiefen der AP verborgenen Erfahrungsqualitäten. Also immer mit der Ruhe... aber mit Ruhe voran!

Das Loslassen angenehmer Erfahrungen bewirkt dort, wo wir dazu in der Lage sind bzw. uns zunehmend in die Lage versetzen, dass wir paradoxerweise diese Erfahrungen nun erst wirklich zu schätzen lernen, da wir sie erst jetzt gänzlich als das erfahren können, was sie tatsächlich sind. Wir überlagern sie nicht mehr durch überzogene Erwartungen, Steigerungsvorstellungen und den Widerstand gegen das absolut allem in den Trennungswelten eigene Vergehen.

Der zweite nun möglich gewordene Erkenntnisschritt ist also, dass wir erst durch das Loslassen der angenehmen Erfahrungen in der Lage sind, sie wahrhaft anzunehmen. Die andere Seite derselben Medaille ist die Einsicht, dass wir erst durch das Annehmen unangenehmer Erfahrungen fähig werden, sie wahrhaft loszulassen.

Unterbewusster Geist

„Ob ein Mensch klug ist,
erkennt man viel besser an seinen Fragen als an seinen Antworten."
(François-Gaston de Lévis)

Frage:
Ich hab mir einen Mitschnitt des alten zypriotischen Lehrers über das Unterbewusstsein angehört. Er sagt, es ist in zwei Domänen aufgeteilt, eine vom Ego, die andere vom Heiligen Geist und den Erzengeln. Aber zwischen diesen beiden – „Zuständen" nennt er es – ist noch ein anderes Unterbewusstsein, das er den unbewussten Mind nennt, welches durch das Ego und die Erzengel erbaut wird und von dem unsere Körper ihre ätherische Vitalität bekommen.

Bei diesem bin ich etwas verwirrt bzw. kann da nicht so die Verbindung ziehen zwischen anderen Dingen.

Also er sagt, dass dieser unbewusste Mind eine Kraft ist, die das Gleichgewicht halten soll. Er führt aber nicht weiter aus wie und warum und zwischen was genau.

Dann sagt er, dass eine wichtige Qualität von diesem unterbewussten Mind ist, dass er nicht nachdenkt (reasoning) und Befehle annimmt und sozusagen stumpf an die Arbeit geht und den Mind kontrolliert, um die Suggestion auszuführen. Dann zitiert er noch Joshua, der gesagt hat, der Glaube versetze Berge, und sagt, dass das durch diesen unterbewussten Mind funktioniert.

Was ich mich da frage ist Folgendes: Die meiste Zeit redet er ja immer über Elementale und wie man mit diesen heilen kann, materialisieren und so weiter und dass das Unterbewusstsein/Persönlichkeit aus Elementalen besteht, aber in diesem Teil erwähnt er die nicht mal richtig und ich frage mich, wie jetzt dieser unterbewusste Mind mit den Elementalen zusammenhängt und ob es da zwei verschiedene Instanzen gibt, die Einfluss auf die Welt haben, oder was ich eher glaube, dieser unterbewusste Mind so eine Art Medium ist, durch das wir erst Elementale aussenden können bzw., wir können vielleicht die Form erschaffen, aber diese wird erst durch den unterbewussten Mind belebt, so wie auch unsere Körper von diesem ihre Vitalität bekommen.

Und welche Rolle spielt dabei der Glaube? Es scheint ja sehr viel Power zu erzeugen, zu glauben, dass etwas passieren wird. Ich frage mich nur wie da der Mechanismus ist. Also wenn man etwas aktiv nicht glaubt, dann ist es für mich logisch, dass man bei der Erschaffung des Elementals diesem gleichzeitig auch die Idee mitgibt, dass es fehlschlägt – womit man ja dann ein Elemental erschafft, das eigentlich tatsächlich nichts macht oder in einer Art Zwiespalt ist?... Aber was macht den Unterschied zwischen Glauben und Neutralität.

Auf der anderen Seite hat er dazu eine Story erzählt von einem Farmer, der nie krank war und zwei Ärzten die heimlich ein Experiment mit ihm gemacht und ihm erzählt haben er sei krank. Und obwohl er das nicht geglaubt und die beiden weggeschickt hat, ist die Suggestion in seinen unterbewussten Mind gedrungen und er wurde krank... Oder heißt das bloß, da war doch ein Funken Zweifel in ihm, ob er nicht doch krank sein könnte?

Und letzte Sache: Der beste Zeitpunkt, um dem unterbewussten Mind „Aufträge" zu geben, soll sein, wenn man müde ist und kurz vor dem Schlafen (so wie bei der Innenschau). Hier frag ich mich auch mal wieder woran das liegt und wo und wie da der Mechanismus ist :). Vielleicht weil die Überprüfung vom Alltagsbewusstsein dann nicht mehr so stark ist, aber was bedeutet das schon wieder und wieso?

Antwort:

Die zwei vom alten Lehrer benannten Unterbewusstseinsbereiche fußen auf zwei Seiten der „animalischen Ebene" (siehe „Kreisgedanken"). Die Ego-Hälfte, die die egoistischen Bedürfnisse unserer Tier-Natur repräsentiert – also Sättigung von Hunger und Durst, physische Sicherheit und Bequemlichkeit, sexuelle Betätigung, Status. Und die heilig-geistige und erzengelkontrollierte Hälfte, die die überindividuelle Hälfte der animalischen Ebene repräsentiert – im Grunde dasselbe wie das Vorgenannte, aber auf den Gewinn und Vorteil der Art (Spezies) ausgerichtet.

Deine spätere Frage vorwegnehmend: Das Unterbewusstsein besteht ebenso wie das Bewusstsein aus Elementalen. Beide zusammen bilden die Alltagspersönlichkeit (AP). Dabei aber nicht vergessen, dass viele Elementale des Bewusstseins ebenfalls nicht bewusst sind. Sie sind dann **un**-bewusst. Sie könnten bewusst sein, aber sind es nicht. **Unter**-bewusste Elementale können im Moment erst einmal **nicht** bewusst sein – es aber im Zuge der Entwicklung nach und nach werden.

Wichtig ist, dass Du verstehst, dass es neben den Gedanken- und Gefühlselementalen auch noch Körperelementale gibt, die alle drei im unveredelten Zustand letztlich auf der animalischen Ebene gründen – insofern, dass sie alle in ihrem Dienste stehen. Es handelt sich hier um eine un- und unterbewusste Ausrichtung, die wir als Ursache unserer Verstrickung in die Trennungswelten begreifen.

Wenn der alte Lehrer vom un(ter)bewussten Mind spricht, der bis ins Unterbewusstsein ragt und dort ein Gleichgewicht zwischen den zwei Seiten des Unterbewusstseins bewirkt, dann müssen wir wieder einfach die Linie vom bewussten Mind über den unbewussten Mind bis ins Unter-Bewusstsein sehen. Die Information des alten Lehrers steht doch dann für sich... Er benennt einfach eine Instanz, die sowohl auf der untersten (animalischen)

Ebene einen Ausgleich zwischen individuellen und überindividuellen Impulsen schafft bzw. zu schaffen versucht und zudem alle (Elemental-)Ebenen (letztlich in Summe die Körper!) mit Vitalität versorgt.

Dass der unterbewusste Mindaspekt nicht nachdenkt scheint mir offensichtlich. Nachdenken ist eine Funktion, die im bewussten Bereich angesiedelt ist. Vorstellbar ist allenfalls noch ein gewisses unbewusstes Nachdenken. Wenn wir den unterbewussten Mind „programmieren" können ist das wunderbar, doch wodurch programmieren wir ihn letztlich? Durch Innenschau und Selbstanalyse und die uns möglichen Modifikationen der Alltagspersönlichkeit. Einen verkürzten Zugang im Sinne von „ich muss nur den unterbewussten Mind programmieren und dann brauche ich mir mit der Alltagspraxis nicht mehr so viel Mühe machen" gibt es leider nicht. Es ist verlockend und wird auch in weiten Bereichen der wellness-esoterischen Angebote als Zugpferd eingesetzt, aber wir werden Krankheit nicht dadurch los, dass wir unseren unterbewussten Mind programmieren, sondern dadurch, dass wir die AP verändern und dort die karmischen Ursachen für Krankheiten beseitigen.

Einen kleinen Bereich gibt es aber doch, in dem Autosuggestion (wie ich hier jetzt einmal die Programmierung des unterbewussten Minds aus einem leicht anderen Blickwinkel nennen will) und Suggestion hilfreich sind. Da nämlich, wo erfolgreich an die göttliche Gnade appelliert wird. Wo es aber erfolgreich funktioniert oder funktionieren kann, ist wohl nur für hochentwickelte Meister bis in alle Verästelungen erkennbar. Das heißt, wir dürfen und sollten Suggestion in der (Selbst-)Heilungsarbeit etc. benutzen, aber absolute Gewissheiten zu vermitteln hieße lügen.

Vertrauensvoll, liebevoll und heiter glauben ist gewiss hilfreich, aber den Glauben absolut zu setzen halte ich für falsch. Du wirst nicht fliegen, nur weil Du es glaubst. Wenn Du dann vom Dach stürzt müsste man ja sagen, dass Du nicht wirklich oder falsch geglaubt hast. Bibelzitat dazu Lukas 4,9-12:

Und er führte ihn nach Jerusalem und stellte ihn auf die Zinne des Tempels und sprach zu ihm: Bist du Gottes Sohn, so wirf dich von hier hinunter; denn es steht geschrieben (Psalm 91,11-12): »Er wird seinen Engeln deinetwegen befehlen, dass sie dich bewahren. Und sie werden dich auf den Händen tragen, damit du deinen Fuß nicht an einen Stein stößt.« Jesus antwortete und sprach zu ihm: Es ist gesagt: »Du sollst den Herrn, deinen Gott, nicht versuchen.« (5.Mose 6,16)

Versuche also im Umgang mit Glauben (sozusagen als innere Haltung) fest an **Möglichkeiten** zu glauben – nicht an **Gewissheiten**. Und **verhalte** Dich nicht gewissheitsbezogen.

Die Ärzte, die einem gesunden Mann suggeriert haben, er sei krank und er ist krank geworden, sind spirituell gesehen Schwarzmagier. Der erkrankte Mann hat eine karmische Anlage/Notwendigkeit für die Krankheit gehabt, sonst hätte die Suggestion nicht funktioniert, aber die „Vollstrecker" des Karmas sind trotzdem voll schuldig. Ich möchte nicht an ihrer Stelle sein. Hätten sie einem Kranken suggeriert, er sei gesund, dann wären sie Heiler (Weißmagier) gewesen – unabhängig davon, ob der Mann genesen wäre. Hätten sie dafür Geld genommen, so wären sie in der Regel als Graumagier/Heilungsarbeiter ohne karmischen Verdienst zu sehen!

Der beste Zeitpunkt für Programmierungen des unterbewussten Minds ist in Momenten der Müdigkeit, weil wir uns dann von vielen äußerlichen Dingen zurückziehen und daher der Zugang zu den innerlichen Welten besser, bzw. weniger abgelenkt ist. Also auch zu den Bewusstseinsebenen und der Elementalstruktur.

Alltagspersönlichkeit und höheres Selbst 2.0

Was uns erst zu wirklichen Pneumatikern macht, ist das Wissen, dass es um Form nicht geht – denn das ist der Irrtum der Psychiker. Aber zudem das Wissen, dass Form in den Trennungswelten und im Prozess des Selbst-Werdens nicht vermieden werden kann – denn auch das ist ein gar nicht so seltener Irrtum auf dem Wege.
(Kommentar zur sechsten und siebten Fessel im „Buch der drei Ringe")

Unser Bemühen, einen guten Kontakt zum höheren Selbst (HS) zu etablieren, ist ein wesentlicher Bestandteil jeder spirituellen Praxis. Dieser Kontakt ist, wenn er schließlich zustande kommt, gewiss ein Heilmittel, aber kein **All**-Heilmittel, denn es gibt in den niederen Bereichen des HS Defizite, die wir nicht vergessen dürfen. Zu verführerisch ist die Vorstellung, dass das HS praktisch schon mit jeder göttlichen Vollmacht, jedem göttlichen Wissen und aller Autorität direkt hinter der Alltagspersönlichkeit steht. So zu denken hieße, unser HS an Gottes Stelle zu setzen. Oder auch, den Ich-Wahn auf das HS zu projizieren.

Sehen wir uns die Menschwerdung noch einmal genauer an. Als Erzengelwesen wurden wir jenseits von Zeit und Raum geschaffen und waren fortan beständig in der göttlichen Gegenwart, ohne Selbst-Erkenntnis und Selbst-Bewusstsein. Wirkende Kräfte aus Gott und in Gott. Doch Gott „wollte" uns selbsterkennend und bewusst. Deshalb schuf er uns eine Schule, in der wir durch die innewohnenden Gesetzmäßigkeiten in weitreichender Freiheit unsere Individuation erreichen würden – die Welten der Trennung.

Unsere „Herabkunft" vollzog sich in möglicherweise sehr komplexen Abstufungen. Zum Beispiel aus dem absoluten Sein heraus über die Monaden und dann die einzelnen Monaden-Geistwesen innerhalb der Monaden, denen man ein Pneuma-Ich zubilligen konnte. Dieses ging auf dem „Weg des Logos" durch das Urbild des Menschen hinab in die Welt der Archetypen und wurde dort ein „Seelen-Selbst" mit einer permanenten Persönlichkeit, die wiederum ein permanentes Atom in die Welten der Trennung entsandte, welches eine gegenwärtige Persönlichkeit um sich herum aufbaute oder bewirkte.

Uns erscheint es aber vorerst zweckdienlicher, eine einfachere Struktur anzunehmen: Als höhere Selbste wurden wir am Anfang unseres Weges an die Welten der Trennung herangeführt. Von dort aus griffen wir mit einem Teil dieses höheren Selbstes hinab in die Trennungswelten und streiften uns dabei wie Handschuhe die drei Körper über, die gedanklich, emotional und grobstofflich ein originalgetreuer Ausdruck eben des in die Trennungswelten hinabgreifenden Teiles des höheren Selbstes sind.

In den Welten der Trennung ist das höhere Selbst anfangs un-vollkommen, unerfahren und beginnt sich zudem schnell mit der Alltagspersönlichkeit (den drei Handschuhen) und ihren „Be-dürfnissen" zu identifizieren, da es ja von „Persönlichkeit" noch nichts weiß. So verstrickt es sich schnell in die Belange der AP[1]. Diese zunehmende Verstrickung führt dazu, dass wir schließlich gar nichts anderes mehr wahrnehmen als unsere Alltagspersönlich-keit. Unser HS ist uns sowohl als der der AP innewohnende Teil, als auch als der eigentlich außerhalb der Trennungswelten behei-matete Teil nicht mehr zugänglich – was meint: wir können die-sen Standpunkt unserer Existenz einfach nicht mehr einnehmen.

Gleichwohl kann man das Geschehen zu diesem Zeitpunkt auf eine einfache Gleichung reduzieren: Die AP ist ein perfekter Ausdruck des höheren Selbstes **innerhalb** der Trennungswelten.

[1] siehe die Betrachtung „Der Kegel"

Das bedeutet, dass umgekehrt das HS neben den positiven Eigenschaften auch alle unentwickelten und negativen Eigenschaften der AP hat. Eigentlich müsste man sogar sagen, es **ist** all diese Eigenschaften, während die AP sie bloß **hat**. Das HS soll ja gerade erst **lernen** in den Welten der Trennung göttliche Eigenschaften perfekt und gleichzeitig individuell auszudrücken. Davon sind fast alle noch weit entfernt. Kein Wunder also, wenn das höhere Selbst auf seinem Wege in den Trennungswelten vorübergehend auch wertneutrale und negative Charakterzüge annimmt.

Warum ist dann aber ein Kontakt zum höheren Selbst überhaupt wünschenswert? Erst einmal, weil wir unser HS tatsächlich **sind** und unsere AP dagegen nur ein Vehikel des höheren Selbstes ist – und darüber hinaus nicht aus einem Guss und statisch, sondern aus einer Unzahl wechselnd starker und austauschbarer Elementale zusammengesetzt. Die Verwechselung mit der AP erschwert jedes spirituelle Wachstum, denn sie (die AP) sträubt sich gegen Veränderung, kann Kritik nicht ertragen und ist beinahe hoffnungslos Monokausalität und Linearität verfallen.

Damit sind wir bei dem zweiten Grund: Das HS hat diese und andere negative Grundzüge jenseits der Verflochtenheit mit der AP nicht, da sie der ihr innewohnenden göttlichen Wesensnatur widersprechen. Das HS mag zwar in den Trennungswelten mit allen möglichen charakterlichen Fehlern (eigentlich Resultaten von Nicht- oder Missverstehen) behaftet sein, aber es hat seiner göttlichen Wesensnatur entsprechend eine liebevolle, freudvolle Grundhaltung, mit der sich unsere Mission in den Welten der Trennung einfach besser bestehen lässt. Es ist freilassend anderen Wesen gegenüber, da es die Trennung zwischen sich und ihnen nur als graduell bis nicht vorhanden erlebt (je nach Blickwinkel). Und es ist freier sich selbst gegenüber, da es sich als im Wandel und im Voranschreiten begreift und dies als spannend und zwanglos erkennt.

Diese Gelassenheit, Rücksichtnahme, Aufgeschlossenheit, Kooperationsbereitschaft, Entspanntheit im Umgang mit sich selbst, Zufriedenheit, Grundfreude, Vorurteilsfreiheit, Nächstenliebe usw. können wir aus dem Zugang zum höheren Selbst ziehen und Stück für Stück in die Form der Alltagspersönlichkeit gießen. Frei gegenüber der Ausprägung derselben und doch anerkennend, dass Formlosigkeit in den Trennungswelten nicht sein kann – und deshalb als Zwischenschritt (und nicht als Endzustand) die bestmögliche erreichbare Form wählend.

Kreiszusammenfassung ^{10.5.2015}

Zerfasern und Sinken tut dem Buddha stinken!

Wir haben uns in Wiederholung und Fortführung des Kreises der Vorwoche erneut mit der „Einspitzigkeit des Geistes" auseinandergesetzt und dabei als Ausgangspunkt nochmals unterstrichen, dass im Wahrheitsforscher-System, ebenso wie in allen anderen spirituellen Systemen, der **Konzentrationsfähigkeit** Grundlagenstatus für alle weiteren Bemühungen zuerkannt wird.

Da die buddhistische Theorie und Praxis sogar mehr noch als die hinduistische Yogaphilosophie unvergleichbar detailliert in den Beobachtungen der AP ist, ist die Beschäftigung damit für uns als Weg-Arbeiter praktisch zwingend, wenn wir äußere Anhaltspunkte suchen.

Wichtige Punkte sind für uns einmal der Ansatz, sechs Sinne als gegeben anzunehmen. Den im gesamten Körper verteilten Tastsinn (incl. der Körperempfindungen), die für uns klassischen weiteren vier Sinne Sehen, Hören, Schmecken und Riechen, die an bestimmten Stellen des Körpers Eindrücke empfangen, und zuletzt der sechste Sinn – das Denken (in den grauen Zellen verortet).

Der zweite für uns wichtige Ansatz ist der, dass wir der buddhistischen Theorie entsprechend durch unsere **Emotionen** an der Welt haften und Karma eben durch unsere stetigen Bemühungen im Augenblick entsteht, bestimmte Dinge haben und andere Dinge vermeiden zu wollen.

Wir haben uns dann mit der Frage beschäftigt, wie wir eigentlich Geist und Bewusstsein definieren. Man geht oft mit Begriffen um, ohne sich der Bedeutung zumindest für sich selbst ganz klar zu sein. Darüber hinaus meint man auch noch, dass man untereinander übereinstimmt. Bei Daskalos wird Geist in zweierlei Bedeutungen benutzt. „Mind" und „spirit". Wenn wir bei „mind" im Wörterbuch schauen, dann steht da eine Menge: Geist, Seele, Sinn, Verstand, Gedanke, Absicht, Ansicht, Gemüt. Wir haben uns geeinigt, Geist hier als Synonym für Seele zu nehmen, mit der Bedeutung, dass die Seele den Emotional- und Gedankenkörper gemeinsam darstellt. Das, was nach alter abendländischer Vorstellung post mortem[1] von uns übrig bleibt.

Hiervon ausgehend stellten wir fest, dass Bewusstsein etwa mit Geist gleichzusetzen ist[2]. Bewusstsein ist das, was der Geist **hat**. Mehr oder weniger zumindest, oder mit der Ergänzung, dass eben auch das Un- oder Unterbewusste zum Geist gehören.

Im Bewusstsein bilden sich also in der Gegenwart die Sinneseindrücke (die klassischen 5) ab – plus die Gedanken, die wir uns dazu machen – und rufen Emotionen hervor. Zuneigung, Abneigung und weder Zu- noch Abneigung (Gleichgültigkeit). Letzteres wird von internen Mechanismen weitgehend ausgeblendet. Wir könnten auch sagen, in der Regel bemerken wir Gleichgültiges kaum, da wir damit beschäftigt sind, andere Dinge haben oder vermeiden zu wollen.

Die Gedanken sind unter den Sinneseindrücken die einzigen, die zeitübergreifend unsere Emotionen färben können, indem wir uns an Gutes wie Schlechtes erinnern können, bzw. beides in der Zukunft erwarten. Hier sehen wir erstmals klar die absolute Subjektivität unserer (emotionalen) Bewusstseinsfärbung, die dann ja definitiv nichts mit dem Augenblicksgeschehen zu tun hat. Ist die Bewusstseinsfärbung sonst objektiver? Nicht, wenn sie lediglich von Zu- und Abneigungen auf unsere Sinneseindrücke abhängt, oder?

Manche Buddhisten sagen, dass Karma nur durch unsere Bewusstseinsfärbungen im Augenblick entsteht. Ein interessanter Blickwinkel. Daraus resultierend ist der einzige Weg, Karma zu

---

[1] Nach dem Tod

[2] Bewusstsein im Bereich der AP zumindest. Wir gehen anders als die heutigen Buddhisten ja von einem HS aus, dem wir eine höhere Form von Bewusstsein zuordnen, das wir uns (als Arbeitshypothese) dann nicht emotional gefärbt/färbbar vorstellen. Es ruht entsprechend seiner göttlichen Wesensnatur im schlichten So-Sein, frei von Widersprüchen, nicht liebend, nicht hassend **und nicht** gleichgültig – und nimmt damit das vorweg, was wir im Bewusstsein im Bereich der AP erst nach und nach verwirklichen müssen.

modifizieren, unsere Bewusstseinsfärbungen zu modifizieren. Kontrolle über die Färbung unseres Bewusstseins zu erlangen. Wie? Indem wir Konzentration üben, die bedingte Entstehung der Emotionen erkennen und das Ergreifen und Vermeidenwollen von Emotionen nach und nach überwinden. Wohlgemerkt, das bedeutet nicht, keine Emotionen zu **haben**. Es bedeutet, nicht auf die Emotionen **einzusteigen**, sie handlungsrelevant/automatisch zu machen.

Unser Merksatz dazu: Bewusstsein ist die Leinwand, auf die die sechs Sinne beständig projizieren, sie färben **und** Rückinterpretationen hervorrufen, die wiederum die Sinneseindrücke vorprägen. Ein klassischer Teufelskreis, bei dem die Henne/Ei-Frage ungeklärt bleibt und wir ein ursprüngliches, langsames Hochschaukeln annehmen müssen.

Unsere Methode zum schrittweisen Erlangen der Kontrolle über unser Bewusstsein ist die Konzentration auf den Atem. Wir üben, mit unserer Aufmerksamkeit ganz beim Atem zu sein. Zwei Vor- oder Basisübungen sind die Konzentration auf ein äußeres Objekt (Stein oder was immer) und die Konzentration auf den gesamten Atem (yogische Vollatmung) mit Wohlgefühl. Die Hauptübung zur Einspitzigkeit ist, den Atem an nur einer Stelle des Körpers wahrzunehmen. Bronchien, Kehle oder Naseninneres etwa. Ideal ist schließlich, wenn wir den Atem an der Nasenspitze oder der Oberlippe wahrnehmen – sogar minimal außerhalb des Körpers (damit die Wahrnehmung kein Tastempfinden mehr ist). Unterstützend können wir den Atem zählen. Wir gehen dabei bis 6, 8 oder 10 und beginnen dann von vorne (um einerseits unter 6 nicht mechanisch wie bei einer Marschmusik zu werden und andererseits oberhalb von 10 nicht intellektuell gefordert zu sein). Ein- und Ausatmung zählen wir als eins und zwei.

Wir erkennen in der Praxis rasch, dass der einspitzig gebündelte Geist (Bewusstsein) anfangs zu Abschweifungen neigt. Wohlgefühl oder Abneigung gegen das Konzentrationsobjekt sind schon solche Abschweifungen, wenn wir auf sie einsteigen. Sinneseindrücke und momentbezogene Gedanken noch mehr, wenn wir auf sie und die damit verbundenen Emotionen einsteigen. Vom Augenblick fortführende Gedanken beiderlei emotionaler Färbung sind dann der eine GAU der Einspitzigkeitsübung – wenn wir auf sie einsteigen.

Daneben gibt es aber noch eine zweite Falle. Wenn es uns nämlich gelingt, nicht wie oben beschrieben geistig abzuschweifen und zu zerfasern, sondern beim Konzentrationsobjekt zu bleiben, droht uns „Sinken des Geistes" – auch schläfrig werden genannt – bis zum süßen Schlummer. Der zweite ebenso große GAU.

Die Idealvorstellung, die wir von einer „erfolgreichen" Einspitzigkeitsübung formulierten – hier zeigte sich, dass Thomas aus den kleinen Momenten, in denen er den „Geschmack" gelungener Umsetzung schon schmecken konnte, die komplette Vision abzuleiten vermochte – war, dass der Zustand einspitziger, wacher, aufmerksamer Konzentration ohne emotionale Färbung, Abschweifen und Sinken ein Zustand hohen Glücks ist[3], der unbestimmt lange dauern kann, ohne langweilig zu werden. Vielleicht ein Vorgeschmack auf den Augenblick oder die Ewigkeiten vor der Theose, wenn das letzte „Aufmerksamkeitsobjekt" nur noch die absolute, unendliche Seinsheit ist – dieses unnennbare, aber erfahrbare Licht, das jenseits von allem ist und doch alles hervorbringt, durchdringt und umfängt.

---

[3] Eigentlich Glück hoch zwei, da es kein emotionales Glück ist.

Grade der spirituellen Entwicklung und Ausrichtung

Für den Suchenden ist es an bestimmten Stellen seiner Suche und seines beginnenden Findens hilfreich, wenn er seine Bemühungen, seine Ergebnisse und seine Bereitschaft an etwas messen kann. Daher werden ihm (...) diese richtungsweisenden Informationen gegeben. Die eigenständige Vertiefung ist unerlässlich.

<small>(Das Buch der drei Ringe)</small>

Eines der höchsten Ziele der spirituellen Entwicklung in den gegenwärtigen Inkarnationen auf dieser Welt ist die bewusste (als Alltagspersönlichkeit bewusste) Zugehörigkeit zur „Einen Spirituellen Gemeinschaft". Diesem Status geht eine individuell unterschiedlich lange Entwicklung durch sieben Phasen voraus. Die Übergänge sind dabei oft fließend und man befindet sich dementsprechend zeitweise gleichzeitig im Bereich zweier Phasen. Die hier vorgenommene starre Aufzählung ist also eine logische Annäherung.

1. Inkarniert-Sein

Darin liegt kein Verdienst – außer vielleicht in der Tatsache, dass wir uns überhaupt für unsere Mission in den stofflichen Welten gemeldet haben. Auch in dieser Phase gehören wir zur „Einen Spirituellen Gemeinschaft". Wir wissen davon allerdings nichts und verhalten uns auch nicht entsprechend. Daraus resultieren viele Missverständnisse, Fehler und Gräuel, die wir überall in der Welt um uns herum beobachten können. Das Beschreiten des Karma-Pfades lehrt uns nach und nach, dass bestimmte Verhaltensweisen generell ungünstig sind und dass es Werte gibt, die über den Persönlichkeits-Egoismus hinausgehen.

2. Äußeres Auditorentum (Äußere Hörerschaft)

Unsere Suche beginnt mit einer Mischung aus Suche nach Informationen, Nestwärme und Bestätigung. Wir möchten bei den Guten dabei sein und das Ganze auch noch in eine hübsche Geschichte verpackt präsentiert bekommen. Wir durchleben verschiedene Ansätze vom simpelsten Deismus bis zu komplexen und gut begründeten Vorstellungen. Allerdings begreifen wir noch nicht, dass diese Dinge nicht nur Äußerliches beschreiben, dem wir uns anzupassen haben, sondern dass sie vor allem anderen mit uns selber zu tun haben.

3. Inneres Auditorentum (Innere Hörerschaft)

Die innere Hörerschaft beginnt in Umkehr des Hauptmerkmals der äußeren Hörerschaft – wir begreifen, dass sich alle Spiritualität in erster Linie auf uns selber bezieht, dass wir bei uns selber forschen und verwandeln müssen. Gleichzeitig wächst die Identifikation mit der spirituellen Gemeinschaft, in der man lernt und übt. Sie stellt in der Regel einen Höhepunkt der äußeren Suche dar und wird nun zu einem Höhepunkt der inneren Suche. Allerdings ist sie kein Wert an sich. Sie ist nicht wesensgleich mit der „Einen spirituellen Gemeinschaft". Das heißt, sie muss keinen Endpunkt darstellen. Wenn der Suchende ein aus seiner Sicht besseres Angebot findet, sollte er es wahrnehmen, wenn er sicher ist, dass der Wechsel nicht in Wirklichkeit eine Flucht und Verweigerung darstellt.

4. Angebotenes Volontariat

Der Suchende wird, wenn er Ernsthaftigkeit und Bemühen bewiesen hat, erkennen, dass die Verbindung und die Verbindlichkeit zum spirituellen Kontext wächst. Er zögert aber gewöhnlich, dies vor sich selber zuzugeben. Ohne das Angebot des Volontariats kann sich diese Geisteshaltung lange Zeit erhalten. Das Angebot des Volontariats kann einerseits ein Verschrecken des Suchers bewirken, andererseits eine erfreuliche Beschleunigung der weiteren Ausrichtung. Der Anbieter hat eine schwere Entscheidung zu fällen. Die Entscheidung des Suchenden ist weit bedeutungsvoller.

5. Volontariat

Mit der Annahme des Volontariats beginnt die spirituelle Arbeit, sich wieder dem Äußeren zuzuwenden, bis es zu einem Gleichgewicht zwischen Innen und Außen gekommen ist. Der Volontär ist mindestens ein „Schülerlehrer", die Lehrverpflichtung ergibt sich automatisch und orientiert sich an den Talenten des Volontärs. Der Suchende sollte sich bemühen, seine Fähigkeiten in den Dienst der spirituellen Gemeinschaft zu stellen. Er sollte sich ebenso bemühen, seine Unfähigkeiten für den Dienst in der spirituellen Gemeinschaft in wachsende Fähigkeiten zu verwandeln. Spätestens auf diesem Niveau ist es offensichtlich, dass man nicht auf Dauer ernten kann, ohne zu säen – und dass man darüber hinaus säend weit mehr ernten kann, als je zuvor möglich war.

6. Angeforderte Aspiranz

Aspiranz wird nicht angeboten. Sie muss vom Volontär gefordert werden - die Forderung kann aber abgelehnt werden.

7. Aspiranz

Beglückender Zustand der Vorfreude.

8. Kind der „Einen spirituellen Gemeinschaft"

Dem Menschen angemessener Zustand.

Gleichnishafte Erklärungen

Zur Flamme werden

Vater Lot ging um Vater Joseph zu sehen und er sagte zu ihm,
„Vater, so weit ich es vermag, spreche ich mein kleines Offizium, ich
faste ein wenig, ich bete und meditiere, ich lebe in Frieden und so weit ich
kann, reinige ich meine Gedanken. Was kann ich sonst noch tun?" Da
stand der alte Mann auf und streckte seine Hände gegen den Himmel;
seine Finger wurden wie zehn Flammen aus Feuer und er sagte zu ihm,
„Wenn du es willst, dann kannst du völlig zur Flamme werden."
(Worte der Väter)

Die kurze Geschichte von Vater Joseph und Vater Lot war
schon vor einiger Zeit als Einleitung einer anderen Betrachtung
zu lesen. Man liest allerdings leicht über den Text hinweg und
ist von seiner erstaunlichen Wendung geblendet. Daher hier die
berechtigte Frage: „Was wollte Vater Joseph Vater Lot mit seiner
eindrucksvollen Demonstration sagen?" Innerhalb einiger Tage
erreichten mich einige überzeugende Überlegungen.

eins:
„Nicht nur Modifikationen der Alltagspersönlichkeit vornehmen, sondern sich dem höheren Selbst so öffnen/ihm Zugang
gewähren/die Widerstände aufgeben, dass das höhere Selbst sich
durch die Alltagspersönlichkeit ausdrücken kann."

zwei:
„Joseph wollte Lot den Unterschied zwischen „Ich will"
(Ego) und „Ich bin" (höheres Selbst und Teil Gottes) zeigen.
Das Strecken der Hände zum Himmel zieht die Energie zu
dem Betenden, die Energie springt über, die Finger werden zu
Flammen (Ich will... Kontakt zum Himmel, zum Göttlichen).

Das ist aber immer noch duale Denkweise. „Du kannst völlig zur Flamme werden" heißt, dass es keine Trennung mehr zwischen Gott und dem individualisierten Selbst gibt, das Selbst erkennt sich als Teil Gottes, wird sozusagen zum brennenden Dornbusch, der Moses erscheint. Die von Lot genannten Tätigkeiten (beten, fasten, meditieren usw.) sind nur Vorstufen, damit eine ausreichende Trockenheit zur Entzündung durch einen inneren oder äußeren Blitz erreicht werden kann."

drei:
„Zur Flamme werden –
Welche Bedeutung kann man aus dieser Geschichte
für sein Leben ziehen?

Eine zentrale Bedeutung könnte sein, dass man immer mehr zu seiner spirituellen Entwicklung tun kann, als man macht. Es wird von uns oft nur ein Bruchteil dessen getan, was eigentlich innerhalb der eigenen Rahmenbedingungen möglich wäre. Gleichzeitig macht man häufig das, was sowieso auf dem Weg liegt: Wenn ich z. B. eine gute Struktur aufweise, übe ich regelmäßig und eine regelmäßige spirituelle Praxis im Rahmen des Alltags wird einem leichter fallen. Vermutlich ist der Einsatz dafür, diese Struktur, die der Alltagspersönlichkeit, zu überwinden, eher geringer oder bedarf schon einer ganz gezielten Ausrichtung und Unterstützung. Natürlich ist es nicht verkehrt, mit dem anzufangen, was am nächsten liegt, besser, als es nicht zu tun, ganz klar. Gleichzeitig ist der Aufwand hinsichtlich des energetischen Einsatzes dann aber trotzdem nicht so groß – im Verhältnis mit den realen Möglichkeiten. Und der Nutzen – davon mal abgesehen, dass das eine sehr lineare Betrachtungsweise ist – ist für uns geringer als wenn wir etwas zur spirituellen Praxis wählen, was uns mehr fordert und die Alltagspersönlichkeit mehr in Frage stellt.

Vielleicht kann man auch einen altersspezifischen Hinweis in der Geschichte erkennen, wenn der alte Mann Joseph daraufhin hinweist, dass Vater Lot völlig zur Flamme werden kann. D. h. es könnte auch sinnvoll sein, sich möglichst früh mit der gezielten spirituellen Entwicklung zu beschäftigen, um „ganz zur Flamme" werden zu können. Zur Flamme werden, wofür steht das? Für etwas brennen, sich mit Haut und Haaren einer Sache ganz zu widmen. Doch auch hier muss man kritisch bleiben und sich und seine Motivation erforschen, denn es ist auch möglich, nur auf der Ebene der Alltagspersönlichkeit zur Flamme zu werden. Doch dies ist fatal: Dafür dass wir nur auf einer Ebene „brennen", d. h. in der Modifikation bleiben, müssen häufig oft auch andere brennen, nicht allerdings in der hier angesprochenen und hilfreichen Variante. Ziel kann nur sein, sich ganz zu öffnen, seine Alltagspersönlichkeit hinter sich zu lassen und den „Heiligen" Großen Geist umfänglich einziehen zu lassen, von dem wir ja in Wirklichkeit nicht getrennt sind. Denn „Hände mit zehn Flammen" können viel bewirken, um wie viel mehr aber, wenn wir vollkommen durchdrungen sind, oder unser Ich, die Alltagspersönlichkeit, nicht mehr das vordergründig tragende Konzept ist. Sich nach oben wenden, als Symbol für das Höhere (höheres Selbst, Gott) über der animalischen Ebene, als Befreiung vom „Sog der Erde", der rein materiellen Ausrichtung unserer irdischen Existenz. Erkennen, wer oder eher was wir wirklich sind. Und wirklich frei zu werden, ohne frei sein zu müssen."

Ja, Hurra! Sehr schöne Antworten, bei denen auch eine wunderbare Korrelation zwischen Antwortlänge und Beantwortungsgeschwindigkeit bestand. Keine davon die anderen ausschließend „richtig" oder irgendwie „falsch". Man kann sehen, es ist viel herauszuholen aus so einem kurzen Väterspruch.

Bruder Laterne bemerkte dazu einmal: „Die zehn brennenden Finger stehen für die einzelnen Aspekte der täglichen spirituellen Praxis. Und ohne Frage sind diese Aspekte bei Vater Lot schon ganz wunderbar verwirklicht – denn was anderes als ein großes Lob ist die Gleichsetzung der Bemühungen Vater Lots mit dem von Vater Joseph gezeigten Wunder? Gleichzeitig weist Joseph Lot aber über die tägliche Praxis hinaus. Wenn jemand völlig zur Flamme wird, ist dies doch viel, viel mehr, als zehn einzelne Flammenfinger. Völlig zur Flamme zu werden ist sozusagen die **Erfüllung** der Erfüllung der täglichen Praxis! Dennoch lässt sich nicht bestreiten, dass auch ein ganz zur Flamme Gewordener immer noch zehn Flammenfinger **hat**. Der Praxis wird keiner enthoben. Sie ist aber gleich und doch nicht mehr gleich."

Nachtrag:

Vater Joseph wollte vielleicht sagen, dass es möglich ist, die Alltagspersönlichkeit vollständig mit der permanenten Persönlichkeit zu assimilieren und in die Theose einzugehen. Auf dem Altar unseres Herzens sollen wir die Flamme entzünden und ihr Feuer hegen. Die Flamme kann so groß sein, dass man selber zur Flamme wird, also mit der Christus-Ichheit verschmilzt. Vielleicht geht es gleichzeitig auch um die Intensität der Bemühung. Es reicht eben nicht, nur lauwarm dahinzuköcheln. Wenn man sich wirklich „brennend" bemüht, erlangt man mit einer gereinigten Persönlichkeit auch nicht geahnte Fähigkeiten und kann dann auch die ätherische Vitalität bewusst lenken (vielleicht ein Bild für die Flammen) und/oder beherrscht die Elemente, darunter auch Feuer.

17 Pferde

Im 15. Jahrhundert lebte nahe dem heutigen Marienhafe ein Pferdehändler namens Focko, der drei schon erwachsene Söhne hatte. Seine Frau war einige Jahre zuvor gestorben und nun fühlte auch der Händler sein Ende nahen. Zu diesem Zeitpunkt besaß er grade siebzehn Pferde, von denen er einige für die Zucht benutzen wollte und einige für den Verkauf vorgesehen hatte. Focko liebte seine drei Söhne alle gleich, aber wichtiger, als seine siebzehn Pferde zu gleichen Teilen zu vererben (was bei siebzehn Pferden ohne Blutvergießen ohnehin eine schwierige Angelegenheit geworden wäre) war ihm, seinen Söhnen noch eine wichtige Lehre mit auf den Lebensweg zu geben. Also verfasste er sein Testament, verabschiedete sich von Freunden und Nachbarn, ließ den Pfarrer kommen und entschlüpfte dann bald nach Erhalt der Sterbesakramente seinem irdischen Leib.

Als das Testament verlesen wurde staunten die Söhne des Pferdehändlers nicht schlecht, denn ihr Vater hatte dem Ältesten die Hälfte der Pferde vererbt, dem mittleren Sohn ein Drittel und dem Jüngsten ein Neuntel. Die Söhne rechneten hin und her. Sie überlegten und überlegten. Beinahe stritten sie sich sogar. Selbstverständlich kam für sie nicht in Frage Pferde zu töten, denn Pferdefleisch war sehr viel weniger wert als ein gesundes, lebendes Tier. Und alle Pferde waren sehr gut in Form.

Glücklicherweise kam einmal im Jahr ein weiser Mann durch die Gegend geritten. Und wie es die Vorsehung so wollte, kam dieser alte Meister grade im Moment der größten Verzweiflung der Söhne am Hofe des verstorbenen Pferdehändlers vorbei und klopfte an ihre Tür, um um ein Nachtlager zu bitten. Hocherfreut wurde er eingelassen und kaum hatte er seinen schweren Mantel und seinen Hut abgelegt und seine Hände gewaschen, bestürmten die drei Söhne den Alten schon mit ihren Fragen.

Nachdem der weise Mann sich die ganze Geschichte angehört hatte, breitete sich ein Lächeln auf seinem Gesicht aus. Er blickte die Söhne der Reihe nach an und sagte dann: „Ich werde euer Problem morgen früh lösen. Ich bin nicht hungrig, aber müde und würde mich gerne für die Nacht in die von Euch freundlich zur Verfügung gestellte Kammer zurückziehen."

Das wurde ihm bedauernd, aber bereitwillig gewährt und am nächsten Morgen baten ihn die Brüder zeitig zum Frühstück, denn sie waren sehr gespannt auf die Lösung des Alten. Nachdem der sich gesättigt hatte, lehnte er sich zurück und sprach: „Nehmt einfach mein Pferd dazu, dann könnt Ihr den Willen eures Vaters ganz leicht erfüllen."

Die drei Brüder schwiegen einen Augenblick betreten. Dann taten sie es zumindest erst einmal in Gedanken. Tatsächlich war jetzt alles sehr leicht. Sie wiesen dem ältesten Bruder neun Pferde zu, dem zweitältesten sechs Pferde und dem Jüngsten zwei. Der weise Alte lächelte wieder. Dann verabschiedete er sich, holte sein Pferd aus dem Stall und sattelte es. Trotz seines Alters schwang er sich recht flüssig hinauf, winkte den Brüdern, die mit ihm das Haus verlassen hatten und jetzt ebenfalls lächelten, und ritt vom Hof – nicht ohne zuvor seinen Besuch im nächsten Jahr angekündigt zu haben[1].

Fasse einmal in wenigen Sätzen zusammen, worin die Leistung der Meister im Umgang mit unseren Schwierigkeiten eigentlich besteht. Was geben sie uns? Was können sie uns geben? Was nehmen sie uns? Nehmen sie etwas?

---

[1] Die Geschichte zaubert mir ein Lächeln auf die Lippen, aber ich kann es nicht erklären :-)

1. Versuch:

Meister machen einem deutlich, dass man geben kann, ohne dabei etwas zu verlieren. Und man dabei etwas gewinnen kann, auch wenn man das vorher nicht erkennt. Sie machen uns durch ihr Tun oder Nichttun etwas klar, weil sie wie ein blanker Spiegel sind, in dem wir auf uns und unser Tun zurückgeworfen sind.

Mit dem Schwert kann der gordische Knoten nur zerschlagen (Pferd), aber nicht gelöst werden. Weil keiner der Brüder bereit war, etwas von dem ihm zustehenden Teil abzugeben, konnte keine Lösung für das Problem gefunden werden – obwohl hinterher deutlich wird, dass die Lösung mit den gegebenen Rahmenbedingungen ganz einfach ist, wenn man sie von der anderen Seite (von sich weg) denkt.

Die Leistung der Meister liegt wahrscheinlich darin, dass sie uns durch ihr Sein zwingen, uns mit dem Wesentlichen zu beschäftigen, d.h. dass sie uns Ausrichtung geben/zeigen, indem sie sich geben können, ohne ein Selbst zu haben, das dem im Weg steht. Damit machen sie sich zum Beispiel für das, was möglich ist und wir (noch) nicht sehen oder leben können. Sie handeln aus reiner Liebe und Freude, auch wenn die diesbezüglichen Handlungen für uns gar nicht nach Liebe und Freude aussehen müssen. Sie ziehen uns allein durch das Gesehenwerden und ihre Existenz auf eine höhere Ebene. Sie handeln nicht hektisch oder überstürzt, weil sie den unverstellten Blick auf die reine Notwendigkeit und das Erkennen haben (Meister schläft erst, weil er müde ist oder er ist nicht müde und will damit aber etwas vermitteln). Ihre Leistung ist wahrscheinlich auch, uns durch ihre Existenz auf etwas zu verweisen, was mehr ist als 1+1=2. Sie geben uns eine Richtung/Ausrichtung oder zwingen uns, uns mit dem Kern der Sache zu beschäftigen. Sie zeigen uns, dass man mit nur einem Pferd viel erreichen kann und es dabei nicht verliert. Sie haben uns im Blick.

2. Versuch:

Ich glaube unsere Schwierigkeiten bestehen hauptsächlich darin, unsere Probleme oder die Dinge ganz allgemein nicht von einer übergeordneten Sichtweise aus zu betrachten, sondern sie nur in einer unserer Alltagspersönlichkeit entsprechenden eingeschränkten Weise wahrzunehmen.

Das äußert sich in vielfältiger Art und Weise: Wir sind in Situationen oft emotional involviert und dadurch nicht in der Lage, die Dinge klar zu sehen. Daher auch die Empfehlung, die tägliche Innenschau am Abend, also mit Distanz, durchzuführen. Ein weiteres Beispiel wäre die Betrachtung zur Betriebsblindheit[2], wir sind so in uns selbst gefangen, dass wir den Balken in unserem Auge nicht wahrnehmen können. Die externe Betrachtung würde hier leicht Abhilfe schaffen.

Am besten jedoch kommt es in der „Welt über der Welt"[3] zum Ausdruck, worum es hier geht: Die Meister helfen uns, eine übergeordnete Sicht der Dinge zu erlangen, um aus dieser neuen Position heraus die Dinge neu bewerten zu können. Leider geben sie uns die Informationen nicht direkt, sondern sie geben immer nur so kleine Hilfen, dass wir letztendlich durch eigenes Nachdenken und Kontemplieren uns diese Erkenntnis selbst erarbeiten müssen. Das hält dann natürlich auch viel besser und wirkt auch nachhaltiger – insofern also nachvollziehbar und verständlich, dass wir nur mit kleinen Hinweisen gefüttert werden und so zur neuen Sichtweise hingeführt werden. Ich glaube, darin begründet sich auch der diffuse Schrecken (wie Du es einmal bezeichnet hast), der damit einhergeht. Durch die vagen Andeutungen weiß man nie, was sie wirklich meinen und hat unterschwellig die Befürchtung, die Botschaft nicht zu verstehen und damit ihre Erwartungen nicht zu erfüllen. Es ist eine Form der Versagensangst.

---

[2] siehe „Kreisgedanken"

[3] dito

Was nehmen sie uns?

– Sie nehmen uns im Endeffekt unsere beschränkte Sicht der Dinge und damit auch die Illusionen uns selbst betreffend. Sie nehmen Stück für Stück die vielen Schleier weg, die die Wahrheit verhüllen, damit wir uns letztendlich selbst erkennen können.

3. Versuch:

Die Meister nehmen uns das Hängen am toten Buchstaben und demonstrieren uns die Freiheit zu tanzen und dabei den Geist eines Gebotes zu erfüllen. Dass dabei noch Opfer (unter den Pferden) vermieden werden und alle beteiligten Erben besser dastehen bestätigt diese Vorgehensweise.

Denn nach den Buchstaben des Testamentes erhielte der erste Sohn acht Pferde und ein halbes totes Pferd, der zweite Sohn fünf Pferde und zwei Drittel eines toten Pferdes und der Jüngste bekäme ein Pferd und acht Neuntel eines toten Pferdes. Zudem blieben auch noch rund neunzehn Zwanzigstel eines toten Pferdes übrig, die niemand kriegen würde und die also irgendwo vergammeln müssten. Nur vierzehn von siebzehn Pferden kämen mit dem Leben davon!

Nach der Intervention des Meisters, die in einer babyeinfachen Lösung des Problems besteht, leben alle Pferde und jeder der Brüder hat ein gesundes Pferd mehr. Und auch der Meister hat keinen Verlust, aber karmische Pluspunkte und – tausendmal wichtiger – den Spaß an der Sache und das Vergnügen zu teilen.

4. Versuch:

Was geben sie uns?

– Meister geben angemessen, den aktuellen Entwicklungsstand des jeweiligen Schülers/zu Helfenden beachtend. Sie geben uns die Möglichkeit, für einen Augenblick unsere Probleme von ihrer Warte aus zu durchschauen, zu überblicken und ggf. zu lösen.

Was können sie uns geben?

– Sie können uns nur das geben, was wir zu empfangen bereit sind und was wir vom „Karma-Stand" her empfangen dürfen.

Was nehmen sie uns?

– Sie nehmen uns einen Teil der schweren Strecke ab, den wir sonst durch leidvolle Erfahrung selbst beschreiten müssten. An den Punkt, zu dem sie uns in Zusammenarbeit mit göttlicher Gnade führen, wären wir früher oder später aber auch alleine gelangt.

Nehmen sie etwas?

– Die Belohnung für die Meister ist die Freude, die Mitmenschen wachsen zu sehen und in Zusammenarbeit mit der göttlichen Gnade und Liebe sie vor unnützem Leid bewahrt zu haben. Da Freude und Liebe aber unendlich sind, wäre der Begriff „nehmen" im Sinne von Umverteilen oder an sich nehmen (z.B. als Belohnung/Bezahlung) hier unangemessen.

5. Versuch:

Spirituell entwickelte Menschen/Meister geben uns etwas, womit es uns gelingen kann, unsere Schwierigkeiten selbst zu lösen.

In der Geschichte gab der weise Mann den Söhnen sein Pferd, das zur Lösung des Problems nötig war. Aber das Pferd wurde nicht „verbraucht"/„verletzt"/„getötet". Es blieb am Ende übrig.

Die Meister geben uns also etwas, was benutzt werden kann, sich aber nicht verbraucht und am Ende übrig bleibt.

Das kann z.B. Inspiration/Erkenntnis/Vertrauen/Hoffnung Zuversicht/Gelassenheit sein (je nach der – wie heißt das? – „Geschicktheit der Mittel": die Meister wissen genau, was wir brauchen. In der Geschichte hätte z.B. ein Schaf nichts genutzt, wenn es dazu gegeben worden wäre. Es musste schon ein Pferd sein, damit die Söhne dann ihr Problem lösen konnten). Diese Fähigkeiten helfen uns, anders mit unseren Schwierigkeiten umzugehen, so dass wir unsere Probleme auflösen können. Oder die Meister geben uns z.b. eine andere/neue Perspektive, mit der wir unsere Schwierigkeiten anders betrachten können. Nach der Auflösung unserer Probleme/Schwierigkeiten sind z.b. die Inspiration/Hoffnung/Zuversicht etc. nicht zerstört oder verbraucht. Sie sind weiter da und können weiter genutzt werden. In der Geschichte nimmt der weise Mann sein Pferd wieder mit. Er hat es wieder zur Verfügung. Vielleicht ist das ein Hinweis darauf, dass Lernprozesse immer wechselseitig sind. Der Meister kann die Hoffnung, die Inspiration, die gewonnenen Erkenntnisse etc., die von den „Schülern" genutzt wurden und dann „übrig sind" und zur Verfügung stehen, selbst nutzen und mit ihnen bildlich gesprochen „weiter ziehen".

Nehmen uns die Meister etwas? Indirekt schon. Dadurch, dass wir Erkenntnis/Vertrauen/Zuversicht/Hoffnung bekommen, können wir unsere Ängste und Hoffnungslosigkeit loslassen, die uns in unseren Schwierigkeiten feststecken lassen und uns daran hindern, sie aufzulösen.

Letztlich müssen wir selbst unsere Probleme lösen. In der Geschichte teilt der weise Mann die Pferde nicht für die Söhne auf. Aber er gibt ihnen etwas (sein Pferd) womit sie die Pferde dann selbst gerecht aufteilen können. Aber das, was wir von den Meistern bekommen, kann uns ungemein dabei helfen unsere Probleme aufzulösen.

Mir fällt auch noch ein, dass das auch im Bezug auf die spirituelle Praxis und das tägliche bewusste Üben gilt. Wir bekommen zumindest zum Teil die Motivation von den Meistern, weil die schon viel mehr eine Ahnung haben, wofür bestimmte Übungen schließlich gut sein sollen. Üben müssen wir jedoch selbst. Das eigene Üben kann uns niemand abnehmen. Aber die Motivation dafür können wir zum Teil von den Meistern und spirituell weiter entwickelten Menschen bekommen.

Schlusswort:

Wir haben hier fünf Betrachtungen zum Thema „17 Pferde". Jeder einzelne Text ist GUT und darüber hinaus können wir auch noch deutlich erkennen, dass es Parallelen und Unterschiede gibt. Vor allem durch die Unterschiede erkennen wir den Nutzen der Arbeit in einem spirituellen Kreis. Parallelen bestätigen, Unterschiede benennen andere, selbst ungesehene Aspekte und selbst scheinbare Widersprüche sind einfach nur perspektivische Ergänzungen zum eigenen Standpunkt.

Man könnte jetzt auch noch einen Schritt weiter gehen, und jeweils zu jeder einzelnen Betrachtung Kommentare schreiben und dann die Kommentare mit Anmerkungen versehen. Diese Vorgehensweise hat es historisch öfters gegeben! Und nach und nach könnten wir ein ganzes Buch mit sehr, sehr lehrreichen Texten füllen. Man könnte einwenden, alles sei schon in der Basisgeschichte enthalten, in diesem Moment, in den wir die Intention des Textes zu verstehen glauben und uns vielleicht – ohne es recht erklären zu können – an der Inspiration gekitzelt zum Lachen gedrängt fühlen. Dann könnten wir sogar noch einen Schritt weiter gehen und sagen, selbst ohne die Geschichte sei dies alles vorhanden. Zweifellos!

Auf welcher Ebene zwischen dem inspirierenden „So-Sein der Dinge wie sie sind" und der „Anmerkung zum Kommentar zur Betrachtung des Ausgangstextes" der Einzelne sein tatsächliches Aha-Erlebnis hat und vom intellektuellen Verstehen zur erlösenden Erkenntnis (dem 18. Pferd) gelangt, das wissen wir nicht. Als spiritueller Kreis bemühen wir uns aber, möglichst die ganze Bandbreite an Inspirationsmöglichkeiten abzudecken, ohne auf den Hinweis zu verzichten, worum es uns bei dem ganzen Bemühen geht. Darauf zu verzichten würde Schriftgelehrtentum mit sich bringen – sich auf eine Ebene zu beschränken bedeutete Sektenbildung.

Fahrradfahren

Die meisten Menschen fahren Fahrrad, indem sie abwechselnd das eine und dann das andere Pedal nach unten treten. „Ja, was denn sonst?" fragt man unwillkürlich. Nehmen wir Fahrradfahren einmal als Gleichnis für das religiöse und das spirituelle Leben. Zu Fuß gehen wäre dann das Äquivalent zum gewöhnlichen Alltagsleben eines Weltmenschen oder Hylikers. Er kommt im karmischen und entwicklungsbezogenen Sinne voran, wenn auch recht langsam. Manchmal muss er auch rennen, aber als Gnade empfindet er das in der Regel nicht, auch wenn es dann schneller geht.

Der normale Radfahrer, der wie oben vorgeht, wäre dann der Religiöse, der Wellness-Esoteriker, der Psychiker, der von klaren Vorstellungen getrieben meint, dass er auf die einzig richtige Art Fahrrad fährt. So hat man es schon immer gemacht. So geht es doch. So macht man es. Wenn er ein besonders schlechter Radfahrer ist – oder sagen wir: ein besonders **weltlicher** Psychiker – dann kommt er im Grunde nicht schneller voran als ein Fußgänger.

Wir wissen nicht, wieviele Leser dieses Textes Radfahrer sind. Wahrscheinlich recht viele. Für das Verständnis des Gemeinten wäre es jedenfalls hilfreich, und es lässt sich bei nächster Gelegenheit auch bis auf den Hardware-Aspekt, zu dem wir weiter unten kommen, leicht nachprüfen. Für den müsste man sein Fahrrad freilich umrüsten...

Was aber unterscheidet den spirituell orientierten Menschen vom religiösen? Den gehobenen Radler vom Durchschnittsradfahrer? Zum spirituellen Leben gehören einerseits Erkenntnis und Wissen, wobei sich Wissen im spirituellen Sinne in die drei Unteraspekte gliedert: das Wissen was, das Wissen wie und das Tun nebst der daraus resultierenden Erfahrung. Andererseits gibt es das förderliche Umfeld: die spirituelle Gemeinschaft mit der wechselseitigen Inspiration, die gemeinsame Praxis, die unterstützende Umgebung. Allerdings ist man nicht heute Einsteiger und morgen vollendet Praktizierender, sondern das Ganze ist ein längerer und teilweise nicht leichter Prozess. Wenn wir jetzt zum Radfahren zurückkehren, dann werden die Schwierigkeiten deutlich.

Wie oben gesagt ist der normale Radfahrer ein Rechts-Links-Runtertreter. Das ist zumindest in der norddeutschen Tiefebene eine ausreichende Methode, um ohne allzu großen Aufwand von A nach B zu kommen. Schon etwas stärkerer Gegenwind sorgt allerdings auch bei ihm für heftigeres Oberkörperpendeln – wenn er nicht gar zum Stehtreten in den Pedalen gezwungen wird.

Effektiveres Fahren bringt die Methode, bei der vor dem Heruntertreten auf einer Seite der Fuß schon das jeweilige Pedal vorschiebt und nach dem Runtertreten das Pedal weiter nach hinten zieht, soweit es der Reibungswiderstand zwischen Schuh und Pedalfläche zulässt. Wenn der Fahrer dann noch das Bein nach dem Schiebe-Tret-Zieh-Prozess aktiv hebt, ist das auf der anderen Seite nun mit Heruntertreten beschäftigte Bein vom Hochdrücken des Gewichtes des nun normalerweise inaktiven Beines befreit und dient damit stärker dem Vortrieb.

Warum ist diese Methode unter Fahrradfahrlaien praktisch unbekannt? Dafür gibt es verschiedene Gründe. Zunächst einmal widerspricht sie der ursprünglich gelernten Herangehensweise und würde damit ein Umlernen erfordern. Das ist unbequem und passt der Alltagspersönlichkeit (AP) nicht. Zudem ist es anstrengender, denn der Muskeleinsatz pro Bein ist größer. Besonders untrainierte Beine finden den größeren Einsatz lästig. Dass er „ganzheitlicher" ist und mehr Muskelteile trainiert, stellt für die Bequemlichkeit der AP kein ausreichendes Argument dar. Zuletzt ist schon die Theorie etwas komplizierter als „abwechselnd links und rechts runtertreten". Grund genug für die AP zu scheuen wie ein Pferd vor einer zu hohen Hürde.

Es wird jedem Beschreiter des spirituellen Pfades leicht fallen, all dies auf den Unterschied zwischen der von ihm betriebenen Praxis und „Ostern und Weihnachten in die Kirche gehen" plus hin und wieder ein Gebet wie „Lieber Gott, mach dass die Blasenentzündung schnell wieder weg geht" zu übertragen. Der Pfad erfordert auch etwas mehr Aufmerksamkeit, Einsatz, Anstrengung. Zudem gibt es denselben Trainingseffekt und besonders eines: Wer als Radfahrer einmal die Mühe auf sich nimmt, wie oben beschrieben zu fahren, wird erstaunt bemerken, dass er sofort viel schneller unterwegs ist...

Und was ist der erwähnte Hardware-Aspekt? Wahrscheinlich kennt jeder diese speziellen Rennradpedale, bei denen entweder der Schuh in einen Metallbügel an der Oberseite des Pedals geschoben oder sogar mit einer Spezialsohle direkt an dem Pedal festgeklickt wird. Diese spezielle Ausrüstung erlaubt es dem Anwender, das Pedal stärker zu schieben und zu ziehen und darüber hinaus sogar das zu hebende Bein mit Kraft zu heben – also das Pedal hochzuziehen – und dabei zusätzliche Energie in die Vorwärtsbewegung zu stecken. In diesem Hardware-Aspekt sehen wir auf die spirituelle Praxis übertragen das förderliche Umfeld. Es geht über die Möglichkeiten des eigenständigen Bemühens hinaus und bringt eine weitere Beschleunigung des Fortschritts. Es kostet aber auch weitere, zusätzliche Kraft (Einsatz).

Ohne das persönliche Bemühen bringen die Hightech-Pedalen allerdings nichts. Auch mit allem methodischen Wissen und den besten Pedalen kann man weiter per Rechts-Links-Runtertreten fahren. Die AP kann es sogar schaffen, einem das als Fortschritt zu verkaufen.

Minotauros

*Minos, ein Sohn des Zeus, der auf der vom Meer umgebenen Insel Kreta
wohnte, bat seinen Onkel, den Meeresgott Poseidon, ihm zur
Erlangung der Königswürde und Abschreckung anderer Thronanwärter
ein Wunder zu gewähren. Er gelobte, was immer dem Meer entstiege,
dem Gott zu opfern. Poseidon sandte ihm daraufhin einen prächtigen
Stier, und Minos wurde König von Kreta. Der Stier gefiel ihm jedoch
so gut, dass er ihn in seine Herde aufnahm und stattdessen ein
minderwertigeres Tier opferte.*
*Poseidon ergrimmte und schlug Minos' Frau Pasiphaë mit dem
Begehren, sich mit dem Stier zu vereinen. Sie ließ sich von Daidalos ein
hölzernes Gestell bauen, das mit Kuhhaut verkleidet war. Darin verbarg
sie sich und ließ sich so von dem Stier begatten. Als Frucht dieser
Vereinigung gebar sie Asterios: ein menschenfressendes Ungeheuer,
eben den Minotauros (Minosstier).*
*Minos ließ für das Tierwesen, das er eigentlich töten wollte (zeugte dieses
doch auch vom Fehltritt seiner Gemahlin), auf Bitten seiner
Tochter Ariadne, die ihn am Leben lassen wollte, durch Daidalos ein
Gefängnis in Form eines Labyrinthes erbauen.*

Der Stier selbst wurde von Herakles im Zuge seiner „achten Arbeit"
gebändigt und auf die Peloponnes gebracht. Dort richtete das wilde Tier
großen Schaden an. Androgeos, einer von Minos' Söhnen, wollte seine
Geschicklichkeit im Kampf gegen den Stier erproben, fiel diesem aber
zum Opfer. Als Minos die Nachricht erhielt, brach er zu einem
Rachefeldzug gegen Athen auf; denn man erzählte sich, König Aigeus
von Attika habe Androgeos zu dem Tier geschickt. Mit Hilfe seines
Vaters Zeus konnte der Kreterkönig die Athener besiegen und erlegte
ihnen einen grausamen Tribut auf: Alle neun Jahre mussten sie sieben
Jünglinge und sieben Jungfrauen nach Kreta senden, wo sie in das
Labyrinth des Minotauros geschickt und so diesem geopfert wurden.
Schließlich löste Theseus – Sohn des Aigeus und später sein
Nachfolger als Herrscher – das Problem, indem er sich selbst mit der
dritten Tributfahrt auf den Weg machte, um das Ungeheuer zu töten.
Minos' Tochter verliebte sich in den Helden und half ihm mit ihrem
bekannten Ariadnefaden. Nach einer anderen Erzählung soll sie ihm
zudem sonderbare Pillen aus Pech und Haaren gegeben haben,
die in den Rachen des Minotauros zu werfen waren. Es heißt auch,
sie habe selbst den Helden begleitet, um ihm mit ihrem Kranz in der
Dunkelheit zu leuchten; der Schmuck – vielleicht ein Geschenk ihres
Verehrers Dionysos – wurde später unter die Sternbilder gesetzt.
Theseus besiegte den Minotauros und fand mithilfe des Fadens wieder
aus dem Labyrinth heraus. Mit Ariadne, den Jünglingen und Jungfrauen
machte er sich bei Nacht auf die Heimreise; zuvor schlug er noch die
Böden der kretischen Schiffe ein.
Zur Strafe ließ Minos den Architekten Daidalos samt seinem Sohn Ika-
ros in das Labyrinth sperren. Manche sagten nämlich, es sei
Daidalos' Hinweis gewesen, den Faden vom Eingang her abzurollen.
Daidalos kannte jedoch den Ausgang. Zur Flucht von der Insel baute er
für sich und seinen Sohn Flügel; er selbst konnte mit Hilfe dieser
Schwingen entkommen, Ikaros aber stürzte ins Meer.

(aus Wikipedia zu „Minotauros")

Minos steht hier archetypisch für alle Erzengelwesen, die die Zusatzqualifikation Mensch in den Trennungswelten erarbeiten wollen. Er war der „Sohn" des höchsten Gottes der Griechen – des Zeus. Kulturkreisangepasst könnten wir Minos also „Adam" („Eva"[1]) nennen und den höchsten Gott „den einzigen Gott".

In den Trennungswelten zumindest erst einmal „psychonoetisch"[2] eingetroffen nahm sich Minos eine „Frau" – einen grobstofflichen Körper. Dann bat er seinen Onkel Poseidon, ihm „zur Erlangung der Königswürde und Abschreckung anderer Thronanwärter ein Wunder zu gewähren. Er gelobte, was immer dem Meer entstiege, dem Gott zu opfern."

Poseidon als „Bruder" des höchsten Gottes könnten wir als untergeordneten Verwalter betrachten. Auch als Demiurgen – allerdings ohne den konfrontativen Anklang. Und ebenfalls als Erzengelwesen – oder eine Reihe von ihnen in eins zusammengefasst. Jedenfalls ist Poseidon dem Element Wasser zugeordnet und Wasser steht für Emotionen. Die Emotionen sind eine zweiseitige Sache. Einerseits sind Gedanken und Emotionen durch den Abstieg in die Trennungswelten direkt verknüpft. Dies ist ein Bereich, den wir nicht sehr (denn gewiss gibt es auch hier ein Übergangsfeld) mit den Tieren teilen. Andererseits sind die Emotionen **erst** (im Inkarnationsprozess) eine Voraussetzung der grobstofflichen Körperlichkeit – und **dann** wechselwirkend auch eine Folge. Dies beides haben wir mit den Tieren gemein.

Minos wendet sich also an den Meeresgott um Unterstützung. Wir werten den Wunsch nach Königswürde als inneren Wunsch nach Egoifikation: „Ich bin König und die anderen sind weniger." Auch die „Abschreckung anderer Anwärter" ist deutlich ein Zeichen innerer Abgrenzung.

Poseidon erhörte Minos' Wunsch und sandte ihm aus dem Meer einen prachtvollen Stier, der von Daskalos in seiner Interpretation der Herakles-Sage[3] als „Egoismus des materiellen Körpers"

---

[1] Und Gott schuf den Menschen ihm zum Bilde, zum Bilde Gottes schuf er ihn; männlich und weiblich schuf er sie. (1. Mose 1.27 – im Gegensatz zu anderen Stellen, wo erst Adam und aus ihm Eva geschaffen wurde.)

[2] Also absteigend in seinem Gedanken- und Emotionskörper.

[3] Aufgabe „Der kretische Stier" (Es gibt unterschiedliche Zählweisen. Bei Daskalos Aufgabe Nr. 6)

bezeichnet wird und Minos wurde „König". Minos hatte in seiner „Frau" zwar schon einen materiellen Körper, aber erst der dazugehörige Egoismus versetzte ihn in die Lage, seine Königswürde durchzusetzen und zu bewahren. Dies war der faktische Keim der für den Menschen vorgesehenen Egoifikation. Leider opferte Minos seinen Stier (Egoismus des materiellen Körpers) nicht Poseidon, was ihn sozusagen in den Dienst Gottes gestellt hätte, sondern behielt ihn für sich selbst, so dass er ihn nicht nach oben, sondern nach unten ausrichtete und damit praktisch pervertierte. Dies ist der Anfang des wahrscheinlich vor(her)gesehenen und auch notwendigen „Falles" in die Trennungswelten.

Wir können hier einwenden, warum denn dann „Strafe" etc. sein musste, wenn doch der „Fall" notwendig und unabwendbar war. Strafe ist nur ein Wort – und ein Bild, das die Geschichte zum funktionieren bringt. Lesen wir Strafe einfach als unabwendbare Konsequenz anfangs ebenso unabwendbaren Verhaltens. Theoretisch denkbares anderes Verhalten setzt Einsicht und Entwicklung voraus, die eben anfangs noch nicht da waren. Insofern bleibt die Möglichkeit zwangsläufig Theorie.

Poseidon spielt seine Rolle weiter. In der Geschichte wird er „zornig" und schlägt Minos Gattin mit Begehren nach dem Stier. Technisch versiert vollzieht diese die Vereinigung mit dem Stier. Wir erinnern uns: Der grobstoffliche Körper vereint sich mit dem Egoismus des materiellen Körpers. Und per Geburt wird aus dieser Vereinigung der Minotauros, den wir mit der animalischen Ebene identifizieren. Die animalische Ebene ist die tiefste Ebene der Verwicklung in die Welten der Trennung. Der genetisch eingeprägte Befehl, Selbsterhaltung und Arterhaltung vorrangig vor allem anderen zu betreiben. Auf diese animalische Ebene ausgerichtet stehen alle höheren Persönlichkeitsbereiche letztlich nur im Dienste dieser untersten Ebene.[4]

---

[4] siehe die Betrachtung „Die animalische Ebene" in „Kreisgedanken"

Minos ahnte instinktiv, dass dieses „Stiefkind" seinem Ansehen schaden könnte und wollte es daher töten, aber seine Tochter Ariadne setzte sich für den Bruder ein. In Ariadne sehen wir das Gegenteil des Minotauros. Sozusagen die „Höheres-Selbst-Ebene" innerhalb und außerhalb der alltagspersönlichen Verkörperung in den Trennungswelten. Ariadne – selbst noch im Werden und Wachsen begriffen – hat aber aufgrund ihrer göttlichen Wesensnatur und -anteile eine Einsicht in die Tatsache, dass der Minotauros notwendig für die Weiterentwicklung der Alltagspersönlichkeit (AP) ist. Ohne die animalische Ebene und ihre zumindest zeitweise Herrschaft würde der Weg durch die Inkarnationen gefährdet werden, solange Unbewusstheit in der AP vorherrschend oder auch nur in Resten vorhanden wäre.

Minos erhörte seine Tochter und baute ein Labyrinth, in dem er den Minotauros gefangen hielt. Dieses Labyrinth sind die gesellschaftlichen Konventionen und die Alltags-Moral, die dem zügellosen Treiben der animalischen Ebene enge Grenzen setzen.

An dieser Stelle lassen wir die Herakles-Überschneidung mit unserer Geschichte aus und kommen direkt zu dem Punkt, dass Minos, nachdem er die Athener in einem Krieg besiegt hatte, ihnen als Tribut auferlegte, dass sie alle neun Jahre sieben Jünglinge und sieben Jungfrauen nach Kreta schicken mussten, wo sie dem Minotauros geopfert wurden. Sie wurden zu ihm in das Labyrinth geschickt – also der animalischen Ebene ungeschützt ausgesetzt – und wir wollen gar nicht so genau wissen, was dort mit ihnen geschah... Wir können einfach nochmals vermerken, dass die animalische Ebene bei ungehemmtem Ausdruck für andere APs höchst gefährlich ist und gesellschaftliche Einschränkungen und Normen durchaus ihr Gutes haben können.

Mit der dritten Tributlieferung wurde auch der Sohn und spätere Nachfolger des Königs von Athen namens Theseus nach Kreta gebracht. Theseus ist ein Alter Ego von Minos. Königssohn und werdender König und praktisch eine Wiedergeburt auf einem höheren Entwicklungsniveau. Er ist in der Lage, die animalische Ebene zu besiegen. Ariadne, die Höheres-Selbst-Ebene, liebt ihn, die AP und hilft ihm mit dem Ariadnefaden, damit er nach seinem (**mit** dieser Ausrichtung) selbst errungenen Sieg über die animalische Ebene auch **durch** diese richtige Ausrichtung aus dem Labyrinth herausfindet.

Man kann also daraus ableiten, dass der entwickelte Mensch die Einengung durch die gesellschaftlichen Konventionen nach seinem Sieg über die animalische Ebene nicht mehr braucht – weil er praktisch aus sich selbst heraus nicht mehr „sündig" ist[5]. Die seltsamen Pillen aus Pech und Haaren sehen wir als teilweises und scheinbares Nachgeben der AP gegenüber der animalischen Ebene in den frühen Phasen der Konfrontation. Ohne dieses Entgegenkommen wäre der Minotauros anfangs für die AP unbesiegbar. Man könnte dies als Führung mit Zuckerbrot und Peitsche bezeichnen. Auch als Geschicklichkeit der Mittel oder als „Abholen wo jemand steht".

Und: Natürlich hat Ariadne (die HS-Ebene) Theseus (die AP) in der Dunkelheit (!) begleitet, um ihm mit ihrem Kranz (der göttlichen Wesensnatur) zu leuchten... So ist es doch bei uns allen.

Und auch noch interessant ist, dass Ariadne und Theseus kein Paar werden. Zwar haben sie eine Liaison, aber Ariadne ist letztlich dem Dionysos versprochen: dem Gott des Weines, der Freude, der Trauben, der Fruchtbarkeit, des Wahnsinns[6] und der Ekstase. Die AP Theseus stirbt einfach eines Tages und ist weg...

---

[5] Achtung! Dies ist ein Fernziel und es gibt gewiss nur wenige Menschen, die dies für sich in Anspruch nehmen können. (...und die tun es in der Regel nicht!)

[6] Ja, in der Tat. Eine unentwickelte, sich selbst fehlleitende HS-Ebene ist in ihrem daraus resultierenden falschen Gottesbezug durchaus nicht unbedroht. Umso mehr, wenn sich sogar nur die AP mit dem höheren Selbst verwechselt.

Hans und Grete

Bruder Josef

Die beiden Kinder Hänsel und Gretel sind ein Erzengel, der den Weg des Menschen gehen wird, dargestellt von vornherein in seiner späteren, auch erzählungsbedingten Aufteilung als Alltagspersönlichkeit (AP) und höheres Selbst (HS), und der bei seinem Vater (Gott) und seiner Mutter im ewigen Sein lebt.

Die Not, welche die Beteiligten haben, bezieht sich nur vordergründig auf Materielles, die tiefere Bedeutung sehe ich im Mangel an Erfahrung, den Hänsel und Gretel haben. Sie wissen nicht, wie es ist, von den Eltern getrennt zu sein, sie haben keine Erfahrung damit, selbst Nahrung (ätherische Vitalität) suchen zu müssen, sie leben im Elternhaus und werden rundum versorgt. Ihnen fehlt einfach die Erfahrung als Mensch, die nur über eine künstliche Trennung und damit verbundener Individuation erreicht werden kann. Für die Eltern selbst ist die Versorgung ja gewährleistet, ihre „Not" besteht im Wunsch nach mündigen, selbstbewussten, eigenverantwortlichen Kindern, die sich aus freien Stücken und Einsicht heraus für Gottes Willen entscheiden. Die Mutter, ebenfalls ein Teil Gottes, erkennt die Notwendigkeit der Individuation und des Lernprozesses und „überredet" Gott, die Kinder in die Welten der Trennung zu entlassen, um dort ihre eigenen Erfahrungen machen zu können bzw. den eigenverantwortlichen Umgang mit Gottes Gaben zu erlernen. In der Notwendigkeit des „Überredens" Gottes kommt seine allumfassende Liebe zum Ausdruck, da er sich der Härten des Weges bewusst ist und mit den Kindern mitfühlt, aber im Sinne ihrer Entwicklung letztlich der Mutter zustimmt und die Kinder in die Trennungswelten führt, sie also inkarnieren lässt. Der „Trennungsschmerz" Gottes kommt spiegelbildlich auch im verlorenen Sohn in Form der Freude bei dessen Heimkehr zum Ausdruck.

Hänsel hat die Eltern belauscht, er und Gretel wissen also, dass sie von ihnen getrennt werden sollen. Die Kinder werden also nicht unwissend in die Trennungswelten geschickt. Sie haben Kenntnis über den Umstand, dass sie nun für sich selbst sorgen müssen. Jedoch halten die Kinder beim ersten Mal die Verbindung mit Gott aufrecht, indem sie die weißen Steine legen und so die Trennung noch nicht vollständig ist. Ich interpretiere das als erste Inkarnation(en), wo sich die Kinder noch nicht in den Trennungswelten verloren haben, also noch nicht die Verwechslung AP – HS stattgefunden hat. Beim nächsten Mal ist es dann aber soweit, die Verbindung zu Gott wird durchbrochen und die Kinder sind scheinbar vollkommen getrennt von ihren Eltern, ohne den Weg nach Hause zu kennen. Diesmal war die Spur nicht aus dauerhaften, weißen Steinen gelegt, sondern aus einer Scheibe Brot, Sinnbild für die ätherische Vitalität, die sie für den Ausdruck von Gedanken, Gefühlen und Handlungen von Gott mitbekommen haben und verwenden dürfen. Die Vögel repräsentieren die weltlichen, gottabgewandten Elementale, die sich von dem Brot ernähren, denen die Neuinkarnierten also ihre Aufmerksamkeit/Vitalität zukommen lassen. Das Umherirren im

Wald ist dabei als Bild für die Inkarnationszyklen zu sehen, die man immer und immer wieder scheinbar orientierungslos durchlaufen muss. Oder auch als das Hin- und Hergerissensein, bedingt durch die Zu- und Abneigungen zu Dingen.

Das Knusperhäuschen besteht aus ätherischer Energie in Form von Brot, das die Kinder zu ihrer Erhaltung benötigen, andererseits auch aus Kuchen und Zucker, welche die nicht notwendigen Genüsse und Annehmlichkeiten aller Art der Trennungswelten repräsentieren und einen gewissen Suchtcharakter haben. Zu Beginn nehmen die Kinder ja nur so viel, um ihren Hunger zu stillen. Das ist in den Trennungswelten ja auch o.k., man muss halt seine Körper erhalten und die Lebensnotwendigkeiten bedienen. Die Hexe, ein Sinnbild für den Egoismus unserer AP (dieser kommt auch durch die angeführte Blindheit und Ungeduld zum Ausdruck), verführt die Kinder aber in Form des Kuchens und Zuckers zu mehr und bedingt damit letztlich ihren Fall. Zu Beginn versuchen sie die Hexe noch zu täuschen, indem sie ihr vormachen, es wäre die Natur (der Wind), die natürlichen Bedürfnisse, die hier im Spiel sind. Das mag anfangs zwar noch so gewesen sein, aber mit der Zeit verliert sich Hänsel im Essen des Kuchens und des Zuckers, in den weltlichen Genüssen. Die Bezeichnung der Hexe als Menschenfresser stellt klar, dass wir durch ungezügelte Ergebenheit unserem Egoismus gegenüber auch körperlich zugrunde gehen können, wie etwa durch Alkoholsucht, Drogen, Selbstmord etc.

Der Käfig stellt Hänsels selbst geschaffene Elementale dar, die ihn in Form seiner Meinungen, Überzeugungen, Neigungen, Süchte und Leidenschaften gefangen halten (siehe die Betrachtung „Die Welt über der Welt"). Hans wird von der Hexe, die als Egoismus eigentlich sein Geschöpf ist, gemästet (hier kommt die animalische Ebene stark zum Ausdruck), indem sie ihm permanent alle möglichen Genüsse zur Verfügung stellt, die von ihm als

AP auch bereitwillig angenommen werden. Hänsel hätte durch Unterstützung von Gretel die Mast ja auch verweigern können, aber die Versuchungen des animalischen Imperativs waren offenbar zu stark. Gretel, unser HS, wird als Ausdruck der Verwechslung HS-AP zur Dienstmagd des Egoismus degradiert und muss dem Treiben nicht nur traurig zusehen, sondern dem Egoismus sogar dienen. Hans ist sich durch das notgedrungene Herzeigen des Knochens der Tatsache bewusst, dass seine Süchte und Leidenschaften nicht ohne Konsequenzen sein werden und irgendwann einmal der Zahltag kommen wird. Er selbst hat allerdings nicht die Kraft, sich aus diesem Teufelskreis zu befreien, z.B. indem er auf die dargebrachten Leckereien verzichtet.

Der Trick mit dem Knochen, den Hänsel immer herzeigt, ist auch ein Ausdruck der Selbsttäuschung; wir können uns lange etwas vormachen, dass wir eben nicht abhängig sind von materiellen Dingen und damit gemästet werden, aber letztlich holt uns dann die bittere Realität (z.B. in Form von Krankheiten) ein. Dass Hänsel offenbar längere Zeit im Mastkäfig sitzt und es für ihn noch nicht zu Konsequenzen gekommen ist, hat er der 95%-Regel zu verdanken. Aber irgendwann einmal ist es zu viel, die Hexe will ihn aus Wut über ihr scheinbares Versagen braten, es wird eine Flut karmischer Konsequenzen ausgelöst.

Den Ofen, in dem Hänsel langsam gegart werden soll, kann man als die schmerzhaften Karmawirkungen sehen, vor denen Gretel ihn aus Liebe unbedingt bewahren möchte. Als höheres Selbst wartet sie geduldig auf eine Gelegenheit, das Übel bei der Wurzel zu packen und ihren geliebten Hänsel und damit auch sich selbst vom Egoismus ein für alle Mal zu befreien. Das gelingt ihr einerseits dadurch, dass sich der Egoismus mit dem konkreten Vorhaben, Hänsel jetzt braten zu wollen, gegen seinen Erschaffer wendet und dadurch für ihn in seinem Wesen erkennbar und damit wandelbar wird (geistige Erkenntnis, Weg-Arbeit).

Andererseits schafft Gretel die Befreiung durch aktives Handeln, indem sie die Hexe/den Egoismus in den (Karma)ofen stößt (zugehörige Verwirklichung, konsequente Modifikation der AP). Damit wird gleichzeitig auch Hänsels Käfig geöffnet, er kommt heraus und erkennt seine Freiheit (Erleuchtung).

Die Schätze, die die Kinder mitnehmen, sind die Erfahrung der Individuation, das Beherrschen der Trennungswelten und die damit verbundene, erlangte Weisheit. Nachdem sie ihre Aufgaben gelöst haben, haben sie natürlich keine Probleme damit, den Weg zurück nach Hause zu finden, er ergibt sich eigentlich automatisch mit dem Erreichten. Die verstorbene Mutter deutet darauf hin, dass keine weitere Notwendigkeit mehr besteht, nochmals fortgeschickt zu werden, also nochmals inkarnieren zu müssen. Der Hunger ist nun für immer gestillt, die Erfahrungen wurden gemacht und die Mission Mensch wurde von Hänsel/Gretel erfolgreich abgeschlossen.

Bremer Stadtmusikanten

Nun aber bleiben Glaube, Hoffnung, Liebe, diese drei;
aber die Liebe ist die größte unter ihnen.
(1.Korinther 13,13 Luther 1984)

Die Hoffnung ist treu wie ein Hund - sie verlässt einen nie. Selbst ein Selbstmörder ist noch voll von ihr.

Der Glaube ist wie eine Katze – sie geht ihre eigenen Wege, aber unverhofft streicht sie schnurrend um deine Beine.

Der Mensch ist ein Esel. Statt Glaube, Liebe und Hoffnung im Herzen zu tragen, trägt er sie auf dem Rücken, als ob sie eine Last wären. Und nicht einmal einen Esel kann man nennen, wer diese drei nur im Munde trägt.

Zum Glück bleibt da noch die Liebe, die wie ein Hahn ist, der jeden Morgen hinausschreit: „Etwas besseres als den Tod finden wir überall!"

Damit soll gesagt sein, dass das ewige, wirkliche und bewusste Leben in jedem Augenblick errungen werden kann. Der Mensch muss nur beginnen, wie einen Lohn im Herzen zu tragen, was er wie eine Last auf dem Rücken trägt.

Und dadurch wird die Liebe zur Größten dieser drei und der Hahn steht an oberster Stelle.

Rückkehr zu der Ursprünglichen

Wenn mit der Post aus Japan ein Spiel kommt,
das in keinem europäischen Nintendo 3DS
eingesteckt werden kann – funktioniert es dann?
(Techno-Koan)

Der Sohn wollte gerne – um nicht zu sagen unbedingt – ein Originalspiel aus Japan haben, um einmal ein Spiel auf Japanisch zu spielen. Alles Abraten („Du verstehst doch nichts", „Das funktioniert doch vielleicht nicht auf deiner Konsole", „Was, wenn das verloren geht?") fruchtete nicht und, wie Eltern so sind, schließlich wurde das Spiel über ein Online-Versandhaus geordert.

Nach sehr langer Wartezeit wurde es schließlich zu Juniors kurzer Freude geliefert. Flugs ausgepackt passte es dann leider nicht in den Schlitz, in den die Spiele eingesteckt werden müssen. Ein teurer Spaß für 75,- Euro! Zwar vom Taschengeld des Sohnes bezahlt, nagte dieses Verbrennen von erbrachter Arbeitsleistung doch an den Eltern und schließlich reklamierten sie den Kauf bei dem Online-Versandhaus mit folgenden Worten:

„Das Produkt funktioniert nicht auf dem Nintendo unseres Sohnes. Entweder ist es defekt oder – was wir vermuten – es ist ein Sondermodell für Japan. Auf dem Produkt steht: Kein Verkauf außerhalb Japans."

Das Online-Versandhaus leitete die Reklamation an die japanische Herstellerfirma weiter und wenige Tage später meldete sie sich per Email mit dieser Antwort:

„Ich verstehe die Anforderungen Ihrer Rückkehr. Sie sollten das Element an die unten angegebene Adresse zurück. 4902-26, Kurokami, Sasebo, Nagasaki, Japan, 857-1152 HIKARIDO. Bitte schreiben Sie „Return" in roten Buchstaben im Gepäck. Bitte senden Rückkehr Dingen fertig ist, bewiesen Sie Versandkosten. Es ist nicht einmal wichtig FAX E-Mail. Diese E-Mail-Adresse wird wahrscheinlich gelöscht werden. Kann nützlich, nicht nur FAX sein. mail: [E-Mail-Adresse entfernt] FAX: 011-81-956.342.360 Auf Amazon ist schwierig, den Wagen zu erstatten. Wenn Sie das paypal, machen besser. Ich werde vorbei sein. Es gab einen Punkt, wo ich nicht verstehen, fragen Sie bitte nach Ihnen. Hikarido"

Trotz einiger scheinbar mehr dem Dada oder dem Zen entspringender Textbestandteile, war die Adresse erkennbar. Ferner konnte man einen grundsätzlich wohlwollenden Ton herauslesen. Durch beides ermutigt schickten die Eltern das beanstandete Produkt per einfachem Brief an die angegebene Adresse. Nur wenige Tage später kam schon eine Mitteilung des Herstellers per E-mail – zusammen mit der Ankündigung einer Rückerstattung des Betrages von 75,– Euro. Diesmal lautete der Text:

„Ich habe meine Rückkehr zu der Ursprünglichen empfangen. Ich entschuldige mich, dass das Spiel nicht funktioniert. Es war toll Verpackung. Vielen Dank für die nette Antwort. Ich will dich wieder sehen.

Hikarido"

Kommentar S.K.: Ich habe eben diese Begebenheit gelesen. Oh, ich habe so gelacht. Ich habe mir gedacht, dass es eigentlich bei jeglicher etwas komplizierter Kommunikation so ist (die also über die Ebene „Du, reich mir mal bitte das Bier auf dem Tisch rüber" hinausgeht), dass der Wille da sein muss, den anderen zu verstehen. Wenn der Wille (oder vielleicht auch die Fähigkeit) zum gegenseitigen Verständnis nicht da ist, nützten auch die geschicktesten sprachlichen Ausdrucksfähigkeiten in der gemeinsamen Muttersprache nichts.

Subkommentar: Diese „Verständigung" via Google-Translator (oder ähnlichem) ist tatsächlich erstaunlich. Den Translator könnte man hier einer besonders ungeschickten Form von Zwischenträgerei bezichtigen. Man sieht aber auch, dass mit gutem Willen trotz des Zwischenträgers eine Kommunikation möglich ist.

Unter Segeln

Wie ein Segelschiff zwei Möglichkeiten hat,
seinen Kurs zu bestimmen,
so der Mensch den Kurs seines Lebens.
Wie auf dem Meer zwei Möglichkeiten
den Kurs eines Schiffes beeinflussen,
so das Leben den Kurs eines Menschen.
(Das Buch der drei Ringe)

Bruder Laterne und die spirituelle Gemeinschaft um ihn herum benutzen zur Erläuterung komplexer Zusammenhänge gerne Gleichnisse und Parabeln. Erstaunlich viele davon haben mit Wasser in irgendeiner Form zu tun. Spaßhaft lästern die Benutzer dieser Art bildhafter Sprache hin und wieder: „Und hier wieder eines der gefürchteten Wassergleichnisse."

Warum ist das so? Fraglos ist Wasser eine besondere Substanz in den Welten der Trennung. Es hat besondere, ungewöhnliche, ja einmalige Eigenschaften. Leben ist ohne Wasser schwer vorstellbar. Ebenso schwer ist es häufig, ohne Wasser, Flüsse, Seen, Regen, Quellen usw. überzeugende Gleichnisse für viele Vorgänge zu finden. Oben also ein weiteres Beispiel, das unsere Lebensreise in den Trennungswelten mit einer Segelschiffsreise auf dem Meer vergleicht.

Diese Art Wassergleichnisse liefern allerdings keine schnelle Erkenntnis. Sie sträuben sich im Gegenteil ein wenig. Sie dienen mehr dazu, dass die Schüler des Weges daran ihren Verstand und (wichtiger) ihre Einsicht schulen und nicht zuletzt in gewissen Maßen prüfbar machen.

Wer sich einmal ein wenig daran „reiben" möchte, der schicke mir doch seine Überlegungen dazu. Falsch kann man eigentlich nur etwas machen, wenn man sich gar nicht darauf einlässt.

Versuch 1:
Der Kurs eines Segelschiffes kann an fixen Gestirnen oder an fixen, auf dem Planeten befindlichen Zeichen, z.B. Leuchtturm, Küstenlinien usw. festgemacht werden.

Der Mensch kann den Kurs seines Lebens an den wirklich fixen Zeichen (Gestirn = Gesetz Gottes/Liebe, Mitgefühl und Weisheit bzw. inneres Wissen durch Meditation und Innenschau) oder an den fixen Zeichen in seiner Umgebung (an Religionen/am Beispiel anderer Menschen/am Buchwissen/an Parabeln usw...) ausrichten.

Mit den zwei Möglichkeiten auf dem Meer, die den Kurs eines Schiffes beeinflussen, sind Wind und Strömung gemeint. Der Wind symbolisiert hier die äußeren Kräfte, die wir, wenn wir sie gründlich analysieren und verstehen, für das spirituelle Vorwärtskommen und die (Kurs-)Ausrichtung nutzen können: z.B. unsere Lebensumstände, also das Glaubens- und Wirtschaftssystem in das wir geboren werden, die Menschen mit denen wir täglich zu tun haben, unsere körperliche und geistige Grundausstattung, unsere Familiengeschichte usw.

Die Strömung ist der Anteil des Karmas, der uns entweder nicht bewusst ist oder den wir abbauen müssen, also die 5 % von 100 %, die nicht unter die 95%-Gnaden-Regel fallen... und natürlich der Karma-Anteil, der uns die guten Früchte unserer vorherigen Inkarnationen im aktuellen Leben ernten lässt.

Was geschieht aber nun bei Windstille? Das Selbst bewegt sich dann nur noch mit der Strömung, die aus oben genannten Gründen jedoch nicht unbedingt zielführend sein muss. Wann kann es überhaupt Windstille im Leben geben? Als Beispiel fiel mir sofort das „Ideal" des Eremiten oder eines Mönchs ein, Personen also, die sich ganz von äußeren Einflüssen abgewandt haben und sich z.B einer wiederholenden äußeren Struktur unterwerfen.

Es fehlt dann die oben erwähnte Analysemöglichkeit des Egos und seiner Außenwirkung, es fehlt oft die nötige Auseinandersetzung mit dem Materiellen und den Elementalen, es fehlen alle „menschelnden" Reibungspunkte: Im übertragenen Sinne also das Gefühl des Windes auf der Haut und die Möglichkeit, den Wind zur Kurskorrektur zu nutzen.

Wie kann man den Wind zur Kurskorrektur nutzen? Dazu braucht man kräftige Segel. Diese Segel sind z.B. die spirituelle Gemeinschaft oder auch ein einzelner Meister, die mit der Geschicktheit der Mittel (= die richtige Segelsetzung) den Kurs eines fehlgeleiteten Selbst sanft korrigieren können. Und je stärker der Wind ist, der ursprünglich vom Ziel wegführte, desto weniger Segel muss man anfänglich setzen, um schon eine deutliche Kursänderung in die „richtige" Richtung zu erfahren!

Natürlich ist das nur eine Annäherung, da in den materiellen Welten auch die Gestirne/Fixsterne niemals wirklich fix und ewig sind, sondern nur aus unserer begrenzten Sicht- und Zeitperspektive so wirken. (Thomas)

Versuch 2:

Als Segelschiff hat man abgesehen von der modernen Variante des GPS-Systems grundsätzlich zwei Möglichkeiten, seinen Kurs zu bestimmen: anhand der Sonne (am Tag)/der Sterne (in der Nacht) oder anhand der Küstenformation (Tag)/der Leuchttürme (Nacht). Die erste Möglichkeit könnte man als Orientierung an den spirituellen Lehren auffassen, denen man als Pneumatiker folgt. Die zweite Möglichkeit zur Ausrichtung orientiert sich an der Materie bzw. den menschengemachten Leuchttürmen mit ihren unterschiedlichen Kennungen, die man als unterschiedliche

Religionssysteme auffassen kann. Der Nachteil dabei ist, dass man als Psychiker gezwungen ist, auf seiner Reise der Küste zu folgen und der Küstenverlauf uns auch nicht direkt zum Ziel bringt. Wenn die Küste endet ist man dann sowieso gezwungen, diese Orientierungsmöglichkeit hinter sich zu lassen und auf das offene Meer hinauszufahren. Um das Bild abzurunden würden Hyliker keine der beiden Möglichkeiten nutzen, sondern mit gerefften Segeln, den Naturkräften vollkommen ausgeliefert, auf dem Meer treiben. Oder mit gesetztem Anker im Hafen liegen. Der Hyliker hat im Gegensatz zu uns kein Verlangen, seinen Hafen zu verlassen. Er kennt nicht das starke Gefühl der Sehnsucht, über das Meer zum Vater zurückzukehren und in seiner unendlichen Liebe aufzugehen.

In Wirklichkeit sind auch wir nicht nur mit einem Orientierungssystem unterwegs. Wir richten uns grundsätzlich nach den Sternen, haben aber auch immer wieder die Küste im Auge und lassen uns manchmal auch einfach treiben. Einen Kompass haben wir aber immer bei uns, er kann als Intuition, Einsicht bzw. der Zugang zu unserem höheren Selbst aufgefasst werden.

Es gibt aber noch eine weitere Möglichkeit, seinen Kurs zu bestimmen, nämlich indem man einem Schiff, das den Weg schon kennt, einfach nachsegelt. Das bringt natürlich auch einige Gefahren mit sich, denn wir können anfangs nicht direkt überprüfen, ob das Schiff den Weg auch wirklich kennt und schon gefahren ist. Wenn wir dann im Laufe der Fahrt auf Inseln treffen, die uns aus Erzählungen von anderen Seefahrern bekannt sind, kommt zum anfänglichen Vertrauen auch langsam Gewissheit.

Ein Schiff wird auf dem Meer vor allem durch zwei Faktoren in seiner Richtung beeinflusst, nämlich durch die Meeresströmung und den Wind. Die Interpretation als karmischer Wind, der das Leben beeinflusst, ist naheliegend, die relativ konstante Meeresströmung könnte man als generelle Bewegung in Zeit und

Raum sehen oder auch als z.B. kulturelle/zeitliche Rahmenbedingungen, die unseren Weg prägen. Die Meeresströmung können wir nicht wirklich beeinflussen, sie wechselt aber von Zeit zu Zeit (Inkarnationen), aber beim Wind haben wir zwei Möglichkeiten: Wir können ihn für uns nutzen, uns also so gut ausrichten, dass wir mit dem Wind segeln. Oder wir können den Karmaweg gehen, wo der Wind uns entgegenbläst und wir dadurch nur sehr langsam vorankommen. Um beim Bild des Segelns zu bleiben kann man bei Gegenwind ja auch nur in einer Zick-Zack Linie fahren, wodurch man deutlich langsamer vorankommt. Unser Ziel muss es sein, überwiegend mit dem Wind zu segeln.

Am schönsten und einfachsten ist es aber, gemeinsam in einem Verband als spirituelle Gruppe auf dem Meer unterwegs zu sein. Alle Schiffe halten eine grundsätzliche Richtung auf das Ziel hin ein, es gibt aber individuelle Abweichungen in Geschwindigkeit und Geradlinigkeit sowie in der Größe und Ausstattung der Schiffe. Wenn ein Schiff die anderen überholt, freuen sich alle über den Weggefährten, da dieser ihnen damit den Weg und die Richtung noch klarer anzeigt sowie den anderen Motivation ist, ebenfalls zügiger weiterzukommen. Wichtig ist allerdings, dass alle einander zumindest im Blickfeld behalten. Manchmal stößt auch ein fremdes Schiff auf die Gruppe und schließt sich an, manchmal verlässt ein Schiff den Verband um sich einer anderen Gruppe anzuschließen oder einen eigenen Kurs zu verfolgen.

In jedem spirituellen Segelverband gibt es zumindest ein Schiff, das den Weg übers Meer schon einmal gefahren ist und das den anderen Schiffen bei Sturm oder anderen Widrigkeiten zur Seite steht. Auch gefährliche Riffe werden mit seiner Hilfe bewusst umschifft. Boote, die zurückfallen oder deutlich vom Kurs abweichen, erfahren eine besondere Unterstützung. Das Leitschiff ist letztlich der Garant für das Erreichen des Zieles. (Bruder Josef)

Versuch 3:

Ich denke, dass jeder Mensch immer die Wahl hat zu entscheiden, welchen Weg er einschlägt. Den Weg, der ihm dient einen Teil des göttlichen Plans zu sein oder einen anderen Weg, der ihn über Umwege zurück zu dem göttlichen Weg führt oder aber auf einen ganz anderen Weg, der anfänglich schön und verführerisch erscheint, so sehr von Glück geprägt. Kurse können jederzeit neu eingeschlagen werden und Fahrt kann ebenfalls immer neu aufgenommen werden. (Mona)

Versuch 4:

Identifiziert sich der Mensch mit seiner Alltagspersönlichkeit (dem Segelschiff), die den Kurs seines Lebens bestimmt – der in diesem Falle eigentlich kein erkennbarer ist – und überlässt ihr das Kommando, dann wird er dadurch zum Spielball der Lebensumstände (Strömung und Wind) und ein Gefangener seines „Fahrzeugs" und ein Getriebener auf den „Meeren" des Lebens. Oder er erkennt seine höhere Natur, setzt seinen Fuß auf den spirituellen Pfad, bringt seine AP nach und nach unter Kontrolle und modifiziert sie, übernimmt bewusst die Verantwortung für sein Leben (nimmt das Ruder in die Hand und justiert die Segel), dann können die äußeren Umstände des Lebens den Menschen nicht mehr so sehr negativ beeinflussen (sprich: vom Kurs abbringen). Vielmehr lernt er die Möglichkeiten des Lebens – ob schwierig oder günstig – auf seinem Kurs zu nutzen. (Ruth Finder)

Versuch 5:

Das Segelschiff kann als Analogie für die Materialisation der unsterblichen Seele in Form der Alltagspersönlichkeit in den Welten der Trennung betrachtet werden. Das Segelschiff ist das Vehikel, mit dem es Erfahrungen sammelt, um sich weiterzuentwickeln und zu lernen. Das Bild des Segelschiffes macht die

Möglichkeiten deutlich, gleichzeitig auch die Herausforderung, so ein Vehikel gekonnt steuern zu lernen. Die Crux steckt nicht nur in dem Ding selbst, in der Beherrschung des Schiffs, sondern es auch in und mit den umgebenden Bedingungen zu steuern – Wasser und Wind, die beide ihre ureigenen Strömungen und Eigengesetzlichkeiten haben. Kann man weder das Schiff gezielt steuern, noch kennt man die Eigenheiten und Bedingungen der Umwelt auf See, bewegt man sich nur den jeweiligen Bedingungen entsprechend. Die bekannte Nussschale auf dem Ozean. Denn es ist ein Irrtum zu glauben, dass der (eine) Wind das Schiff vor sich her schiebt und es so Fahrt aufnimmt und sich in eine Richtung bewegt. Wird kein Einfluss auf Kurs oder Rahmenbedingungen genommen, tanzt das Schiff unkontrolliert in alle möglichen Richtungen, steht still, dreht sich im Kreis oder kentert. Man hält sich nur so lange an Deck, wie es die jeweiligen Bedingungen erlauben. Der Einfluss auf den Ablauf ist so gering, abgesehen vielleicht von der punktuellen Wirkung des einen oder anderen gen Himmel geschickten Stoßgebets. Dieser Entwicklungsstatus könnte der des Menschen sein, der erstmalig in den Welten der Trennung inkarniert. Er hat kein Bewusstsein über sich selbst und die herrschenden Bedingungen, er lernt mühsam durch Versuch und Irrtum über viele Inkarnationen hinweg, unter viel Leid, ohne den ablaufenden Weg zu Beginn selbst zu verstehen. Er ist seinem Karma direkt ausgeliefert, abgemildert durch das Prinzip der Gnade. Es weiß noch nicht einmal, dass es immer wieder kentert (stirbt) und auf ein neues Schiff gesetzt wird (neue Inkarnation). Das Schiff, ein Bild für den materiellen Körper. Das Wasser könnte man hier als Bild für die psychische Ebene (Gefühle) sehen, den Wind (das Element Luft) für die noetische Ebene (Gedanken). Wer ist der Kapitän? Das unsterbliche Wesen, das aus Liebe von Gott auf die Reise der Bewusstwerdung geschickt worden ist. Das sich aber in Unkenntnis der Situation so sehr vom Allerhöchsten verlassen fühlt oder aus Verzweiflung oder Hochmut ganz dessen Existenz leugnet oder ihm frevelt. Wer ist die Mannschaft? Unsere Elementale. Im schlechtesten Fall verhalten sie sich wie wilde ungezähmte Hunde, die sich nur ihrer animalischen Eigengesetzlichkeit gemäß bewegen und wenig kontrollierbar sind. Sie fressen, schlafen, vermehren und beißen sich. Ob das Schiff kentert oder nicht, liegt nicht im primären Interesse dieser Meute. Legt man sie wie Sklaven in Ketten (äußere Modifikation), sind sie zwar steuerbarer, es ändert sich aber nichts an ihrer ursprünglichen Natur, sie bleiben wilde Hunde, die versuchen werden, die Ketten loszuwerden und wieder ihrer ständig wechselnden Impulsen gemäß zu leben. Im besten Fall sind unsere Elementale ein ausgerichtetes, harmonisches Gefüge, eine Mannschaft, die auf die Kommandos des Kapitäns hört. Sie ergänzen sich, das Schiff kann so ohne Reibungsverluste bewegt und gesteuert werden, und erreicht das Ziel auf dem besten Weg. Und das ist eine unserer Aufgaben in den Welten der Trennung, durch Angleichung an das Höhere Selbst unsere Elementale zu modifizieren und/ oder durch positive zu ersetzen. Wie steuert man sein Schiff? Indem man lernt, die Segel richtig zu setzen, um angepasst an den jeweiligen Wind in die richtige Richtung fahren zu können. Und parallel dazu das Ruder bedienen zu können, um immer wieder die Richtung an das Ziel anpassen zu können. Und die Analogie des Segelschiffes macht sehr schön deutlich, dass Erhalten des jeweiligen Zustandes (Ausruhen) nicht funktioniert, da ein Schiff auf dem Wasser nie still steht, es ist immer in Bewegung.

Das heißt, wenn wir uns nicht mehr nur auf dem Karmapfad bewegen und unseren Kurs selbst in die Hand nehmen wollen, ist es notwendig, das Schiff kennenzulernen, Kapitän auf dem eigenen Schiff zu werden, die Mannschaft zu entwickeln und zu führen und zu lernen, wie man mit den jeweiligen Bedingungen bei Wasser und Wind am besten steuern kann. Um richtig zu navigieren, benötigt man Kenntnis von zwei wesentlichen Punkten: Man muss immer wieder den eigenen Standort bestimmen und parallel dazu ein Ziel am Horizont haben, das man ansteuern will. Wie machen wir das? Durch Innenschau und Selbstanalyse (Standortbestimmung) und Ausrichtung auf ein höheres Ziel (Horizont). Dabei helfen an jedem Punkt Seekarten (Lehren) und ein guter Kompass (Lehrer, andere Kapitänsschüler auf dem Weg). Auch wenn es anfänglich aufgrund unserer unbeholfenen Steuerungsversuche mit unseren und anderen Schiffen öfters zu Kollision mit kleineren oder größeren Schäden kommt, erkennt man mit zunehmendem Bewusstsein die Gnade, die darin liegt, die Reise nicht alleine machen zu müssen. (Maria)

Versuch 6:

Die eine Richtung ergibt sich aus dem Ego-Selbst, diese Richtung wird häufig durch Wunsch-Gedanken bestimmt.

Hier bestimmt normalerweise das Ziel auch den Kurs. Obwohl Ziel und Kurs eine Einheit bilden, werden innerhalb des Ego-Selbst Ziel und Kurs als etwas Getrenntes wahrgenommen. Eine Binsenweisheit bringt dies ganz gut auf den Punkt: "Der Zweck heiligt die Mittel".

Viele dieser Wünsche sind uns nicht bewusst und offenbaren sich erst durch die Richtung, in die sie uns lenken, manchmal erst am Ziel oder aber gar nicht.

Denn, obwohl oft das Leben selbst in den Kurs mit eingreift, durch Ursache und Wirkung bzw. Karma, also unser Handeln sich reflektiert und als etwas Lebendiges zurückgeworfen wird, werden die karmischen Konsequenzen nicht als Ergebnis unseres eigenen Handelns, sondern meist als etwas Unerwartetes, von außen Kommendes empfunden. Der sprichwörtliche Knüppel, der einem zwischen die Beine geworfen wurde. Dass man den Knüppel selbst geschnitzt und geworfen hat ist als Gedanke meist völlig undenkbar. Eine selbstbestimmte bzw. bewusste Korrektur ist auf dieser Ebene fast nicht möglich. Deutlich wird hier die große Unfreiheit, was die Wahl des Kurses als auch die Bestimmung des Ziels selbst angeht.

Die andere Richtung wird mehr vom höheren Selbst inspiriert oder sogar bewusst bestimmt. Also eher Gedanken-Wünsche. Hier ist das Ziel und der Kurs das gleiche bzw. eine Einheit. Eine zweite Binsenweisheit, die aber wesentlich näher an der Wahrheit liegt wäre hier wohl: „Der Weg ist das Ziel."

Wird Ziel und Kurs mehr vom Höheren Selbst bestimmt, so wirkt die Kursbestimmung vom Leben durch karmisches Eingreifen eher unterstützend und meist weniger schmerzhaft. Außerdem ist das Wirken von Gnade[1] weniger nötig.

Dies ist aber nichts Absolutes. Natürlich werden immer mal wieder Kursänderungen vom Leben vorgegeben, aber hier erlaubt einem die Ausrichtung auf das höhere Selbst ein weniger konfliktbeladendes Einlenken. „Denn dein Wille geschehe."

Jegliche Bestimmung des Kurses hat großen Einfluss auf die unendliche Komplexität in der wir eingebunden sind, sie ist sowohl in uns als auch außerhalb von uns.

Ein Grund der Freude ist die lebendige Bewegung selbst, denn ohne sie würde es keinen Kurs geben. (Simon Steiner)

Versuch 7:

Ein Segelschiff auf dem Meer kann durch zwei Bestandteile seiner Ausstattung seinen Kurs bestimmen – durch das Steuerruder und durch die Auswahl und Ausrichtung seiner Segel. Umgekehrt wird der Kurs des Schiffes auf dem Meer von zwei äußeren Aspekten beeinflusst – dem Wind und der Strömung.

Auf den Menschen übertragen steht das Steuerruder (stellvertretend für das ganze Schiff) für die „Basisausstattung" des

---

[1] Manch einer nennt Gnade auch Glück oder sagt sich:"Hab ich ein Schwein gehabt."

Individuums in den Trennungswelten. Das reicht von den genetischen Vorgaben über ihre tatsächlichen Ausprägungen bis zu den Rahmenbedingungen der Inkarnation (Elternhaus, Nation, Zeitpunkt). Man könnte auch von den karmischen Mitbringseln sprechen. Der zypriotische Meister nannte dies den „Zyklus der Möglichkeiten".

Der tatsächliche Einsatz des Steuerruders steht hier schon für den „Zyklus der Wahrscheinlichkeiten", denn die Vorgaben können ja höchst unterschiedlich verwendet werden. Welchen Kurs man mithilfe des Steuerruders einschlägt ist eben theoretisch offen.

Die Segel (nebst Takelage) gehören zwar einerseits ebenfalls zur Basisausstattung, stellen aber durch ihre flexible Modifizierbarkeit und Erweiterbarkeit vor allem die in der aktuellen Inkarnation erworbenen und noch zu erwerbenden Fähigkeiten in allen drei Bereichen der Verkörperung dar.

Segel und Steuerruder lassen sich optimal nur in Kombination verwenden. Ein Schiff nur mit dem Ruder oder nur mit den Segeln zu lenken ist, abhängig von den Umweltbedingungen, schwierig bis unmöglich. Das bestmögliche Kombinieren ist aber, wie im Leben, noch nicht gleichbedeutend mit dem idealen Kurs. Hierfür sind geographische Informationen (Lehren), Navigationshilfen wie Sterne, Sonne, GPS etc. (Lehrer, Wegbegleiter, Ethik, Einsicht) und äußere Unterstützung jenseits der ersten beiden Punkte (Mitmenschen, Mitgeschöpfe, Gesellschaft) notwendig.

Der Wind weht (wie in „Karmische Drift" in „Kreisgedanken" ausgeführt) als göttliche Gnade und Unterstützung immer zielführend in die ideale Richtung. Hier wäre „der Weg des geringsten Widerstandes" auch der ideale Weg. Leider entspricht dies nicht den Wünschen und Vorstellungen der verwickelten Alltagspersönlichkeit (AP).

Die Strömung entspricht eben diesen Wünschen und Vorstellungen der AP und daneben auch dem aktuell sich auswirkenden

Karma. Man kann sagen, dass Strömung und Windrichtung umso mehr in dieselbe Richtung weisen, je entwickelter ein Individuum ist. Aber selbst förderliche Umstände relativ gleicher Richtung von Wind und Strömung bedeuten nicht zwangsläufig, dass das Schiff auch diesen Kurs einschlägt. Das Prinzip der Freiheit ermöglicht auch weit entwickelten Schülern des Weges jederzeit das Einschlagen von stark vom Ideal abweichenden Richtungen.

Wir sehen andererseits aber auch, wie sehr man sich von der Strömung nicht förderlicher karmischer Wirkungen und verblendeter AP-Vorstellungen frei machen kann, wenn man sich ganz auf das Erkennen der zielführenden Eigenschaften des Windes und die Nutzung seiner Kraft konzentriert. (Hendrik)

Versuch 8:

Die beiden (bzw. für mich drei) Möglichkeiten, die auf dem Meer den Kurs eines Schiffes beeinflussen, sind:

1. Die Wetterbedingungen, also die Windverhältnisse, also die äußeren Bedingungen. Die Windstärke kann stark oder schwach sein. Die Kursrichtung kann mit dem Wind oder gegen den Wind sein. Entsprechend kommt man schnell und ohne Anstrengung oder langsam und mit viel Anstrengung voran.

2. Die Stellung der Segel.

3. Ich finde, es gibt noch eine dritte Möglichkeit, aber ich bin mir nicht sicher, ob diese gemeint ist: Der Mensch, der unterschiedliche Kurse mit dem Schiff verfolgt, also die innere Zielsetzung/ Ausrichtung des Menschen.

Das Leben hat zwei/bzw. drei Möglichkeiten den Kurs eines Menschen zu beeinflussen:

1. durch die äußeren Lebensverhältnisse (günstige und ungünstige, also mit dem Wind oder gegen den Wind, wobei komplett gegen den Wind nicht möglich ist). Der Wind steht hier symbolisch für die karmischen Verhältnisse/ den Karmastrom.

2. Segelstellung: Segel vermutlich als Symbol für die mitgebrachten Fähigkeiten. Setzt der Mensch seine Fähigkeiten in seinen günstigen oder ungünstigen Lebensverhältnissen optimal ein oder nicht?

3. durch die innere Zielrichtung des Menschen. Ändert der Mensch seine innere Ausrichtung/Motivation zum Positiven, so verändert sich seine Position (Situation) zum Wind, also zu den äußeren Lebensverhältnissen. Er empfindet sein Leben als leichter. Das Leben möchte den Menschen immer in Richtung „positive Entwicklung/Erwachen/Bewusstwerdung" bewegen. Der Wind geht in diese Richtung (karmischer Druck). Je mehr der Mensch sich innerlich auch in Richtung Bewusstwerdung/Erwachen ausrichtet, desto weniger braucht er Gegenwind um in die richtige Richtung geführt zu werden.

Das Leben bestimmt durch die äußeren Bedingungen und durch die innere Zielsetzung des Menschen den Kurs eines Menschen.

Äußere Bedingungen können sein: Lebenssituation (z.B. alleine, mit Familie, als Teil der Spirituellen Gemeinschaft), finanzielle Verhältnisse, kulturelle Verhältnisse, gesundheitlicher Zustand etc.

Innere Zielrichtung: materielle oder spirituelle innere Zielrichtung. Bei letzterer geht es um mehr Bewusstwerdung/Erwachen beim Menschen bis hin zur Theose (irgendwann).

Bietet das Leben für den Menschen gute Lebensbedingungen, so kann das Leben dadurch eventuell auch positiv auf den inneren Kurs/die innere Motivation des Menschen einwirken (wenn der Mensch die günstigen äußeren Bedingungen zu nutzen versteht).

Bietet das Leben für den Menschen ungute Lebensbedingungen, so kann das Leben dadurch aber ebenfalls positiv auf den inneren Kurs/die innere Motivation des Menschen einwirken (wenn der Mensch die ungünstigen äußeren Bedingungen wie Schicksalsschläge, Krankheit etc. als Zeichen versteht und seinen Kurs ändert.).

Es gibt Lebensbedingungen, die ein Voransegeln des Menschen (im spirituellen Sinn) begünstigen, z.B. im Kontakt sein mit Menschen aus der SpirGem. Dann hat der Mensch das Gefühl, sein innerer Kurs wird unterstützt und durch die äußeren Bedingungen schnell in die gewünschte Richtung voran getragen. Der äußere günstige Wind und der innere Kurs des Menschen stimmen dann überein. Anders ist das, wenn der innere Kurs des Menschen gegen die äußere Windrichtung geht. Das Leben möchte in eine bestimmte Richtung (Bewusstwerdung), der Mensch will nicht und stellt sich dagegen. Das wird ihm auf Dauer nicht gelingen und früher oder später wird der Mensch zu einer Kurskorrektur bereit sein.

Je schlechter die äußeren Lebensbedingungen (Krankheit, Schicksalsschläge, Armut etc.) sind (also je schwächer der Wind ist oder je stärker der Wind direkt entgegen kommt), desto mehr hat der Mensch das Gefühl, auf der Stelle zu treten also spirituell nicht weiter zu kommen (auf seinem Kurs in die „richtige" Richtung, den er fahren möchte), bzw. ständig seitlich abgetrieben zu werden. Z.B. wenn der Mensch den ganzen Tag so hart arbeiten muss, um das Notwendigste zum Überleben zu haben, so dass er keine Zeit mehr für spirituelle Praxis hat. Er muss mehr Geduld und Ausdauer aufbringen und länger ausharren, um voran zu kommen. Im schlimmsten Fall sind die Lebensbedingungen so ungünstig (Flaute), dass der Mensch von seinem spirituellen Fortschritt ganz abkommt, sein spirituelles Ziel nicht erreicht und sein inneres Ziel vorerst nicht verwirklichen kann. Flauten sind aber immer auch vorübergehend. Das Leben bietet dem Menschen oft ungünstige Bedingungen bzw. Schicksalsschläge von außen (Gegenwind), um ihn innerlich zu einer Kurskorrektur zu bewegen oder um sein Durchhaltevermögen und seine Geduld und Ausdauer zu prüfen.

Günstige Windbedingungen symbolisieren karmisch gute Lebensbedingungen, weil der Mensch z.B. in der Vergangenheit schon mehr bereit war, aus freien Stücken zu lernen, ohne äußeren Druck. Dies sind äußere Lebensbedingungen, die einen spirituellen Fortschritt sehr begünstigen, z.B. ausreichende finanzielle Mittel, Kontakt zu entwickelten Menschen etc. Der Mensch sträubt sich nicht gegen seine ihm auferlegten Prüfungen, sondern nimmt diese bereitwillig an und segelt „mit dem Wind" durchs Leben.

1. Ein Segelschiff kann mit dem Wind oder mehr in Richtung gegen den Wind fahren. (Direkt gegen den Wind kann das Schiff nicht fahren, weil es dann stehen bleibt und sogar rückwärts getrieben wird).

2. Ich glaube, die Stellung des Segels ist ebenfalls entscheidend für die Kursrichtung.

Wenn man den Wind als Symbol für die äußeren Lebensereignisse und -bedingungen (also Karma) sieht, so kann der Mensch diese eigentlich nur akzeptieren, weil sich absolut dagegen stellen funktioniert nicht. Er kann mit dem Kurs, den er einschlägt aber die Reisegeschwindigkeit etwas beeinflussen, also schnelles oder langsames Vorankommen. (Die schnellste Kursrichtung ist der Kurs „halber Wind"). Dadurch wird der Wind am besten ausgenutzt. Wenn ich also die äußeren Bedingungen gut zu nutzen weiß, komme ich am schnellsten voran.

Beim Segeln ist es unmöglich direkt gegen den Wind zu fahren. Man muss immer etwas seitlich gegen den Wind kreuzen. Genauso ist es für den Menschen unmöglich, sich so komplett gegen seine äußeren Lebensbedingungen aufzulehnen. Er wird immer nach links oder rechts zum Wind kreuzen müssen, was bedeutet, dass er trotz Auflehnung gegen die Lebensbedingungen vorankommt oder auch, dass durch die göttliche Gnade immer noch ein Vorankommen möglich ist.

Interessant finde ich auch das symbolische Bild des Kapitäns mit seiner Mannschaft. Das Höhere Selbst bzw. die Anteile der AP, die im Höheren Selbst bereits integriert sind, stellen den Kapitän dar. Die Matrosen stellen die AP in all ihren Facetten und Ausprägungen dar. Je mehr das Höhere Selbst Kontrolle über die AP hat, desto mehr segelt die AP, also die Mannschaft, in die vom Höheren Selbst gewünschte Richtung.

Warum werden zur Erklärung komplexer Zusammenhänge gerne Gleichnisse und Parabeln benutzt, die mit Wasser zu tun haben?

Wasser ist ein Element, das mit Leben in Zusammenhang steht. Ohne Wasser gibt es in der materiellen Welt kein Leben. Unser materieller Körper besteht auch zu einem großen Teil aus Wasser. Wasser ist in Form der Flüsse oder der Meere (Meeresströmungen) immer in Bewegung. Unser Leben soll auch immer in Bewegung sein. Wir sollen uns im Leben nicht erstarrt „einrichten" sondern immer fließend „ausrichten".

Ich denke auch, dass Wasser ein Symbol für unsere Emotionen sein kann. Sie sind nicht statisch, fließen dahin und verändern sich wie Wasser. (Karin)

Diese acht Versuche der Auseinandersetzung mit dem Unter-Segeln-Gleichnis zeigen einmal mehr die überraschende Vielfalt von Deutungsmöglichkeiten. Manches ist schon im Ansatz unterschiedlich verstanden, manches knapp, manches weit und umfassend gesehen. Alles ist gut und richtig und alles erweitert die Perspektive über den eigenen Tellerrand hinaus. Ein gutes Beispiel für den Nutzen spiritueller Gemeinschaft. Danke an alle, die sich bemüht haben. Auch an jene, bei denen es nicht bis zur Verschriftlichung reichte...

Bibel und umzu – betrachtet und gedeutet

Das große Standbild

Du, o König, schautest, und siehe, ein erhabenes Standbild.
Dieses große und außerordentlich glänzende Bild stand vor dir
und war furchtbar anzusehen. Das Haupt dieses Bildes war von
gediegenem Gold, seine Brust und seine Arme von Silber,
sein Bauch und seine Lenden von Erz, seine Schenkel von Eisen,
seine Füße teils von Eisen und teils von Ton. Du sahest zu,
bis ein Stein losgerissen ward ohne Handanlegung
und das Bild an seine Füße traf, die von Eisen und Ton waren,
und sie zermalmte. Da wurden miteinander zermalmt Eisen, Ton, Erz,
Silber und Gold und wurden wie Spreu auf den
Sommertennen, und der Wind verwehte sie, daß keine Spur mehr von
ihnen zu finden war. Der Stein aber, der das Bild zertrümmert hatte,
ward zu einem großen Berge und erfüllte die ganze Erde.
(Daniel 2.31-35)

Eines Tages schrieb mir mein Chef[1], dass ich ihm eine Deutung des großen Standbildes aus der biblischen Geschichte von Nebukadnezars Traum schicken solle, und zwar nicht die, die schon in der Bibel steht. Ich hatte auch vorher schon geübt Gleichnisse und Parabeln auf verschiedene Weisen zu deuten. Wichtig war dabei gewesen, immer zu versuchen, mich nicht mit dem Naheliegendsten zufrieden zu geben – zum Beispiel durch Übernehmen vorhandener Deutungen. Darüber hinaus sollte ich mich auch immer noch fragen, welche Bedeutung meine Erklärungen auf mich selber bezogen haben könnten oder würden.

So schlau war ich mittlerweile schon geworden, dass ich mich nicht nur mit dem Standbild auseinandersetzte, sondern zusätzlich mit der ganzen Geschichte, in der das besagte Traumbild erschien. Der für mich größtmögliche Erkenntnisgewinn würde sich nicht aus der einfachsten Herangehensweise ergeben. Wenn ich dann später die Ergebnisse mit den Resultaten anderer Schüler abgleichen könnte, würde ich erkennen, dass ich auch bei maximaler Auseinandersetzung verschiedene Blickwinkel schlicht übersehen haben würde. Die Grundbedeutung zu erkennen war aber sozusagen ein Muss, ohne das ich schlicht ein „Sechs! Setzen!" kassieren würde.

Zunächst schaute ich mir aber tatsächlich die „Kerngeschichte" an. Zumindest eine Übertragung in meine eigenen Worte zum besseren Merken war mir für die spätere Analyse wichtig. Der König sah in seinem Traum ein großes, erhabenes Standbild. Es glänzte sehr und war furchtbar anzusehen. Gemeint ist kaum, dass es sehr hässlich war, sondern dass es auf eine diffuse Weise furchteinflößend und erschreckend auf den Betrachter wirkte. Der Kopf war aus Gold, Brust und Arme aus Silber, Bauch und Lenden aus Erz. In der Bibel ist mit Erz nicht ein Rohstoff zur Metallgewinnung gemeint, sondern immer Bronze – also zeitgemäß legiertes Kupfer. Bauch und Lenden waren also aus Bronze. Die Schenkel

[1] Lehrer, Instrukteur, Direx, Vorstand, Manager, Schulleiter, Meister, Impressario, Graue Eminenz, Hintermann, Drahtzieher, Haupt, Rädelsführer, Leithammel, Apex, Oberst, Kapitän, Prinzipal, Abt, Anstifter, Schlüsselfigur...

waren aus Eisen und die Füße aus Eisen und Ton zusammengesetzt. Die ganze Figur war demnach in fünf Abschnitte aufgeteilt, die aus verschiedenen Substanzen gefertigt waren. Der wertbezogene Abstieg von oben nach unten ist offensichtlich. Die besondere Zerbrechlichkeit der Füße ebenso. Die Fünf kann als Zahl verstanden werden, die den Menschen symbolisiert. Man denke beispielsweise an das Bild von Michelangelo, dessen Mensch wie in einem Pentagramm stehend gezeichnet wurde[2]. Schließlich wurde ein Stein – von keines Menschen Hand bewegt – gegen die Füße des Standbildes geworfen. Die Füße zerbrachen und die ganze Statue fiel zu Boden und wurde zerschmettert. Nichts blieb von ihr, doch der Stein wurde so groß wie die Welt.

Die Rahmenerzählung sei kurz zusammengefasst. Das Land Juda war in einem Krieg gegen Babylon unterlegen und der König von Babel verschleppte hübsche und schlaue Menschen des besiegten Reiches nach Babel, ließ sie unterrichten und ausbilden und stellte sie in den Dienst. Daniel und drei seiner Freunde gehörten zu den Verschleppten und erwiesen sich in allem, was der König sie fragte, als „zehnmal klüger" als seine Weisen.

Eines Tages hatte der König einen Traum und ließ diese Weisen zu sich kommen. Er sagte ihnen, dass sie ihm seinen Traum deuten sollten, aber auch den Traum selber nennen. Dies tat er, um ihre Weisheit zu prüfen, denn er misstraute ihrem schlauen Gerede. Es schien ihm leicht, zu irgendeinem dubiosen Traum irgendeine hochgestochene Erklärung zu finden. Sollten sie ihm nicht den Traum erzählen **und** deuten können, würde er sie alle töten. Die Weisen sagten, dies könne kein Mensch, und der König befahl darauf, alle Weisen – Daniel und seine drei Freunde eingeschlossen – hinzurichten.

Daniel sprach daraufhin beim König vor und bat ihn, ihm eine Frist zu lassen. Der tat es und Daniel ging heim und betete zu Gott um Gnade und Einsicht. Darauf hatte er nachts eine Of-

---

[2] Okay, faktisch wurde er in einem Kreis und in einem Quadrat gezeichnet, aber man kann gut ein Pentagramm über ihn legen.

fenbarung und ging tags darauf zum König. Er sagte ihm, dass tatsächlich kein Mensch die Aufgabe lösen könne, aber dass es einen Gott im Himmel gäbe, der Geheimnisse offenbare. Dieser Gott wolle, dass der König erfahre, was in der Zukunft geschehen solle, denn dies zu wissen sei der Wunsch des Königs gewesen.

Dann beschrieb Daniel des Königs Traum so, wie wir es ganz oben lesen können und deutete ihn ihm daraufhin. Da er aber ein Fuchs vor dem Herrn war, machte er genau das, was der König an seinen Weisen innerlich kritisiert hatte. Daniel hatte die Bedeutung des Traumes erkannt, wie er auch den Traum selber erkannt hatte. Er erkannte aber als Drittes, dass er dem König eine wahrheitsnahe Deutung nicht geben konnte, da er ihn – selbst bei milder Auslegung – zu sehr kritisiert hätte. Das Ergebnis wäre das Gleiche gewesen, als ob er den Traum nicht gewusst und auch nichts gedeutet hätte. Alle wären über die Klinge gesprungen. Also erzählte er ihm eine schmeichelhafte Teilwahrheit. Nämlich, dass am Ende alle Reiche vergehen werden. Da hätte Nebu der Prächtige auch selber drauf kommen können, oder? „Du bist das goldene Haupt, dein Reich ist das beste und tollste. Danach kommen immer weniger tolle Reiche. Schmeichel! Öl! Trief! Selbst wenn sie teils substanziell noch mächtiger sind, geht es doch wertmäßig bergab. Das letzte Reich aber, die tönern-eisernen Füße, wird in sich zerbrechlich sein und durch einen scheinbar ungeworfenen Stein zertrümmert, der dann schließlich die ganze Erde ausfüllt." Diesen Stein setzt er mit dem Königreich Gottes gleich, das am Ende das letzte der menschlichen Reiche ersetzt. Damit kann der König leben. Er zeigt sich beeindruckt, gnädig und freigiebig. Daniel geht nachhause und spricht mit seinen drei Freunden über die tatsächliche Bedeutung des Traumes.

Sie kommen dabei auf zwei leicht unterschiedliche Varianten, die ihnen aber als zwei Varianten einer Wahrheit erscheinen. Sie sind zufrieden und freuen sich, dass sie noch leben. Sie sind fasziniert von dem Traum. Sie beschließen jeder für sich, die Botschaft des Traumes in ihrem Leben stärker zu beachten.

Ich will nur eine Deutung wiedergeben. Sie war damals für mich selber stärker von Belang, auch wenn sie sich wie gesagt nur geringfügig von der zweiten Variante unterscheidet. Sicher gibt es andere Deutungen, vielleicht auch bessere. So ist es immer mit Interpretationen. Sie sehen zu unterschiedlichen Zeiten unterschiedlich aus und sie unterscheiden sich in jeder einzelnen Zeit in ihren spirituellen Qualitäten. Nebukadnezar hat aber bestenfalls die Wellness-Variante kennengelernt, soviel ist klar.

Das große, erhabene Standbild steht für den Menschen in seiner Gesamtheit. Von der Alltagspersönlichkeit bis hinauf in die Bereiche der Wesensidentität mit Gott, wo vielleicht sogar die Trennung zwischen Gott und Individuum aufhört – auch Theose genannt. Die fünf Ebenen sind eventuell nur symbolisch und stehen für eine größere Anzahl von Ebenen. Mit Sicherheit identifizieren können wir hier aber von unten gesehen die erste, die zweite und die fünfte Ebene.

Die erste Ebene steht für die Alltagspersönlichkeit, die aus einer Summe von Elementalen zusammengesetzt ist. Die Füße bestehen in Nebukadnezars Traum aus Ton und Eisen. Auf ihnen steht der gesamte Mensch in den Welten der Trennung – hier dargestellt durch die **zwei** Füße.

Die zweite Ebene, nämlich die eisernen Beine, steht für das höhere Selbst. Zwei Beine deuten auch hier auf die Dualität hin. Das höhere Selbst hat ja die Mission, **in** den Trennungswelten Individualität und Herrschaft über die Dualität zu erlangen.

Ebene drei und vier sind interessanterweise anders zusammengesetzt. Lende und Bauch sind eine Einheit mit zwei übereinanderliegenden Teilbereichen, Brust und Arme eine Dreiheit. Platz für interessante Deutungsansätze, die ich hier aber nicht verfolgen will.

Die fünfte Ebene ist wieder eine Einheit. Ein Haupt aus gediegenem[3] Gold. Der höchste, edelste und wertvollste Aspekt des gesamten Menschen. Und das Haupt soll ja auch das Haupt sein[4]. Die Identifikation mit der Alltagspersönlichkeit ist sicher der falsche Ansatz.

Die naheliegende Aufgabe war damals für mich vor allem die Arbeit an der Ebene eins. Alle anderen Ebenen sind ja aus recht stabilen Substanzen errichtet und zudem nicht leichthin erreichbar. Nur die Füße schwächeln durch den Materialmix. Ich begriff als meine vorrangige Aufgabe, in den Trennungswelten eine solide Grundlage zu schaffen. Das reicht von existenzsichernden Maßnahmen bis zur gedanklichen und emotionalen Ausrichtung – wobei untersucht werden musste, worauf denn auszurichten sei. Gleichzeitig galt es für mich, die Fixierung auf die Alltagspersönlichkeit zu überwinden. Als sinnvolle Herangehensweise galt mir einerseits, das höhere Selbst nach und nach in der Alltagspersönlichkeit zu verwirklichen und negative instabile Tonelementale durch wünschenswerte stabile Eisenelementale zu ersetzen. Ich wollte auch versuchen, die Alltagspersönlichkeit dahingehend zu untersuchen, ob sie sich nicht mit dem goldenen Haupt, der silbernen Brust, dem bronzenen Bauch oder auch nur dem höheren Selbst identifizierte. Denn diese Ebenen simuliert die Alltagspersönlichkeit ja nur zu gerne, ohne die geringste Ahnung zu haben, was sie wirklich sind.

Später, als es mir[5] zunehmend leichter gelang, die Perspektive des höheren Selbstes einzunehmen, erfreute ich mich daran und genoss den Gewinn an Lebensqualität. Dabei war ich aber wohl irgendwann zu sorglos und lief zudem Gefahr, mich festzufahren. Mein Chef sagte jedenfalls eines Tages zu mir: „Du schwebst über der Alltagspersönlichkeit und genießt es, nach unten zu blicken, nicht wahr?"

---

[3] Also aus natürlich rein vorkommendem Gold.

[4] Klar, über den Satz muss man schon etwas nachdenken...

[5] Dies ist eine Selbstauskunft. Akzeptiere dies im Argumentationszusammenhang, aber nicht als zwingende Wahrheit.

Ich grinste und nickte. Der Chef lächelte und sagte: „Dann dreh dich doch mal um!"

Und ich bemerkte auf einmal, dass ich wie ein Satellit über der Erde geschwebt hatte. Gebannt von der Aussicht, aber nicht wirklich weit entfernt. Und in meinem Rücken lauerte eine Tiefe von Milliarden Lichtjahren. Natürlich ist dieser Eindruck irrational und unspirituell. Die Tiefe ist eine Höhe und zudem lauert sie nicht... Für mich ist mein Ersteindruck durch Fehler in Vorinkarnationen erklärbar. Fehler, wie sie zweifellos auch Nebukadnezar machte und die durchaus eine spirituelle Komponente haben konnten. Ich hatte in diesen Vorleben durch intensives Nach-Oben-Schauen gänzlich die Basis aus den Augen verloren. Egal, dieser Eindruck des Schreckens klingt für mich jetzt in den Worten des Gleichnisses an: „Dieses große und außerordentlich glänzende Bild stand vor dir und war furchtbar anzusehen."

Aber wofür steht der „ungeworfene Stein" in dem Gleichnis? Er steht für Wirkungen negativen Karmas. Mit dem Erwerb negativen Karmas ist nicht zu spaßen. Durch die permanent wirkende Gnade haben wir manchmal den Eindruck, unser Tun habe keine negativen Konsequenzen. Es dauert manchmal schlicht zu lange, um Zusammenhänge zu erkennen. Besonders, wenn der Karma-Erwerb schon Lebzeiten zurückliegt.[6]

Nehmen wir ein einfaches Beispiel. Jemand raucht täglich eine Schachtel Zigaretten. Nach dreißig Jahren bekommt er Lungenkrebs, der ihn umbringt. Der Lungenkrebs ist einerseits der scheinbar ungeworfene Stein. In Wirklichkeit ist er nur nicht von jemand anderem geworfen worden, sondern von einem selber. Dieser Stein zertrümmert die Basis in den Welten der Trennung und bringt den Betroffenen[7] zu Fall. Andererseits füllt dieser Lungenkrebs (Stein) für den Erkrankten zunehmend die ganze Welt aus. Zuletzt verliert alles andere seine Bedeutung und nur der Krebs bleibt als Letztes von der Welt übrig. Negative karmische

---

[6] Das scheint kontraproduktiv, aber wohin wür-de es führen, wenn wir geboren würden, halbwegs erwachsen würden, einmal durch den Garten gingen, dabei einen Käfer zerträten und dann – Leben für Leben – tot umfallen würden?

[7] Mal wieder ein sehr „treffendes" Wort.

Wirkungen können aber selbstverständlich auch psychischer oder noetischer Natur sein.

Ja, und diese Geschichte hätte Daniel dem König Nebukadnezar offensichtlich nicht erzählen können. Nebukadnezar war in äußeren Formen und Rollen gefangen und identifizierte sich wahrscheinlich auch stark mit ihnen. Außerdem hielt er sich wohl auch in sich selbst eher für ein goldenes Haupt als für aus Ton und Eisen zusammengesetzte Füße. Und selbst wenn all dies nicht der Fall gewesen wäre, hätte er Kriterien gehabt, um tatsächlich die aktive Modifikation der Alltagspersönlichkeit anzugehen? Daniel hätte ihm letztlich nur mit der Karmakeule und mit dem moralischen Zeigefinger drohen können. Das wäre Nebukadnezar sicher sauer aufgestoßen. Mit den absehbaren Folgen.

Und warum hat Daniel dann nicht wenigstens die „wahrere" Deutung von Nebukadnezars Traum überliefert? Hat er doch! Nur eben nicht ausdrücklich, denn die Überlieferung wäre am erstbesten Überlieferer gescheitert, dem selber eine spirituelle Deutung des Traumes nicht gepasst hätte. So hat Daniel, dieser Fuchs, die entschärfte Version überliefert, die auch Nebukadnezar zufriedenstellte und damit eine über 2500jährige Weitergabe seiner Geschichte gesichert. Für den mit dem nötigen Hintergrundwissen sind wahrere Deutungen des Traumes deutlich erkennbar. Manche müssen sich allerdings dieses Erkennen, von Chefs getrieben, angestrengt erarbeiten.

Das große Standbild 2.0

Alles hat eine Zen-Variante.
(Das Buch der drei Ringe)

Du, o König, schautest, und siehe, ein erhabenes Standbild.
Dieses große und außerordentlich glänzende Bild stand vor dir und war
furchtbar anzusehen. Das Haupt dieses Bildes war von gediegenem Gold,
seine Brust und seine Arme von Silber, sein Bauch und seine Lenden
von Erz, seine Schenkel von Eisen, seine Füße teils von Eisen und teils
von Ton. Du sahest zu, bis ein Stein losgerissen ward ohne Handan-
legung und das Bild an seine Füße traf, die von Eisen und Ton waren,
und sie zermalmte. Da wurden miteinander zermalmt Eisen, Ton, Erz,
Silber und Gold und wurden wie Spreu auf den Sommertennen, und der
Wind verwehte sie, daß keine Spur mehr von ihnen zu finden war.
Der Stein aber, der das Bild zertrümmert hatte, ward zu einem großen
Berge und erfüllte die ganze Erde. *(Daniel 2.31-35)*

Wie zu erwarten ist die Deutung des „Großen Standbildes" in
der Zen-Variante kurz und karg.

Das Standbild wird mit dem Ego in seiner ganzen Ausdehnung
identifiziert. Es ist groß, glänzend (blendend), steht vor dir – also
im Weg – und ist furchtbar anzusehen. Viel mehr Negatives lässt
sich kaum noch sagen. Ein „stinkendes" Standbild wäre schließlich schon etwas sehr surrealistisch.

Bezüglich der Zusammensetzung murrt der Kuttenbrunser nur
etwas von weltlichen Werten, Edelmetallen und kriegerischen
Metallen. Lediglich in der untersten Ebene ist das Eisen mit Ton
vermischt. Der Stand, die Verknüpfung des Menschen mit der
Welt ist schwach und sensibel. Hier klingt einerseits die Zerbrechlichkeit des Menschen an, denn er ist ja eigentlich immer

von Tod und Vergänglichkeit bedroht, und andererseits erkennt der Zen-Inspirierte gerade darin seine Mission. Er will freilich nicht den Tod des Menschen, sondern den spirituellen Tod, das Verlöschen (der Dominanz) des Egos. Daher schwächt er bildlich gesprochen den Stand in der Welt. Er reduziert nicht den Ton-Anteil der Füße, sondern im Gegenteil den Eisen-Anteil. Vielleicht sitzt er deswegen so gerne auf seinem Bronzehintern und verschränkt die eisernen Schenkel.

Die Schwächung der Verbindung von Alltagspersönlichkeit und Welt ist die tägliche Praxis des Zen. Gewartet (oder besser: nicht gewartet) wird aber auf etwas anderes. Nämlich auf das Losgerissen-Werden eines Steines ohne Handanlegung. Etwas also, das sich dem Zugriff der Alltagspersönlichkeit entzieht. Der ungeworfene Stein ist das große Satori. Er zerschlägt endlich die Bindung an die Welt und bringt das ganze Konstrukt zum Einsturz. Es wird gänzlich zermalmt und verweht. Der ungeworfene Stein aber tritt als „Erleuchtungskörper" an die Stelle des Standbildes und erfüllt die ganze Welt.

Menschenopfer
Bruder Josef

*Es gibt (vergängliche) Kräfte, die dem Menschen (vergängliche)
Nahrung geben, da sie nicht wollen, dass er (gerettet wird). Nur so
können sie erreichen, dass sie (dauernd bestehen). Wenn nämlich der
Mensch diese (Nahrung) isst, entstehen Opfer (für diese Kräfte).
(Und die Menschen aßen) und brachten diesen Kräften Tiere zum Opfer
dar: die eigenen tierischen (Eigenschaften). (Tiere) sind auch die,
denen sie (die Opfer) darbrachten. Zunächst opferten sie ihnen, während
sie noch lebten (ihrem wahren Wesen nach). Indem sie aber opferten,
starben sie (ihrem wahren Wesen nach). Doch als der Mensch Gott tot
dargebracht wurde, wurde er wieder zum Leben erweckt.*
(NHC II,3 – Spruch 14, i.d.F. des Forum Rosicrucianum)

Der Autor des gnostischen Philippusevangeliums schafft es an mehreren Stellen immer wieder, unsere Mission „Mensch", die wir in den Welten der Trennung zu erfüllen haben, in nur wenigen Sätzen aus jeweils unterschiedlichen Gesichtspunkten darzustellen. Im Spruch 14 nähert er sich dieser großen Wahrheit in Form eines Bildes an, das den Menschen als Gefangenen von Kräften darstellt, denen er Opfer darbringt und im Gegenzug von ihnen Nahrung erhält. Der Autor spannt anschließend über dieses Bild einen weiten zeitlichen Bogen, in dem er erklärt, wie die Menschheit in diese missliche Lage gekommen ist und wie Befreiung möglich ist.

Das Rätsel um die mysteriösen Kräfte, die die Menschen in ihrem Bann halten, kann in ihrer Charakterisierung als „Tiere", die in ihrem Wesen gleich sind den „tierischen Eigenschaften" der Menschen, nachvollziehbar gelöst werden: Es handelt sich dabei um Elementale bzw. Gruppenelementale auf der animalischen Ebene, denen die Menschen um Lust und Genuss zu erfahren Ausdruck verleihen und dafür „Opfer" darbringen müssen.

In der christlichen Tradition findet man einige dieser „Tiere" namentlich in den sieben Todsünden angeführt, wie zum Beispiel Wollust, Völlerei oder Habgier. Im Begriff der Todsünde kommt sehr treffend auch das „Sterben" zum Ausdruck, auf das sich der Autor im zweiten Teil des Spruches bezieht. Wenn wir diesen Elementalen wiederholt Ausdruck verleihen, identifizieren wir uns dadurch immer stärker mit unserem Ego-Selbst, unser höheres Selbst tritt immer mehr in den Hintergrund und „stirbt" letztendlich. So versinken wir sukzessive im schlammigen materiellen Sumpf, irren dann geistig tot viele Lebzeiten durch die Welten der Trennung und wissen nicht einmal, dass wir uns verirrt haben. Der Begriff der „Toten", den Jesus immer wieder verwendet, bringt diesen unrühmlichen Zustand, der die meisten Menschen betrifft, treffend zum Ausdruck.

Worin besteht nun eigentlich das Opfer, das wir den Elementalen darbringen? In der Abgabe unserer Lebenskraft, unserer ätherischen Vitalität, die für das Weiterbestehen und Wachsen der Elementale lebensnotwendig ist! Würden alle Menschen ihnen nicht mehr physisch nachkommen und sich mit ihnen auch gedanklich-emotionell nicht mehr beschäftigen, müssten sie verkümmern und bedeutungslos werden. Ihr ureigenstes Interesse besteht also darin, uns bei Laune zu halten und uns zu vergnügen und im Gegenzug dafür unsere Lebenskraft anzuzapfen. Wer hat sie eigentlich geschaffen? Ich denke, sie stammen von den allerersten inkarnierten Erzengeln, die in den Welten der Trennung das Ausbildungsprogramm „Mensch" begonnen haben und ihr höheres Selbst durch das zügellose Nachgeben ihrer Wünsche und Sehnsüchte nach und nach zugunsten des Ego-Selbst in den Hintergrund gedrängt haben. Im Spruch heißt es dazu: "Zunächst opferten sie ihnen, während sie noch lebten. Indem sie aber opferten, starben sie".

Diese Zusammenhänge kommen auch in der Betrachtung der karmischen Drift zum Ausdruck, wo wir unsere Reise von Gott aus beginnen, uns zunehmend in der Materie verlieren, uns von Gott also immer weiter entfernen, um dann letztlich auf Grund des starken karmischen Druckes mit zunehmender Erkenntnis und Einsicht wieder zurückzukehren. Wir werden also, wie der Autor schreibt, in unserem Tode „Gott dargebracht" und so von ihm wieder zum Leben erweckt. Diese Auferstehung ist - wie im Wort „dargebracht" mitschwingt – einerseits der Gnade Gottes unterworfen, andererseits auch der spirituellen Reife, die wir uns über die vielen Lebzeiten meist unter Tränen und Schmerzen erworben haben.

Ist es denn eigentlich notwendig, dass wir uns so weit von Gott entfernen müssen, um zu verstehen, dass – bei aller persönlichen Freiheit – letztendlich die Erfüllung seines Willens und die Einhaltung seiner Gesetze der einzig gangbare Weg ist? Wie tief müssen wir in der „Sünde" versinken, um ausreichend Erfahrungen gesammelt zu haben, um unser Ziel, ein echter Mensch zu werden, erreichen zu können? Müssen wir auch zum Massenmörder, fanatisierten Terroristen oder Pädophilen werden, gehört das auch zu unserem Ausbildungsprogramm? Und wie wirkt sich die spirituelle Sichtweise auf unsere Beurteilung solcher Täter und ihrer Opfer aus? Ich glaube, wir müssen nicht alle möglichen Abscheulichkeiten, die wir als Mensch begehen können, auch aktiv durchleben und anschließend erkenntnisfördernd unter den karmischen Konsequenzen leiden. Viele Lektionen werden wir auch durch aktives Erkennen und Verstehen abhaken können, besonders dann, wenn zum Beispiel uns nahestehende Personen davon betroffen sind und wir die Auswirkungen hautnah miterleben müssen. Gewisse Grundlektionen werden sich andererseits auch nicht vermeiden lassen, die jedoch bei jedem Menschen individuell anders geartet sein werden. Wichtig scheint mir auch zu sein, besonders den Opfern mit Mitgefühl zu begegnen. Eine kalte, mechanische Sichtweise des Karmagesetzes, welche die Opfer lediglich als Betroffene der eigenen, vorausgegangenen Taten betrachtet, verleugnet das, was uns eigentlich ausmacht und was wir sein sollten: liebevolle, mitfühlende Wesen, die sich in ihrem Nächsten wiedererkennen und ihre Mitmenschlichkeit zum Ausdruck bringen.

Baum der Erkenntnis

*Und Gott der Herr gebot dem Menschen und sprach: Von jedem Baum
des Gartens darfst du nach Belieben essen; aber von dem Baum der
Erkenntnis des Guten und des Bösen sollst du nicht essen;
denn an dem Tag, da du davon isst, musst du gewisslich sterben!*

(1.Mose 2,16-17 Schlachter 2000)

Unmissverständlich, deutlich, wir wissen alle, was gemeint ist.
Was passiert aber im weiteren Verlauf der Geschichte? Erst isst
Eva von dem Baum und danach auch Adam. Kein Wort mehr
von „am selben Tage sterben". Die beiden fliegen aus dem Paradies. Er arbeitet im Schweiße seines Angesichts, sie gebiert unter
Schmerzen, beide ziehen Kain und Abel groß und sterben dann
am Ende ihrer Tage.

Eine plumpe Lüge Gottes? Ein psychologischer Trick des
Herrn, durch ein Verbot seine beiden Untermieter auch garan-
tiert dazu zu bringen, von dem Baum der Erkenntnis zu kosten?
Oder eine etwas eigenwillige Darstellung einer einfachen, aber
tiefer liegenden Wahrheit?

Bis zum Essen des Apfels lebten Adam und Eva eine tierhafte
Existenz im „Paradies". Die Dinge waren ihnen je nach Neigung
angenehm oder unangenehm und sie verhielten sich dementsprechend suchend oder vermeidend. Gut oder Böse in einem absolu-
teren Sinne über die persönlichen Bedürfnisse hinaus nahmen sie
nicht wahr. Sie waren auch wie die Tiere zwar nicht unsterblich,
aber sich ihrer Sterblichkeit gänzlich unbewusst. Hierin lag ihre
„Unsterblichkeit". Ein paradiesischer Zustand, solange das Mei-
den unangenehmer Dinge funktionierte. Ein gänzlich sorgloses
Leben in den Tag hinein!

Wir müssen hier überlegen, was Erkenntnis heißt. Die Schlange preist Eva die Effekte des Apfelessens an und sagt: „An dem Tag, da ihr davon esst, werden euch die Augen geöffnet, und ihr werdet sein wie Gott und werdet erkennen, was gut und böse ist![1]"

Die Erkenntnisfähigkeit unterscheidet im Idealfall den Menschen vom Tier. Eigentlich bedeutet Mensch-Sein aber, dass wir uns schrittweise von der Tierexistenz zum Wie-Gott-sein entwickeln. Kein Quantensprung, sondern eine nach und nach sich vollziehende Modifikation auf ein Ziel hin. Das Essen des Apfels ist demnach nicht die Lösung des Problems, sondern symbolisch die Grundvoraussetzung dafür, dass wir uns auf den Weg machen können. Wie sehr sind wir denn auf diesem Weg? Wie bewusst sind wir? Wie sehr erkennen wir? Den Tod beispielsweise verdrängen wir doch auch heute noch die meiste Zeit völlig.

Eine alte gnostische Interpretation des „Paradiesgeschehens" deutet die ganze Geschichte um. Der Gott, der die Menschen im Paradies erschafft und hält, ist in dieser Deutung der Demiurg – ein untergeordnetes Schöpferwesen, das eine mit vielfältigen Mängeln behaftete materielle Welt geschaffen hat und die mit dem göttlichen Funken gesegneten Menschen darin gefangen halten will. Die Schlange hingegen ist ein Bote des wahrhaft höchsten Gottes von jenseits der Welten der Trennung. Sie weist dem Menschen die Möglichkeit, durch die vom Demiurgen verbotene Erkenntnis (Gnosis) den Weg aus den materiellen Beschränkungen zu finden.

Wir sagen hier vielleicht, oh Gott, das ist ja schlimmster Dualismus. Doch ist es nicht genau solch ein Dualismus, wenn wir von Gott und Teufel ausgehen? Ist der Teufel keine Gegenmacht, die sich ohne Wissen eines allwissenden Gottes im Paradies einschleichen konnte? Oder hat Gott es gewusst und zugelassen? Viel Raum für eigenes Nachdenken.

---

[1] 1.Mose 3,5 (Schlachter 2000)

Jedenfalls ist für Adam und Eva die mit dem Essen des Apfels eintretende Vertreibung aus dem Paradies keine objektive Verschlechterung der Situation, wenn wir „Paradies" als einen inneren Zustand lesen. Doch sie wird von den Menschen zunächst (und in Vielem bis heute) als subjektive Verschlechterung angesehen. Am Anfang unseres Weges aus der Gefangenschaft in den materiellen Welten und tierhaften Zuständen sehnen wir uns noch oft zurück nach Unbewusstheit und animalischem „Einklang" mit den Trennungswelten – und am Anfang befinden wir uns wohl immer noch. Die unangenehmen Seiten möchten wir gerne wieder ausblenden, aber das geht einfach nicht mehr. Einen Abstieg gibt es nicht. Unsere einzige Hoffnung auf Erlösung liegt im Aufstieg. Mit dem Verlassen des Paradieses haben wir, so erstaunlich das klingen mag, einen wichtigen Schritt in Richtung Erlösung getan.

Der erste Wellness-Esoteriker

*Die Zerstreuten nun gingen umher und verkündigten das Wort.
Philippus aber ging hinab in eine Stadt Samarias und predigte
ihnen den Christus. Die Volksmengen achteten einmütig auf das,
was von Philippus geredet wurde, indem sie zuhörten und die Zeichen
sahen, die er tat. Denn von vielen, die unreine Geister hatten, fuhren
sie aus, mit lauter Stimme schreiend; und viele Gelähmte und Lahme
wurden geheilt. Und es war große Freude in jener Stadt. Ein Mann aber,
mit Namen Simon, befand sich vorher in der Stadt, der trieb Zauberei
und brachte das Volk von Samaria außer sich, indem er von sich selbst
sagte, dass er etwas Großes sei; dem hingen alle, vom Kleinen bis zum
Großen, an und sagten: Dieser ist die Kraft Gottes, die man die große
nennt. Sie hingen ihm an, weil er sie lange Zeit mit den Zaubereien
außer sich gebracht hatte. Als sie aber dem Philippus glaubten, der das
Evangelium vom Reich Gottes und dem Namen Jesu Christi
verkündigte, ließen sie sich taufen, sowohl Männer als auch Frauen.
Auch Simon selbst glaubte, und als er getauft war, hielt er sich zu
Philippus; und als er die Zeichen und großen Wunder sah, die
geschahen, geriet er außer sich. Als die Apostel in Jerusalem gehört
hatten, dass Samaria das Wort Gottes angenommen habe, sandten sie
Petrus und Johannes zu ihnen. Als diese hinabgekommen waren, beteten
sie für sie, damit sie den Heiligen Geist empfangen möchten; denn er war
noch auf keinen von ihnen gefallen, sondern sie waren allein getauft auf
den Namen des Herrn Jesus. Dann legten sie ihnen die Hände auf,
und sie empfingen den Heiligen Geist! - Als aber Simon sah, dass durch
das Auflegen der Hände der Apostel der Geist gegeben wurde, brachte er
ihnen Geld und sagte: Gebt auch mir diese Macht, dass der, dem ich die
Hände auflege, den Heiligen Geist empfängt! Petrus aber sprach zu ihm:
Dein Geld fahre mit dir ins Verderben, weil du gemeint hast, dass die
Gabe Gottes durch Geld zu erlangen sei!*

Du hast weder Teil noch Recht an dieser Sache, denn dein Herz ist nicht aufrichtig vor Gott. Tu nun Buße über diese deine Bosheit und bitte den Herrn, ob dir etwa der Anschlag deines Herzens vergeben werde! Denn ich sehe, dass du voll bitterer Galle und in Banden der Ungerechtigkeit bist. Simon aber antwortete und sprach: Bittet ihr für mich den Herrn, damit nichts über mich komme von dem, was ihr gesagt habt! Nachdem sie nun das Wort des Herrn bezeugt und geredet hatten, kehrten sie nach Jerusalem zurück und verkündigten das Evangelium vielen Dörfern der Samariter.

(rev. Elberfelder, Apostelgeschichte 8,4-25)

Simon Magus ist, wie man sieht, eine zweifelhafte Figur. Er hat offensichtlich seine Stärken gehabt, konnte Leute für sich einnehmen, konnte überzeugen, hatte vielleicht echte Kräfte und scheint am Ende sogar noch den Schneid gehabt zu haben, in puncto Reue die Qualifizierteren für sich bitten zu lassen...

Aspekte, die ihn als frühesten überlieferten Wellness-Esoteriker auszeichnen, sind aber auch deutlich zu erkennen. Mit einer großen Show brachte er das Volk außer sich, bezeichnete sich selbst als etwas Großes und nahm sich wohl auch so wahr. Obwohl er doch scheinbar oder angeblich erfolgreich in einem System arbeitete, schwenkte er bereitwillig um, wurde glaubend und ließ sich taufen. Und bei Betrachtung der Zeichen und Wunder geriet er nun selber außer sich.

Als dann noch Petrus und Johannes erschienen und die Menschen durch Handauflegen den Heiligen Geist empfangen ließen, wollte Simon dies auch gerne bewirken, aber statt durch Mühen und Entwicklung diese Fähigkeit zu erarbeiten, wollte er sie einfach kaufen. Ein doppeltes Missverständnis: einmal bezüglich des Charakters der Fähigkeit und andererseits bezüglich seiner selbst. Entsprechend die Reaktion von Petrus, dessen Worte einer eigenen, detaillierten Betrachtung würdig sind.

Übungen und Übungsanleitungen

Vom Beten
Bruder Josef

„Aber es kommt die Zeit und ist schon jetzt, dass die wahrhaftigen
Anbeter werden den Vater anbeten im Geist und in der Wahrheit;
denn der Vater will haben, die ihn also anbeten. Gott ist Geist, und die
ihn anbeten, die müssen ihn im Geist und in der Wahrheit anbeten."
Lutherbibel 1912, Johannes 4.23-24

Viele Wahrheitsforscher halten sich an die Empfehlung, vor
dem Beginn ihrer spirituellen Übungen ein Gebet zu sprechen,
um damit einerseits die Atmosphäre zu reinigen und sich andererseits auf Gott auszurichten. Beides bezieht sich eigentlich auf
Elementale, ersteres auf zum Beispiel unliebsame Dinge des Alltags, die uns von der beabsichtigten Übung ablenken könnten,
letzteres auf das Elemental, unter dem wir uns „unseren" Gott
mit seinen uns bekannten Eigenschaften vorstellen. Das kann, je
nach kulturellem Kontext, erheblich variieren. Der Gott in der
Vorstellung der Katholiken entspricht eben nicht dem der Mos-
lems oder dem der Juden. Und er ist doch wieder gleich in der
Hinsicht, dass all diese unterschiedlichen Vorstellungen auf die
absolute Wahrheit dahinter hindeuten.

Wir sind in dem Dilemma, mit unserem beschränkten menschlichen Verstand Gott nicht erfassen zu können und bestenfalls
einzelne Gottesmerkmale als für uns stimmig herauszufinden. Ist
damit ein Gebet sinnlos, da es sich ja im Normalfall, wie wir erkannt haben, an ein Elemental wendet? Nicht unbedingt, denn
wir können davon ausgehen, dass unsere Gebete aus Gnade auch
ihren Weg zur Quelle finden und damit nicht unbeantwortet bleiben. Wichtig ist, dass wir uns beim Beten immer bewusst sind,
dass unsere Vorstellungen von Gott unvollständig und mangel-

haft sind und wir diese in ständiger Bewegung halten müssen, sodass wir nicht wie viele Religionen in den Fehler verfallen, dieses Konzept von Gott erstarren zu lassen und es noch dazu anderen als Wahrheit verkaufen zu wollen. Wie alle anderen Dinge auch, die unserer direkten Erfahrung noch nicht zugänglich sind, müssen wir unsere Gottesvorstellungen als Arbeitshypothese auffassen, die ständigem Wandel unterworfen ist. Wenn wir uns dessen beim Gebet bewusst sind, wird es auch seinen Weg finden.

In der Bibel können wir unter Johannes 4.23-24 erfahren, wie wir uns auf die richtige Weise an Gott wenden können, nämlich indem wir ihn „im Geist und in der Wahrheit" anbeten. Weiter erfahren wir, dass Gott selbst Geist ist, also müssen wir ihn folglich so anbeten, wie es seinem eigenen, wahren Wesen entspricht. Nur dann werden wir „wahrhafte Anbeter" sein, so wie es Gott von uns haben will. Wie kann man das auffassen? Nun, wenn wir uns Gott als Alltagspersönlichkeit zuwenden, die noch dazu tief in der Verwechslung mit ihrem höheren Selbst steckt, werden wir diesem hohen Anspruch sicherlich nicht gerecht werden. Die Alltagspersönlichkeit ist oftmals geprägt von ihren egoistischen, linearen Geben-Nehmen-Strukturen, wie etwa: "Ich bete jeden Tag fünf Ave-Maria und drei Vater Unser und Du gibst mir dafür … Oder: Wenn Du diesen Schicksalsschlag zum Guten wendest, dann werde ich dies oder jenes tun." Unsere Alltagspersönlichkeit tut sich auch schwer mit der Forderung, Gott „in der Wahrheit" anzubeten, da sie Wahrheiten aufgrund deren komplexer Strukturen meist nur in verschiedenen Teilaspekten und nicht als Ganzes zu erkennen vermag. Und Gott selbst, die höchste Wahrheit, entzieht sich dadurch vollständig ihrer Erkenntnisfähigkeit. Daher scheint dies nicht die von Gott bevorzugte Art des Gebets zu sein, die im Bibelzitat gemeint ist.

Die Hinwendung zu Gott kann dem hohen Anspruch nur auf der Ebene unseres höheren Selbst gerecht werden, also in jenem

Bereich unseres Seins, in dem wir mit Gott qualitativ übereinstimmen. Gott ist Geist, wir als Erzengelwesen sind auch Geist und somit sind wir auf dieser Ebene unseres Seins immer mit Gott verbunden. Wir müssen uns auch als Alltagspersönlichkeit dieser Verbindung wieder bewusst werden, also eine „religio" (Rückverbindung) im wahrsten Sinne des Wortes anstreben. Nur so können wir wahrhaftige Gebete sprechen.

Brauchen wir dazu dann noch Worte? Als Alltagspersönlichkeit werden wir uns beim Gebet immer der Form bedienen, sei es körperlicher Ausdruck, Worte, Gefühle oder Gedanken. Auf der Ebene unseres höheren Selbstes werden diese Formen überflüssig, wir sind eins mit Gott, sind direkt mit ihm verbunden in Stille und Liebe. Dann SIND wir die wahrhaftigen Anbeter, so wie Gott uns haben will.

Meditation – horizontal und vertikal

Ich lebe mein Leben in wachsenden Ringen,
die sich über die Dinge ziehn.
Ich werde den letzten wohl nicht vollbringen,
aber versuchen will ich ihn.
Ich kreise um Gott, um den uralten Turm,
und ich kreise jahrtausendelang;
und ich weiß noch nicht: bin ich ein Falke,
ein Sturm oder ein großer Gesang.
(Rilke - Stundenbuch - vom mönchischen Leben)

Es gibt verschiedene Meditationstechniken – soviel ist jedem bekannt. Weniger deutlich ist vermutlich vielen, dass es zwei verschiedene hierarchische Ordnungskriterien gibt. Es gibt eine horizontale Ordnung und eine vertikale Ordnung. Zudem gibt es Wechselwirkungen zwischen den verschiedenen Ansätzen, die wir sozusagen als „diagonale" Ordnungskriterien begreifen können.

Wir ersehen daraus, dass das Thema „Meditationstechniken" ein klassisches nichtlineares Feld[1] darstellt. Dabei hätte es die Alltagspersönlichkeit doch so gerne, dass es eine einfache senkrechte (vertikale) Hierarchie der verschiedenen Meditationsansätze gibt,

[1] siehe Betrachtung „Nichtlineare Felder"

damit sie sich „die Beste" heraussuchen kann. Dieses Bedürfnis wird natürlich auch von den meisten Meditationsanbietern erfüllt, indem sie einfach die von ihnen propagierte Meditationsart als die Beste darstellen.

Leider müssen wir aber herausstreichen, dass es zwar eine echte Hierarchie der Meditationen gibt, aber dass diese nur waagerecht (horizontal) ist. Diese Hierarchie besagt schlicht, dass beispielsweise Fortschritte in Meditation **A** Fortschritte in Meditation **B** nicht beinhalten. Andererseits Fortschritte in Meditation **B** Fortschritte in Meditation **A** zumindest bis zu einem gewissen Grad voraussetzen. **B** also nicht sinnvoll praktiziert werden kann, wenn **A** nicht ebenfalls teilweise beherrscht wird. Oder umgekehrt gesagt: **B** kann nicht praktiziert werden, ohne dass **A** stillschweigend mitverwirklicht wird. Da Stillschweigen aber immer alles schwieriger macht, weil man erst einmal selber auf etwas kommen muss oder – was wir als völlig abwegig betrachten – man es mitverwirklicht „ohne es zu merken", bemühen wir uns hier, den Sachverhalt zu beleuchten.

Die vertikale Wertigkeit der Meditationen besteht nicht **zwischen** den Meditationsformen, sondern liegt einfach in dem Verwirklichungsgrad des Praktizierenden **innerhalb** der einzelnen Formen begründet. Ohne Verwirklichung, also ohne praktische Umsetzung, sind alle Meditationstechniken schlicht wertlos. Zu einem bestimmten definierten Teil verwirklicht sind verschiedene Techniken zu eben diesem Teil umgesetzt – und insofern im Vergleich gleichrangig. (Du träumst nicht, das steht wirklich hier. Denk mal darüber nach!)

Um die gegenläufige horizontale und vertikale Linearität jetzt endgültig aufzuheben, schauen wir uns noch zwei „diagonale" Kriterien an:

Gleichgut umgesetzt auf einem Niveau von beispielsweise dreißig Prozent hätte eine komplexere Meditationsform etwa gegenüber einer einfachen Form den Vorteil, dass sie die einfache Form graduell beinhaltet. Man darf aber vermuten, dass das Praktizieren einer einfachen Form bei manchen schneller zu größeren Fortschritten führt als komplexere Formen. Wenn alle Formen in ihrer Vollendung zu gleichen „Erleuchtungen" führen, dann wäre Letzteres von Vorteil.

Doch versuchen wir, uns auf eine horizontale Hierarchie zu einigen. Wir verwenden, wie oben schon angedeutet, eine alphabetische Buchstabenfolge, die von links nach rechts fortlaufend die Hierarchie darstellt.

Als **A** betrachten wir Meditationen wie „Ruhiges Verweilen" aus der Vipassana-Praxis, die in ihrer reinsten Form darauf abzielen, Unruhe innerhalb der Alltagspersönlichkeit zur Ruhe kommen zu lassen und gleichzeitig die Unruhe zu bemerken. Zu **A** gehört auch die Zazen-Praxis. Im Daskalos-System kennen wir **A** vor allem in Meditationseinleitungen wie: „Entspannt euch völlig. Sitzt bequem und lasst Alltagsemotionen und – gedanken los." Kommen zu den reinen Formen beim „Ruhigen Verweilen" oder beim Zazen allerdings Hilfen wie das Zählen des Atems, sind wir schon im Übergang zu **B**.

Zu **B** zählen wir Meditationen wie die „Einsichtsmeditation" aus der Vipassana-Praxis. Hier untersuchen wir die Vorgänge im grobstofflichen Körper und in den Emotionen und Gedanken. Ebenso gehören „Die vier zu kultivierenden Geisteshaltungen" der Vipassana-Praxis zu **B**. Wir beobachten dabei nicht, sondern Mitgefühl, liebende Güte usw. werden aktiv geformt. Mantrameditationen und Gebete zählen ebenso zu **B**. Auch Innenschau, Selbstanalyse und Konzentrationen auf bestimmte Körperpartien oder Bewegungen der Aufmerksamkeit innerhalb des Körpers nach dem Daskalos-System müssen zu **B** gerechnet werden. **B** sind also Formen mit einem konkreten Objekt der Betrachtung, der Konzentration.

C sind – kurz gesagt – alle Formen, bei denen Visualisation eine Rolle spielt. Hier liegt das Daskalos-System natürlich sehr in unserem Blickfeld. Praktisch alle Meditationen sind hauptsächlich Visualisationsübungen, bei denen nebenbei noch **B** und im inhaltlich Kleinsten A mit abgedeckt werden. **A** wird von Daskalos praktisch einfach vorausgesetzt. Visualisationsübungen sind auch aus verschiedenen anderen Ansätzen bekannt. Zu nennen ist hier für uns vor allem die „Spinale Psychopraktik", die wir über die Kirchhofen-Leute kennen.

Weitere Formen sind einerseits sogenannte aktive Meditationen. Bekannt ist die Gehmeditation der Zen-Praxis. Aufmerksamkeitsübungen bei jeder Form der Tätigkeit können dazugezählt werden. Bewusstes Abwaschen ebenso wie Qi Gong.

Andererseits gibt es Meditationspraxis, wie wir sie aus der „Wolke des Nichtwissens" kennen. Dabei wird – grob gesagt – versucht, sich in völliger Demut in einen unnennbaren, unbekannten Gott hineinfallen zu lassen.

Bei den aktiven Meditationen ist deutlich, dass wir sie je nach Ansatz als Untergruppe von **A** oder **B** ansehen können. Lediglich die physische Bewegtheit kommt hinzu. Auch die „Nichtwissens-Meditation" ließe sich als Sonderform einer Objekt-Meditation definieren – und damit als **B**.

Und warum diese geistige Verrenkung? Damit wir wissen, dass es im Grunde drei Meditationsarten gibt: **ABC**. Diese beinhalten die jeweils hinter ihnen stehende(n) Form(en). Da wir nicht wissen, wie der individuelle Zugang aussieht – weder bei anderen noch objektiv bei uns selbst – ist die Übung aller drei Formen ratsam. Praxisvorgabe für den Alltag ist also **ABC**.

Fünf Einstiege

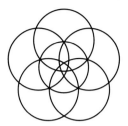

Im sonntäglichen Studienkreis kam die Frage auf, auf welche Weise wir denn an diesem speziellen Sonntag den Meditationseinstieg machen wollten und ich sagte, wir müssten uns für eine der fünf Einstiegsmöglichkeiten entscheiden. Darauf entstand leichtes Erstaunen mit der internen Einsicht, dass keiner fünf Einstiege gedanklich parat hatte und sich somit nicht zwischen allen (oder gibt es gar noch mehr Möglichkeiten?) entscheiden konnte.

Als kleine Gedächtnisstütze hier also eine kurze Aufstellung von fünf Übungen, die ein Zur-Ruhe-Kommen der AP-Aspekte und eine Öffnung zum HS oder zur göttlichen Gegenwart begünstigen. Alle Übungen sind auch für sich vollständige Meditationen, aber darüber hinaus eben auch Einstiege für weiterreichende oder spezifischere Meditationen.

1. Einsichtsmeditation

Durch wahlweises oder gleichzeitiges nicht wertendes Beobachten von Körper(gefühl), Emotion und Gedanken erkennen wir das Werden, Bestehen und Vergehen dieser Zustände und schaffen es so nach und nach, uns quasi „neben" diese Abläufe zu stellen und damit aus den Prozessen der AP herauszutreten und „unser wahres, höheres Selbst zu sein".

2. Ruhiges Verweilen

Der Begriff „Ruhiges Verweilen" stammt aus der buddhistischen Meditationspraxis. Bei dieser Übung sitzen wir aufmerksam, ruhig und entspannt und versuchen, den „Wellengang" in der AP abklingen zu lassen und speziell den „Affengeist" am stetigen Umherhüpfen zu hindern, indem wir ihm den Antrieb entziehen. Unterstützend kann man sich auf den Atem konzentrieren. Hier wird die offene Aufmerksamkeitsübung dann mehr eine Konzentrationsübung. Im Daskalos-System entspricht der erste Aspekt der Übung, die drei Körper zur Ruhe kommen zu lassen und sich auf die göttliche Gegenwart oder das HS einzustimmen. Getrennt aufgeführt hätten wir dann sechs statt fünf Einstiege...

3. Herz-Jesu-Gebet

Wir benutzen ein Wort oder einen Satz, den wir in unserem Geist und unserem Herz bewegen, bis die AP-Aspekte mehr und mehr zur Ruhe kommen. Im zweiten Aspekt der Übung „Ruhiges Verweilen" kann man neben der Atemkonzentration auch die Konzentration auf einen Gegenstand oder ein Wort (Mantra) üben. So gesehen wäre das Herz-Jesu ein Unteraspekt der ersten Übung. Dann hätten wir nur vier statt fünf Einstiege – wäre da nicht die Möglichkeit, neben der mantrischen Wiederholung auch die nachhallende Pause zuzulassen. Dadurch wird zwei zu einem eigenständigen Einstieg.

4. Einstimmen auf die Erzengel

Dieser Einstieg aus dem Wahrheitsforscher-System ist etwas „farbiger" und hat kein offenes Ende wie alle anderen, bewirkt aber auch einerseits eine Ausrichtung der AP und andererseits eine Beruhigung derselben.

5. Ausdehnen der Aufmerksamkeit/des Bewusstseins

Diese Übung verdanken wir den forschenden Bemühungen unseres Diaspora-Bruders Josef, der feststellte, dass man nicht nur vor einer Bewusstseinsausdehnung die Alltagspersönlichkeit zur Ruhe kommen lassen sollte, sondern dass auch umgekehrt die Bewusstseinsausdehnung die Alltagspersönlichkeit zur Ruhe kommen lässt. Wir nennen dies daher jetzt „die Josefmethode" – was nicht nur vom Urheber her passt, sondern auch von der Namensbedeutung her[1].

[1] hebr. Josef = er (Gott) fügt hinzu

Zwei Übungen

Beide Übungen sind eine Mischung aus Visualisierung, Kontemplation und Meditation. Sie wirken ergänzend neben eher analysierenden Verfahren wie Innenschau und Selbstanalyse. Ziel ist es, den Zugang zum Höheren Selbst auszubauen, indem positive Modifikationen (weiter)entwickelt und genutzt werden. Der Ansatz hilft dabei, sich positiv auszurichten und nicht in der Sackgasse der Alltagspersönlichkeit zu landen. Denn manchmal passiert es einem bei der Wegarbeit, dass man angesichts der einem unzählig erscheinenden Widrigkeiten der eigenen Alltagspersönlichkeit verzagt und man sich mit diesen verwechselt. Obwohl man sie eigentlich ursprünglich nach und nach überwinden wollte. Das macht einem klar, dass Wegarbeit nur dann erfolgreich sein kann, wenn parallel Freude mitwächst und mit der richtigen Vision erfolgt.

Das höhere Selbst ist nicht frei von Fehlern, es ist sozusagen der Teil Gottes, der in uns Menschen hineinreicht und dort durch die Alltagspersönlichkeit Verzerrungen erleidet. Ein Buddha / Christus / vollendeter Meister ist von dieser Verzerrung frei (geworden), er ist der reine und reinbleibende Teil des höheren Selbstes, der alle anderen Bereiche des Selbstes und der Persönlichkeit durchdringt.

Spielerische Beharrlichkeit und Freude sind – wie auch bei allen anderen Übungen – hilfreich und notwendig. Spielerisch sein ist ein Aspekt des höheren Selbstes. Beharrlichkeit ist ein Ziel, dass unsere Alltagspersönlichkeit lernen soll. Freude ist gleichfalls ein göttlicher Aspekt.

1. „Buddha"-Maske entwickeln und werden

Diese Übung wirkt nach dem Motto „ich werde ein besserer Mensch, indem ich mich an das in mir vergrabene Gute erinnere". Man entwickelt eine Vision eines Meisters, erst im Außen, dann in sich, um dann in diese Vision hineinzuwachsen und zu werden.

Man stellt sich dabei alle göttlichen/meisterhaften Aspekte, die einem auf dem gegenwärtigen Entwicklungsniveau zugänglich sind, vor und zieht sich dann diese Form wie einen Schuh an, identifiziert sich damit und wird dazu.

Dieser Ansatz geht davon aus, dass wir alle genau auf der Entwicklungsebene sind, wo wir sein müssen. Dass aber unabhängig von dem Entwicklungsstand alles göttlich in uns vorhanden/schon angelegt ist und wir uns quasi damit nur mehr erinnern und identifizieren müssen.

- 1. Schritt:

Wie stelle ich mir einen Erleuchteten/vollendeten Meister vor? Welche Eigenschaften hat er?

- 2. Schritt:

Wie würde ich mir mich als vollendeten Meister vorstellen? Wie wäre ich dann in bestimmten Situationen?

Der dritte Schritt, der dann nicht in der Meditationsübung, sondern im alltäglichen Leben vollzogen wird, ist der Versuch der Umsetzung. Der Versuch der Verhaltensmodifikation. Aus anderem Verhalten werden dann andere Gewohnheiten, aus Gewohnheiten Charakterzüge und aus Charakterzügen Sein und nebenbei Karma.

2. Loslassen

Hier geht es darum, sich an das Nicht-Wesenhafte der Alltagspersönlichkeit zu erinnern, denn alles, was in ihr passiert, ist
substanzlos und temporär. Die AP ist auf eine bestimmte Weise
gesehen eine sich selbst tragende Trübung des klaren Raums des
Bewusstseins.

Zuerst ist es wichtig, sich dieser Tatsache zu erinnern. Dann
begeben wir uns in dieses intellektuelle Wissen hinein – wir lassen die Vision in uns so sein.

Man übt zuerst im Hier und Jetzt, d.h. man sitzt und erin-
nert sich bei allen auftauchenden Gedanken, Gefühlen, Körper-
wahrnehmungen etc. ihrer Substanzlosigkeit. Substanzlos sind sie
deshalb, weil sie häufig und andauernd wechselnd sind, kommen
und gehen. Man macht sich mit dieser Übung klar, dass man sich
als Alltagspersönlichkeit mit diesen ständig wechselnden Phäno-
menen verwechselt und vergisst, dass der viel größere Teil in uns
der klare Raum des Bewusstseins ist. Da wir uns die meiste Zeit
mit der Alltagspersönlichkeit identifizieren, erkennen wir das
gewöhnlich nicht. Wir sind dann diese Trübung, die in Wirklichkeit lächerlich klein und unbedeutend ist. Allerdings ist die
Trübung auch sinnvoll, denn durch sie lernen wir etwas in den
Welten der Trennung. Die „Ursünde" des Menschen ist lediglich,
sich mit der Trübung zu verwechseln.

Im Idealfall gelingt es uns dann, die Trübung des Bewusst-
seinsraumes durch unsere AP zu visualisieren, sie wahrzunehmen
und die Identifikation zunächst in der Übung und dann mehr
und mehr im Alltag loszulassen.

Fingerübung

Wir halten unsere Hände mit den Handflächen nach unten und mit gespreizten Fingern waagerecht in Brusthöhe vor uns. Gedanklich weisen wir den Fingern von links nach rechts die Zahlen eins bis zehn zu. Diese Zuweisung ist am naheliegendsten. Allerdings ist sie nicht endgültig, denn mit zunehmender Beherrschung der Übung kann man sie ändern. Man kann also etwa auch von rechts nach links zählen oder jeweils vom Daumen ausgehend erst links von eins bis fünf und dann rechts von sechs bis zehn nummerieren. Es geht auch noch komplizierter: Es gibt Leute, denen man eine zufällige Zahlenzuweisung vorgeben kann und die dann trotzdem die Übung souverän beherrschen. Ebenso kann man den Fingern auch Buchstaben, Worte oder Farben zuweisen. Oder Länder, Nahrungsmittel und und und... Das aber vorerst nur am Rande.

Zum Warmwerden und zum Verstehen, wie zu verfahren ist, beginnen wir mit der Zahl Eins. Wir drehen die linke Hand, deren kleiner Finger ja die Eins zugewiesen bekommen hat, mit der Handfläche nach oben. Dann legen wir das erste Fingerglied des kleinen Fingers der rechten Hand auf das erste Fingerglied des kleinen Fingers der linken Hand und drücken so weit nach unten, dass beide Finger nach hinten Richtung des jeweiligen Handrückens überdehnt werden – natürlich nur so, dass es nicht weh tut. Während des Drückvorgangs müssen die anderen Finger nicht gestreckt bleiben und die Handflächen müssen nicht exakt waagerecht gehalten werden. Es soll nur grob in diese Richtung gehen. Nach dem Gegeneinanderdrücken der Finger bringt man die Hände wieder in die Ausgangshaltung.

Als nächstes nehmen wir die Zwei. Die linke Hand wird umgedreht und ihr Ringfinger mit dem Ringfinger der rechten Hand gedrückt. Dann machen wir weiter mit der Drei, der Vier und der Fünf. Auf die Sechs hin drehen wir nun die rechte Hand um und drücken mit dem Daumen der linken Hand den rechten Daumen herunter. Weiter geht's bis zur Zehn.

Das Ganze können wir einige Male wiederholen, bis wir das Mechanische verstanden haben. Dann beginnt die eigentliche Übung. Es ist zwar nicht möglich im eigenen Kopf Zufallszahlen zu generieren, aber erst einmal genügt es, wenn wir so tun als ob. Wir denken uns „spontan" eine Zahl zwischen eins und zehn und drücken dann den betreffenden Finger. Grundhaltung. Und nächste Zahl. Dann immer so weiter. Eine echte im Internet über einen Zufallszahlengenerator erstellte Zahlenfolge von einhundert Zahlen zwischen eins und zehn sieht beispielsweise so aus:

10 3 4 8 4 4 3 4 5 4 9 6 9 7 8 9 10 4 2 7 7 6 4 3 4
1 9 8 9 5 6 3 5 8 9 5 5 3 3 6 2 9 2 3 5 7 7 7 1 2 7
1 4 9 5 6 5 6 7 8 1 3 7 6 6 7 6 2 1 10 6 2 8 10 10 3
1 4 3 4 9 7 3 8 7 5 10 3 8 4 5 6 10 9 2 9 7 8 3 9

Man könnte diese Zahlenfolge auch auf ein Diktiergerät sprechen und dann ablaufen lassen, oder man könnte die Übung in einer Gruppe machen, und der Übungsleiter liest eine Zahlenreihe ab. Er könnte sich aber im Grunde auch eine Zahlenfolge ausdenken, da der Überraschungseffekt für die anderen Teilnehmer groß genug wäre. Puristen nehmen aber auch in der Gruppe stetig wechselnde Zufallszahlenreihen.

Jetzt wird jeder verstehen, dass mit komplizierteren Zahlenzuweisungen (oder Buchstaben, Farben etc.) zu den Fingern die Übung selbst komplizierter wird. Der Übung wird bei regelmäßiger Ausführung ein deutlicher Effekt auf die Hirn-Finger-Koordination nachgesagt. Darüber hinaus soll das Hirn erheblich „beweglicher" werden und die taktilen Reize sollen sogar eine positive Wirkung auf den ganzen Körper haben. Zumindest aber kann man ganz erstaunliche Lernerfolge beobachten.

5. Beim guten Lehrer

Ksch, ksch, ksch

Ich hatte mich mit dem Lehrer schon häufiger über die spirituelle Praxis unterhalten, da sie ein wesentlicher Teil der Weg-Arbeit ist und auch der Teil, der sich direkt auf das Tun des einzelnen Suchers bezieht. Daher kannte ich seine Sichtweise bereits. Ihm zufolge bestand unter Eingeweihten zu allen Zeiten und in allen Religionen Klarheit darüber, dass spiritueller Fortschritt nur durch konzentriertes Üben erreicht werden könne. Dieses Üben wurde zwar unterschiedlich benannt und mit unterschiedlichen Schwerpunkten betrieben, aber bei näherer Betrachtung seien es immer Meditationsformen gewesen.

Heute war ich mit dem Bus gefahren, um dem Lehrer weitere Fragen über Meditationstechniken zu stellen. Er wohnt nicht weit von einem Park entfernt und ich machte immer gerne einen kleinen Umweg, um vor meinen Besuchen bei ihm noch eine Weile unter Bäumen zu wandeln. Das gefällt mir besonders in der Zeit, wenn die Bäume grün belaubt sind. Es gibt mir ein friedvolles, sicheres Gefühl. Ich habe einmal die Theorie gelesen, dass diese Gefühle allen Menschen gemeinsam seien und ihre Ursache darin hätten, dass Bäume während langer Perioden der Entwicklung der menschlichen Art Nahrung geboten hätten und Zuflucht gewesen seien. Ich finde das bedenkenswert und ich dachte darüber nach, als ich den Park erreichte.

Gerade forschte ich in meinem Inneren nach, ob ich vielleicht einen Impuls verspüren würde, mich freudig auf der Suche nach Nahrung und Schutz von Ast zu Ast zu schwingen, als ich mir den Lehrer auf einem schattigen Weg entgegenkommen sah. Ich hatte damit gerechnet, dass er zu Hause auf mich warten würde, da wir uns vorher telefonisch verabredet hatten. Als er mein erstauntes Gesicht sah, schaute er geheimnisvoll und winkte mir, dass ich ihm folgen sollte. Wir gingen in einen dicht bewaldeten Teil des Parks hinein und ich folgte dem Lehrer bis zu einer Bank. Dort ließen wir uns nieder.

„Guten Tag, mein Sohn! Ich bin dir entgegengegangen, um mit dir ein kleines Experiment zu machen. Es hat mit Meditation zu tun und gelang mir früher eigentlich recht gut. Ich habe es nun schon lange nicht mehr ausprobiert. Als ich jünger war habe ich mich manchmal mit Nebenwirkungen von Meditationen beschäftigt. Man meditiert normalerweise, um bestimmte Resultate zu erzielen, aber in verschiedenen Kulturen wurden auch Nebenwirkungen einzelner Meditationsformen festgestellt. Wenn man zum Beispiel versucht, einen guten Kontakt zum wahren Selbst herzustellen, indem man eine bestimmte Meditationstechnik anwendet, kann es sein, dass man feststellt, dass sich auch noch andere Fähigkeiten entwickeln. Solche Fähigkeiten sind manchmal spektakulär, manchmal liebenswürdig und manchmal wünschenswert. Es ist immer wichtig zu wissen, dass solche Nebenwirkungen aber nur Nebenwirkungen sind. Konzentriert man sich vor allem auf sie, so führen sie vom eigentlichen Ziel der Meditation weg."

„Du willst mir also solch eine Fähigkeit demonstrieren?" fragte ich den Lehrer. „Was willst du denn tun? Etwa auf dem Wasser wandeln?"

Wir lachten beide und dann fügte der Lehrer immer noch lächelnd hinzu: „Nein, das nun nicht, aber du wirst sicher auch bei dieser Übung erstaunt sein. Es ist wichtig, dass du dich gleich eine Weile lang ruhig verhältst. Vorher aber noch etwas anderes. Hast du schon einmal gesehen, wie Ornithologen vorgehen, um Vögel zu Gesicht zu bekommen, die in Büschen oder Sträuchern verborgen sind?"

Das hatte ich bisher nicht und ich sagte: „Nein, um ehrlich zu sein, weiß ich nicht einmal, ob ich schon einmal Ornithologen gesehen habe."

Der Lehrer grinste. „Sie k-schen!" Und als ich ungläubig und mit der Überzeugung falsch gehört zu haben nachfragte, sagte er noch einmal und immer noch grinsend: „Sie k-schen! Das ist wirklich wahr. Es ist erstaunlich, aber wenn man vor einer Hecke oder einem Gebüsch steht, in dem man verschiedene Singvögel hört, dann sollte man einmal 'ksch, ksch, ksch' machen. Man muss diesen Laut in einer längeren wiederholten Reihe hervorbringen - und was passiert? Die Vögel kommen alle heraus auf die äußeren Äste und Zweige, um zu sehen, was dort draußen vor sich geht. Das funktioniert mit großer Sicherheit. Man glaubt es aber erst, nachdem man es ausprobiert hat. Und genau das wirst du gleich tun.

Übrigens sollte man diese Methode nicht anwenden, wenn einen Leute dabei beobachten - zumindest nicht, wenn man schüchtern veranlagt ist und nicht gern im Mittelpunkt steht. Man kann fast sicher sein, dass man einen etwas ungünstigen Eindruck hinterlässt. Manche Menschen werden sich sogar ernsthafte Sorgen um die geistige Stabilität desjenigen machen, den sie k-schend im Gebüsch stehen sehen." Wieder grinste der Lehrer und ich konnte mir das Lachen nicht mehr verkneifen.

Dann fuhr der Lehrer fort: „Wochentags sind aber nicht viele Leute im Park unterwegs und um uns herum kann ich niemanden sehen. Ich werde auf dieser Bank sitzen bleiben und mich einer Meditationsübung aus dem zen-buddhistischen Kontext unterziehen. Dabei versenke ich mich bis zu einem gewissen Grad, bei dem der erwartete Effekt eintreten kann. Du gehst jetzt bitte zu dem Busch vor uns hinüber und k-schst erst einmal probeweise."

Ich versicherte mich, ob tatsächlich keine Passanten näherkamen und ging zu dem Busch hinüber. Mit einem etwas zweifelndem Blick zu dem Lehrer hinüber stellte ich mich etwa zwei Meter vom Gebüsch entfernt hin und begann.

„Ksch, ksch, ksch, ksch, ksch!" machte ich etwa zehn mal, dann atmete ich wieder ein und begann von vorne. Schon beim zweiten Durchgang konnte ich im Gebüsch verstärkte Bewegung wahrnehmen, und bald kamen die ersten Vögelchen herausgeflattert und setzten sich auf die äußeren Zweige, um mich interessiert zu beäugen. Was ich ihnen ehrlich gesagt nicht verdenken konnte!

Der Lehrer unterbrach mich winkend. „Siehst du? Es funktioniert!" Ich musste ihm erstaunt Recht geben. „Jetzt werde ich mich für ungefähr eine Minute versenken. Dann beginne bitte noch mal mit dem K-schen und fahre etwa eine Minute damit fort. Danach gehe zum Busch und nimm vorsichtig mit jeder Hand ein Vöglein von seinem Zweig." Er setzte sich gerade hin und begann tief durchzuatmen. Dabei blickte er konzentriert vor sich auf den Boden des Parkweges. Etwas weiter entfernt konnte ich Autos fahren hören und um uns herum zwitscherten die Vögel im Unterholz.

Nach einer Weile begann ich wieder, die Vögel hervorzulocken. Während ich 'ksch, ksch, ksch' machte, kamen immer mehr Vögel heraus. Zuletzt waren es etwa zwanzig Stück. Verschiedene Arten - darunter auch zwei Zaunkönige, die man im Sommer nur sehr selten zu Gesicht bekommt, da sie sehr klein und unscheinbar sind und verborgen leben. Sie hörten bald alle auf, sich zu bewegen und auf den Zweigen herum zu hüpfen, und kurz darauf ging ich drei Schritte auf den Busch zu und nahm vorsichtig einen winzigen Zaunkönig und einen anderen Vogel, der eine schöne, rote Brust hatte. Beide waren ganz ruhig und fingen auch in meinen Händen nicht an zu zappeln.

Ich drehte mich zu dem Lehrer um und sah ihn schon wieder wie vor der Meditation auf der Bank sitzen. Die Vögel begannen sich in meinen Händen zu regen. „Komm herüber zu mir," sagte der Lehrer. Als ich ihn erreichte, streckte er die Hand aus und streichelte den beiden Vögelchen in meinen Händen über die Köpfe. „Nun lass sie bitte wieder fliegen, damit sie wieder tun können, was sie normalerweise tun." Ich öffnete die Hände und die Vögel flatterten sofort davon.

„In der zen-buddhistischen Literatur wird von einem Meister gesprochen, der durch die Tiefe seiner Meditation in der Lage gewesen sein soll, Sperlinge zu lähmen," sagte der Lehrer. „Das sollen auch andere Suchende auf dem Weg zum Kensho, zur Erkenntnis ihres wahren Selbstes erreicht haben. Du hast heute gesehen, dass es nicht nur mit Sperlingen funktioniert. Wer weiß? Vielleicht funktioniert es ja sogar mit Hühnern, Hunden oder Kühen. Das habe ich nie ausprobiert."

„Bist du denn sicher," fragte ich ihn, „dass dieser Effekt mit den Vögeln nicht nur daran liegt, dass jemand 'ksch, ksch, ksch' macht?"

„Keine ganz dumme Frage," sagte er, „aber es war zu erwarten, dass du sie stellst. Darum bitte ich dich jetzt, die ganze Prozedur zu wiederholen, ohne dass ich mich versenke. Es sind immer noch keine Leute in der Nähe und es dauert ohnehin nur kurz."

Ich probierte es erneut und wieder kamen die Vögel heraus, aber sobald ich näher zu ihnen heranging, um sie zu ergreifen, flogen sie fort.

„Soviel also zu deiner Frage," sagte der Lehrer und stand auf. „Nun lass uns zu mir gehen, dort können wir uns weiter unterhalten, falls sich während meiner Abwesenheit nicht etwas anderes ergeben hat."

Mahd

Er hat die Worfschaufel in seiner Hand, um seine Tenne durch und durch zu reinigen und den Weizen in seine Scheune zu sammeln; die Spreu aber wird er mit unauslöschlichem Feuer verbrennen[1].

(Lukas 3,17)

Einst weilte Bruder Laterne anlässlich einer Mahd (mehrtägige Übungseinheit) in einer Tenne (Übungshaus) der Gemeinschaft, um mit seiner hoch entwickelten Geschicktheit der Mittel beim Worfeln zu helfen. Die anwesenden Suchenden waren befragt und in Gruppen aufgeteilt worden. Die erste Gruppe war soweit qualifiziert, dass sie bei der Übung des ruhigen Verweilens nicht mehr über ihre Form und Außenwirkung reflektierten, sondern sich ganz dem Bemerken und Loslassen innerer Zustände und Befindlichkeiten widmeten. Diese Gruppe ließ der Meister geschickt in den Händen der guten Menschen.

Die zweite Gruppe arbeitete daran, die persönliche Trennung zu überwinden, indem sie ihre Aufmerksamkeit ununterschieden auf innere und äußere Phänomene richtete, und den Radius ihrer Wahrnehmungen beständig größer hielt, als ihren eigenen. Auch diese Gruppe ließ der Meister in den Händen der guten Menschen. Er beobachtete sie aber von Zeit zu Zeit mit großer Aufmerksamkeit.

Manch einen der zweiten Gruppe ließ er sich dann zuführen und redete mit ihm. Die Sucher berichteten daraufhin, wie es ihnen zeitweise oder für Augenblicke gelang, einen Vorgeschmack davon zu erhaschen, wie es sein würde, die Trennung dauerhaft aufzuheben. Er fragte zum Beispiel interessiert nach, wie dieses Aufheben aussehe, wie es sich anfühle, wie der Suchende es sich vorstelle und worauf die zugrundeliegende Trennung beruhe.

---

[1] Und ja, danke der Nachfrage, das hört sich martialisch an. Ist es aber nicht. Das unauslöschliche Feuer, in dem die Spreu verbrannt wird, ist das läuternde Feuer des karmischen Prozesses. Oder, wenn man sich auf die Vergänglichkeit und den Wandel aller Dinge beziehen will, kann man es wie Delmore Schwartz sehen: „Time is the school in which we learn, Time is the fire in which we burn." (from „Calmly We Walk Through This April's Day" 1937)

Einem der Sucher gab er – während der noch begeistert von den Momenten sprach, in denen er die Trennung zu überwinden vermochte – einen sanften Stoß vor die Brust und fragte: „Gibt es denn eine Trennung?"

Der unterbrochene Sucher schwieg und wirkte verdutzt. Dann erhellte zuerst Verstehen sein Gesicht und gleich darauf ein tiefes Begreifen und Werden. Er begann zu lachen und beugte dankend sein Haupt vor Bruder Laterne. Dann zog er sich langsam und ruhig zurück und schloss sich wieder seiner Gruppe an. Sein Gesicht leuchtete die ganze restliche Zeit zwischen den Gesichtern der anderen.

„Eine gute Ernte," sagte der Meister.

681

Als einmal der Altvater Isaak beim Altvater Poimen saß,
hörte man einen Hahn krähen.
Und er sagte zu ihm: „Ist ein solcher da drinnen?"
Der aber antwortete: „Isaak, was zwingst Du mich zu reden?
Du und deinesgleichen, ihr hört das, einem Wachen liegt nichts daran!"
(Apophthegmata Patrum, 681)

Es war ein schöner Herbsttag gewesen. Orest hatte mit einigen edlen Freunden Gartenarbeiten erledigt und zwischendurch entspannt in der Sonne gesessen. Dabei hin und wieder ein wenig mit dem einen oder anderen geplauscht. Dann hieß es plötzlich, dass der Meister gekommen sei. Einer der Brüder verschwand hinter dem Haus. Als er etwas später zurückkehrte, schickte er mit einem Flüstern Schwester Grit fort. Es dauerte eine Weile, dann kam sie zurück und schickte Orest los, indem sie leise zu ihm sagte: „Er wartet in der Küche auf dich."

Eilig sprang der auf, umrundete das Haus und betrat von der Rückseite her die Küche. Er freute sich, den Meister zu sehen und der freute sich offensichtlich auch. Sie reichten einander die Hand und der Chef wies mit der anderen Hand auf einen der Stühle am Küchentisch. Er selber setzte sich wieder zu seiner Teetasse, ergriff von einem Tablett eine zweite Tasse und schenkte Orest aus einer Thermoskanne ein. Einige Zeit tranken sie Tee. Orest berichtete dies und das, der Meister tat es ihm gleich. Doch die ganze Zeit beobachtete er Orest ungewöhnlich aufmerksam. Schließlich sagte er: „Nun frag schon!"

Der Schüler hatte sich tatsächlich schon seit Tagen mit einer Frage gequält. Nun war er erst überrascht, doch dann nahm er sich zusammen und fragte den Meister: „Bist du eigentlich wirklich, tatsächlich frei, oder bist du einfach in der Lage, dir die Freiheit zu nehmen?"

Diese Frage lastete unerwartet schwer im Raum. Unbewegt schaute der Meister den vorwitzigen Schüler an. Der hatte das Gefühl zu schrumpfen, doch halb trotzig und halb von der ernsthaften Suche nach einer Antwort getrieben bemühte er sich, dem forschenden Blick standzuhalten. Hatte er die Frage deutlich genug formuliert? Wenn nicht, würde der Meister trotzdem den Unterschied verstehen und vor allem die zwingende Notwendigkeit, warum der Schüler eine Antwort auf diese Frage zu brauchen glaubte?

Der Meister schaute immer noch. Dann räusperte er sich und sagte „681."

Orest empfand die Antwort wie einen Schlag. Er war verdutzt. Der Meister beugte sich zu ihm herüber und bat betont freundlich: „Sende mir doch bitte Thomas herein."

Der Schüler erhob sich, nickte und verließ mit irgendwie schweren Beinen die Küche. Er murmelte vor sich hin: „681... 681..."

Erst drei Monate später entdeckte er in den „Sprüchen der Väter", zu deren Lektüre er vom Meister angehalten worden war, den Spruch 681 und erkannte, dass er diesen Spruch gemeint haben musste. Dann brauchte er nochmals drei Wochen, bis er die ihm erreichbaren Tiefen der Antwort ausgelotet, und vor allem die unterschiedlichen Winkel unter einen Hut bekommen hatte.

Drei Tage schwebte er auf Wolke sieben. Drei Stunden stürzte er ab. Drei Minuten fing er sich. Drei Sekunden verschafften ihm einen festen Stand.

Pferdeschwanz

Was unterscheidet Pferd und Esel?
("Schlaue Fragen", Nr.86)

Während der Meditationswoche waren beinahe alle Dinge minutiös geregelt. Für die schweigend verbrachten Mahlzeiten hatten die Gehilfen des Übungsleiters die dreißigköpfige Schar der Praktizierenden beim ersten Essen in einer vom Leiter angeordnete Reihenfolge an dem langen, geraden Tisch verteilt. Der unbedarfteste Teilnehmer saß zur Linken des Lehrers. Dann ging die Reihenfolge der graduellen Entwicklung entsprechend auf der linken Seite des Tisches weiter, um das Ende herum und dann auch der rechten Seite wieder aufwärts, so dass der fortgeschrittenste Schüler rechts vom Lehrer saß. Auf dieser Position befand sich ein kahlrasierter, etwa vierzigjähriger Mann. Er fiel mir vor allem dadurch auf, dass er völlig gelassen und mühelos zu sein schien. Neben ihm saß an zweiter Stelle eine Frau, ebenfalls um die vierzig Jahre, die nicht ganz schulterlange, fast weiß erscheinende blonde Haare hatte. Sie wirkte ebenfalls völlig gelassen und ruhig.

Ich selbst saß irgendwo am Ende des Tisches, also im Mittelfeld, und beobachtete zwischendurch meine Mitstreiter. Dabei sollte ich doch mich selber beobachten. Klar, dass ich trotz jahrelanger Übung im Mittelfeld saß, oder? Es gab aber bei aller Strenge und Praxisorientiertheit auch entspannte Augenblicke, die man spazierengehend allein oder auch gemeinsam im Gespräch verbringen konnte. Und solch einen Hofgang nach dem Mittagessen nutzte ich am dritten Tag, mich einmal an den kahlrasierten Vierziger heranzumachen. Wir sprachen über die Schwierigkeiten, die eine Meditationswoche so mit sich bringt und er war clever, geistreich und lustig. Und vor allem hatte er wirklich etwas drauf. Seine Tipps halfen mir weiter und ich schloss mich ihm auch in den nächsten Tagen an, wenn wir „Ausgang" hatten.

Am sechsten Tag kam uns nach einer Weile des Wandelns die hellblonde Frau entgegen, von der ich mittlerweile wusste, dass sie eine gute Bekannte und Weggefährtin des kahlrasierten Mannes war. Sie trug ihre Haare zu einem sehr kurzen Pferdeschwanz gebunden – wohl wegen des stürmischen Windes, der draußen um die Häuser und über die Felder wehte. Die vorderen Haare hatte sie sich mit einer Haarklammer festgesteckt. Die Frau ging allein und schaute ernst. Sie schien uns kaum zu beachten. Als sie nur noch zwei Meter vor uns war, beugte sich der Mann in ihre Richtung, rieb sich mit der flachen Hand über die Haarstoppeln und sagte frech grinsend: „Ich habe auch einen Pferdeschwanz!"

Die Frau, die aufgeblickt hatte, bemerkte die scheinbare Anzüglichkeit, lächelte und sagte: „Er ist nur nicht so lang wie meiner!" Und damit ging sie an uns vorbei.

Als ich später nach etlichen weiteren übend verbrachten Stunden zum Abendmahl in den Speisesaal trat und mich auf meinen Platz setzte, sah ich, dass der kahlrasierte Mann sich auf den zweiten Platz bei Tisch gesetzt hatte. Die blonde Frau kam kurz darauf und setzte sich ohne Weiteres auf den ersten Platz. Bei Tisch reichten sie sich mit ausgesuchter Höflichkeit die Speisen.

Chassidische Geschichten

Grund

In der Nachbarschaft des Schargoroder Rabbis Jakov ben Katz lebte eine jüdische Familie, die aber nicht dem Weg der Chassidim folgte. Die Frauen der Juden hielten untereinander eine gewisse Bekanntschaft, wo die Männer der Chassidim mit den anderen Juden möglichst keinen Kontakt pflegten. So hörte Jakov ben Katz von seiner Frau Perle, dass die Hausfrau besagter Familie sehr viel auf sich selbst halte. Sie betonte gegenüber den anderen Frauen bei jeder Gelegenheit, dass sie es sei, die ihre ganze Familie zusammenhalte. Ohne sie, ihren Überblick und ihr Organisationstalent würde der Haushalt schon noch und noch auseinandergefallen sein.

Perle überlegte dazu laut vor ihrem Mann: „Wie weit der Menschen Meinungen von sich und anderen stimmen oder nicht stimmen, lässt sich schwer ermessen. Ob wir der Weg sind, oder ob wir im Weg stehen – ob der Haushalt wegen oder trotz der Hausfrau zusammenhält – wer will all dies mit Genauigkeit erforschen? Wir sollten wohl immer nur dem Hawaja, dem Gott, die Ehre geben."

„Der Baalschem soll gesagt haben", meinte Jakov ben Katz dazu, „dass der Höchste Sonne und Mond trotz und wegen der Menschen über den Himmel wandern lasse. Wenn man das eine vom anderen trennte, würde ihre Wanderschaft enden."

Viel später einmal erinnerte Perle sich: „Ich wusste damals nicht, ob er die Wanderschaft der Menschen oder die Wanderschaft von Sonne und Mond meinte."

Glaube und Vertrauen

Eines Morgens saßen Rabbi Jakov ben Katz und seine Frau Perle in der Stube. Der Rabbi putzte die Menora aus dem Bethaus. Perle streichelte die Hauskatze. Die Katze genoss die Zuwendung, schnurrte vor sich hin und schlummerte gemütlich auf Perles Schoß ein. Der Rabbi war inzwischen mit seiner Arbeit fertig und wollte sogleich den siebenarmigen Leuchter in das Bethaus bringen.

„Ich gehe mit dir", sagte Perle. Mit einer leichten Bewegung streichelte sie der Katze das Fell gegen den Strich, dass sie aufwache. Die aber fuhr mit lautem Miauen aus dem Schlaf hoch, guckte entsetzt ihr Frauchen an und lief beleidigt davon.

Vergeblich hatten die beiden die Katze gerufen. Erst am nächsten Morgen ließ sie sich wieder blicken.

Da sagte Rabbi Jakov ben Katz: „So manch einer glaubt, solange es um ihn gut steht, aber geht ihm etwas gegen den Strich, da ist sein Vertrauen dahin." (Ruth Finder)

Nachteil

In Schargorod gab es zwei Chassidim, die waren Brüder. Einer war blind und der andere war stumm. Da aber beide recht gut hören konnten und sie schon etliche Jahre im Schul- und Bethaus hinter sich hatten, hatten sie sich in all der Zeit ziemlich gut zurechtgeschafft und nicht mehr viel trennte sie davon, dass sie selbst als Gerechte galten. Ihr Zugang zur Herrlichkeit war ausgeprägt, und wenn sie im Bethaus stampften, klatschten und tanzten, konnte sich jeder davon überzeugen, aber untereinander hatten sie einen Streit.

Hirsch, der blinde Bruder, war fest überzeugt, dass er, wenn er nur sehen könnte, die Herrlichkeit in einem Gemälde würde festhalten können. Itzhok, der stumme Bruder, war sicher, dass er, wenn er nur sprechen könnte statt alles aufschreiben zu müssen, die Herrlichkeit in Worte zu fassen fähig wäre. Insgeheim warfen sie damit einander vor, dass der jeweils andere seine Fähigkeiten nicht voll in den Dienst des Herrn stelle.

Rabbi Jakov ben Katz, der diesen Mangel wie mit Kohle auf ihre Stirnen geschrieben sehen konnte, sagte dazu: „Beide haben es nicht. Und sie werden es auch nicht bekommen, solange sie den anderen im Vorteil wähnen."

Ernte

Rabbi Jakov ben Katz ging mit einem seiner Schüler über den Markt und erfreute sich an den vielen Ständen, an denen wunderbares Obst und Gemüse feilgeboten wurde. Immer wieder blieben sie stehen, um sich am Wohlgeruch eines Apfels oder der verschiedensten Kräuter zu erfreuen. Plötzlich herrschte ihn mit funkelnden Augen ein Standbesitzer an: "Was soll das? Legt sofort die Ware zurück! Ihr wolltet mich bestehlen! Hört her, ihr Leute, der feine Rabbi ist ein Dieb!".

Erschrocken schaute der Schüler den Rabbi an. Jener erwiderte ob dieser völlig unsinnigen Anschuldigung ruhig, aber sehr ernst: "Händler, es ist notwendig und sinnvoll, dass ihr über eure Ware wacht. Doch vergesst niemals, dass eure Angst davor, bestohlen zu werden, aus Jedem einen Dieb macht!" (Ruth Gabriel)

Herausforderung

Rabbi Jakov ben Katz lehrte einmal: „Wir sind geistige Wesen, die sich weltlichen Herausforderungen stellen müssen - nicht weltliche Wesen, die sich geistigen Herausforderungen stellen müssen. Und dabei sehen wir die weltlichen Herausforderungen auf vier Bereiche verteilt: auf den Körper, die Gefühle, das Denken und die Ausrichtung.

Jeden dieser Bereiche müssen wir aufmerksam untersuchen und Stärken und Schwächen erkennen und benennen. Mit den Stärken sollen wir nicht groß tun, sondern sie als Werkzeuge begreifen. Mit den Schwächen können wir auf zweierlei Weise umgehen. Wir können sie offen in Erinnerung halten und ihre Auswirkungen jedesmal, wenn sie zum Tragen kommen, beobachten oder wir können sie direkt bearbeiten.

Und womit bearbeiten wir sie? Jeweils mit den Stärken aus einem oder mehreren der anderen drei Bereiche! Eine Gefühlsschwäche - für die wir uns nicht schämen oder die wir nicht kleinreden müssen - belehren wir mit einer Stärke aus dem Bereich der Gedanken. Oder wir lassen sie an der Stärke unserer Ausrichtung vergehen. So ist es mit allen Schwächen. Eine körperliche Schwäche können wir beispielsweise durch Mitgefühl oder richtiges Denken bearbeiten. Einen Ausrichtungsmangel ebenso. Und wenn wir das Ganze nicht als zeitweises Problem mit naheliegender Lösung, sondern als dauerhafte Aufgabe sehen, dann wachsen wir in aller Stille weiter und weiter in die Herrlichkeit hinein."

Mit aller Kraft

Ein Schüler kam mit traurigem Gesicht zum Schargoroder Zaddik: „In den Unterweisungen hören wir an verschiedenen Stellen, dass wir uns - wenn wir denn eine Sache als richtig erkannt haben - mit aller Kraft dieser Sache widmen sollen. Ich muss ein schlechter Mensch sein, denn ich bin dazu einfach nicht in der Lage. Ich ermüde, bin von anderen Dingen abgelenkt und manchmal kann ich die eine Sache gar nicht im Auge behalten."

Jakov ben Katz lächelte: „Du hast ein falsches Verständnis von ‚sich einer Sache mit aller Kraft widmen'. Du sollst dich einer Sache mit ganzer Kraft widmen, wenn du dich ihr widmen kannst. Erstens gibt es verschiedene Sachen, denen man sich widmen muss und zweitens musst du deine Kraft gelegentlich erneuern, wenn du dich verausgabt hast. Auch deine Erholung dient dem Einsatz."

Der Schüler schien erleichtert, aber auch misstrauisch: „Aber warum wird dann so missverständlich davon gesprochen?"

„Wegen dem bösen Feind, der dich immer versuchen wird, wenn du ihm einen losen Zügel zeigst. Es ist leichter, ein schnelles Pferd zu bremsen, als ein lahmes zum Gehen zu bewegen."

Ein verborgener Heiliger

In Nikolsburg gab es einen stadtbekannten jüdischen Narren, der von allen „der Jossele" genannt wurde. Schon sein dümmliches Gesicht wies ihn als leichtes Opfer für Neckerei und Spott aus. Immer wenn er durch die Stadt ging, fand sich jemand, der ihm eine Messingmünze und eine Silbermünze hinhielt und ihn aussuchen ließ, welche von beiden er haben wolle.

„Ich nehm's Goldene," sagte er dann sehr zur Erheiterung der Leute, nahm die Messingmünze und ging seines Weges.

Am Schabbes führte ihn dieser Weg immer in das Bethaus der Nikolsburger Chassiden, wo er dann still ganz hinten saß, aber sich die Belehrungen der Rabbis sehr zu Herzen nahm. Wenn es dann daran ging, verborgen ein paar Münzen in das Gotteskästchen der Gemeinde zu legen, war der Anteil seiner Messingmünzen an dem zum Unterhalt gesammelten Geld immer ungewöhnlich groß.

Nur sein Bruder Rabbi Abraham Chajim und dessen Freund Rabbi Jakov ben Katz kannten sein Geheimnis, denn ihnen hatte er einmal bei einem ihrer Besuche auf ihre Frage verraten, warum er denn immer die Messingmünze nähme: Seine schöne Einnahmequelle zur Förderung des chassidischen Lebens würde ja sofort versiegen, wenn er nur ein paarmal die Silbermünzen wählte.

„Demut und ein scheinbar dümmliches Gesicht können, im rechten Geiste eingesetzt, mehr zum Erhalt einer Gemeinde beitragen, als Männer, die die Tora auswendig dahersagen können," sagte Jakov ben Katz später voller Bewunderung zu Abraham Chajim, als dessen Bruder schon zu einer weiteren Runde durch die Stadt aufgebrochen war.

Ein Großer

In Schargorod hatte sich eine größere Gruppe von Schülern um Rabbi Jakov ben Katz geschart. Sie waren dort ansässig geworden, um ihrem Zaddik nahe zu sein und von seinen Unterweisungen zu profitieren. Naturgemäß gab es fortgeschrittenere und weniger entwickelte Schüler, die aber scheinbar alle eine große Ernsthaftigkeit verband. Manchmal im Jahr kamen sie so eng zusammen, dass sie für etliche Tage gemeinsam im Schulhaus lernten und beteten und auch dort oder bei ihrem Rabbi im Hause oder in der Scheune schliefen und wohnten.

Als das wieder einmal geschah, stellten die Schüler nach einigen Tagen fest, dass einer der Ihren die anderen bestohlen hatte. Sie gingen zu Rabbi Jakov und erzählten ihm davon. Der aber unternahm daraufhin nichts.

Kurz darauf wurde der diebische Schüler erneut auf frischer Tat ertappt. Diesmal drängten einige der anderen Schüler den Rabbi, den Dieb davonzujagen. Schließlich kam es zu einer offenen Konfrontation, bei der alle – auch der Langfinger – anwesend waren.

Erneut verweigerte der Reb das Fortschicken des gefallenen Mitschülers. Er sagte: „Ihr mögt mir deshalb böse sein, ja, ihr mögt vielleicht selbst nicht mehr hier bleiben wollen, aber auch wenn ihr alle fortgehen wolltet, würde ich unseren vom Bösen angefeindeten Bruder nicht fortsenden, denn wer außer mir würde dann auf ihn einwirken und ihn unterrichten?"

Als der Dieb dies gehört hatte, begann er bitterlich zu weinen und bat unter Tränen alle um Verzeihung. Von da an diente er seinen Mitschülern, wo er nur konnte, und wurde auch in allem anderen ein vorbildlicher Schüler. Wenige Jahrzehnte später war er unter den Chassidim als einer ihrer Großen bekannt und geehrt - seinen Namen jedoch wollen wir hier verschweigen.

Stöckchenspiel

Eines Tages gingen Rabbi Jakov ben Katz und seine Frau am Rande ihres Städtchens spazieren. Dabei hatten sie gesehen, wie ein Junge mit seinem Hund Stöckchen spielte: Der Knabe warf es in Richtung des nahe gelegenen Waldes und das Tier lief übermütig hinter dem Hölzchen her und brachte es voller Eifer zu seinem Herrchen zurück. Einmal landete das Stöckchen kurz hinter den ersten Waldbäumen. Der Hund traute sich aber nicht in den Wald hinein, winselte kläglich und kam anbiedernd zu dem Jungen geschlichen, der sogleich zur Freude seines Vierbeiner ein anderes Stöckchen in die Luft schmiss.

Rabbi Jakov ben Katz, der das Ganze beobachtet hatte, fing an zu weinen.

„Was hast du?" fragte ihn Perle.

„Sieh," sagte der Rabbi mit Tränen in den Augen, „wie der Hund – der vergessen hat, dass er früher ein Wolf war und im Walde frei lebte und den Willen seines Schöpfers tat – sich vor dem Wald fürchtet und wieder zu seinem Halter zurückkehrt, so fürchtet sich der Mensch – der seine wahre Natur vergessen hat - vor der ungeheuren Kraft der Freiheit von sich selbst, die ihn zu seinem Himmlischen Vater führen würde, und er kehrt immer wieder in die Knechtschaft seines kleinen Ichs zurück." ^(Ruth Finder)

Das unsichtbare Buch

Als Jakov ben Katz schon überall als Gerechter bekannt war, überkam ihn in einem Gesicht, dass er ein Buch für seine Chassiden drucken lassen sollte, in dem die bisher ungesammelten Lehrreden des Baal Schem Tov neben seinen Torakommentaren zu stehen hätten. Er begann auf seinen Geschäftsreisen in jeder Klaus und Schul und bei jedem befreundeten Reb die Reden und Geschichten zu sammeln und bat die Chassidim zudem bei diesen Gelegenheiten um finanzielle Unterstützung, denn reich waren nur wenige Juden und der Buchdruck war teuer.

Rabbi Jakov sammelte Jahr um Jahr und als schließlich die Textsammlung vollständig war und er zuletzt auch das Geld für den Druck beisammen hatte, brach im Lande eine Hungersnot aus. Der Zaddik nahm das ganze zusammengebrachte Geld und benutzte es zur Linderung der großen Not seiner Juden. Aber auch die Gojim (Nichtjuden) in Schargorod und im Umland wurden in gleicher Weise unterstützt.

Als die Not schließlich vorüber war, begann Jakov ben Katz nochmals mit der Sammlung. Wieder dauerte es beinahe sieben Jahre, bis er genügend Geld zusammen hatte, um die Drucklegung seines Werkes veranlassen zu können. Als himmlischen Lohn hatte er während seiner erneuten Sammelreisen noch ein paar ungehörte Geschichten und Kommentare des Baalschem zu hören bekommen, die er nun mit in das Buch aufnehmen konnte. Und so wurde das Druckwerk schließlich zum Nutzen und Frommen der Rabbis und ihrer Schüler im zweiten Anlauf fertig.

Natürlich hat Jakov ben Katz die gesamte Auflage nicht verkauft, sondern jede ihm bekannte Schule und viele Rabbis hatten umsonst ein oder mehrere Exemplare bekommen, denn - abgesehen von dem Geld, das er selbst in die Sammlung einbrachte - die Juden hatten ja schon durch ihre Spenden für das Buch bezahlt.

Das Büchlein wurde weit und breit sehr gelobt, und mehr als das hieß es unter den Chassidim, Rabbi Jakov ben Katz habe zwei Bücher herausgebracht - ein sichtbares und ein unsichtbares, von denen das Unsichtbare sogar noch trefflicher sei als das Sichtbare.

Löchrig

Wieder einmal war Rabbi Jakov ben Katz auf einer Geschäftsreise nach Nikolsburg und nächtigte in der Herberge von Rabbi Abraham Chajim. Er war zeitig eingetroffen, um mit Rabbi Abraham sein Mittagsmahl einnehmen und Neuigkeiten austauschen zu können. So saßen sie also beide gemeinsam im Wirtschaftsraum an einem Tisch und aßen und plauderten, als ein wild dreinblickender Mann mit einem großen Rucksack den Raum betrat. Er setzte sich unweit der beiden Rabbis zu einem anderen Gast an den Tisch und fing sofort lautstark an, sich darüber zu beklagen, dass alle Welt ihn betrügen und bestehlen würde. Rabbi Abraham schmunzelte als Rabbi Jakov ben Katz sich erhob, zu dem Mann ging und sprach: "Guter Mann, warum diese Vorwürfe?" Der Mann starrte ihn finster an und antwortete: "Vorwürfe Rabbi? Hört zu, was ich zu erzählen habe. Ganz gleich was ich erwerbe und mir in den Rucksack packen lasse – zu Hause bemerke ich jedes Mal, dass sich kaum etwas im Rucksack befindet. Und nun wollt ihr mir ernsthaft sagen, Rabbi, dass die Welt nicht aus lauter Betrügern und Dieben besteht?" Rabbi Jakov ben Katz zeigte daraufhin auf den Rucksack des Mannes. „Guter Mann, vielleicht habt ihr Recht. Vielleicht liegt die Lösung des Rätsels aber auch einfach nur in der Tatsache begründet, dass euer Rucksack einige veritable Löcher aufweist."

Während er sich wieder zu Rabbi Abraham setzte, hörte er den Mann triumphierend sagen: "Seht her. Der Rabbi gab mir den Beweis, dass die Welt aus lauter Lumpen besteht, denn sie haben mir einen löchrigen Rucksack verkauft!"

Rabbi Abraham legte freundschaftlich den Arm um Rabbi Jakov ben Katz, schaute ihn verständig an und sprach: "Mein Freund, manchmal kommt es vor, dass auch die Erkenntnis eines Menschen wie ein löchriger Rucksack ist. Da helfen keine guten Worte, sondern nur gutes Nähzeug." (Ruth Gabriel)

Das ewige Beginnen

Ein Jude aus der Stadt hatte Rabbi Jakov ben Katz und seine Frau Perle zu der Hochzeit seiner Tochter eingeladen. Die Jungvermählten hatten allerlei Geschenke erhalten und man hatte auch nicht mit Segnungen und Ratschlägen für ein geglücktes Eheleben gegeizt: Ein reiches Haus mögen sie haben, viele Kinder bekommen, Schwiegereltern ehren und desgleichen mehr. Danach wurde ausgelassen gefeiert.

Als alle Gäste sich am späten Abend verabschiedet hatten, blieb Jakov ben Katz in der Stube des Brautvaters, um mit ihm ein paar Worte zu wechseln. Seine Frau stand schon an der Tür und wartete auf ihn.

Da kam das frisch verheiratete Paar auf sie zu und fragte sie: „Werte Nachbarin, wie kommt es, dass du und der Rabbi so in Eintracht miteinander lebt, wo doch alle wissen, dass du früher sehr unzufrieden mit deinem Jakov warst und der Haussegen bei euch oft schief hing. Was ist das Geheimnis?"

Perle antwortete: „Es gibt keines. Er hat mich aber jeden Morgen liebevoll und freundlich begrüßt und jeden Abend genauso verabschiedet."

Die jungen Leute blickten sie verdutzt an und sagten erstaunt: „Das gleiche hat uns der Rabbi auch von dir erzählt."

Perle sah mit ergriffenem Staunen zu ihrem Mann hinüber, der mit dem Gastgeber scherzte, und der letzte Gram verflog aus ihrem Herzen. ^(Ruth Finder)

Große Fläche

Der Zaddik von Schargorod, Jakov ben Katz, erzählte einmal, wie ihm ein Bettler das Herz zum Himmel ausgerichtet hatte. Dieser Bettler lebte vor langen Jahren in Schargorod und schlief im Sommer auf Wiesen oder unter Bäumen und winters in den Scheunen oder Heuschobern, in die man ihn ließ. Er hatte es sich zur Gewohnheit gemacht, Straßen und Wege der Stadt mit einem selbstgemachten Reisigbesen zu fegen, um sich den Leuten nützlich zu machen, so gut er es vermochte. Manchmal fegte er auch bei dem Schulhause des Rabbi Jakov.

Der brachte in jungen Jahren gewöhnlich alles in und um seine Schul selbst in Ordnung. Besonders vor dem Schabbes gab er sich große Mühe, alles aufs Feinste herzurichten. So war er auch an jenem Tage dabei gewesen, den Hof vor dem Schulhaus zu kehren, als der Bettler mit seinem Besen auf der Schulter vorbeikam. Er blieb mit Kennerblick stehen und nickte dem Rabbi freundlich zu, während er ihn beobachtete. Der Rabbi nickte ebenfalls freundlich und fegte weiter. Schließlich kam der Bettler herüber, stellte sich zu Jakov ben Katz, beugte sich ihm zu und sagte leise und eindringlich: „Die Fläche ist groß, aber der Besen ist klein." Dann nickte er noch einmal langsam und tiefsinnig, sah dem Reb dabei in die Augen, drehte sich um und ging seines Weges.

Jakov ben Katz war wie vom Donner gerührt. Er schaute plötzlich weit hinein in die Herrlichkeit Gottes, wie alles so trefflich eingerichtet ist. Wie klein die Menschen vor dem Hintergrund dessen sind – und wie gleichzeitig gut und richtig an ihrem Platz. Er verharrte auf seinen Besen gestützt und mit nach innen gerichtetem Blick und sann weiter und weiter, während ein Leuchten sein Haupt umstrahlte.

Schließlich atmete er tief durch und machte sich mit freudigem Gesicht und erhobenem Geist wieder an die Arbeit.

Grundlage

Die Grundlage der Lehren des Schargoroders war: „Ich will euch nicht zu sehr gläubigen Menschen machen. Ich will euch zu tief gläubigen Menschen machen. Sehr Gläubige hängen sehr an der Form. Tief Gläubige gründen tief und fest in der Wahrheit."

Beschämung

Als er schon längst ein bekannter Zaddik geworden war und zu ihm von nah und fern Chassiden kamen, um seinen Rat einzuholen oder seine Lehrvorträge zu hören, berichtete Rabbi Jakov ben Katz von Schargorod manchmal eine Begebenheit aus seiner Zeit in der Thora Schule. Die Kinder hatten dort einen Schulmeister, der für sich bisher nicht ganz entschieden hatte, ob er dem Weg des Baalschem folgen wollte. Er war noch in manchem etwas lau und das äußerte sich unter anderem darin, dass, wenn mittags die Kinder ihre Schreibübungen machten, er sich gewöhnlich in der Bücherkammer auf eine Bank legte und ein Schläfchen machte. Den Kindern sagte er, er gehe ins Traumland, um die alten Weisen und Patriarchen wie Abraham und Moses zu treffen.

An einem besonders warmen Sommertag schliefen auch etliche Schüler mit den Köpfen auf ihren Tischen ein, während der Schulmeister im Nebenzimmer auf seiner Bank ruhte. Der jedoch erwachte früher und fand im Schulzimmer noch einige Kinder schlafend vor. Daraufhin schimpfte er sehr mit ihnen, aber der junge Jakov ben Katz meinte, als er aus dem Schlaf hochgeschreckt war, dass sie im Traumland gewesen seien, um auch einmal die alten Weisen zu treffen.

„Welche Botschaft gaben euch die Weisen und Patriarchen denn?" wollte der Schulmeister da im Glauben wissen, Jakov so auf das Glatteis führen zu können.

Der aber antwortete: „Wir fragten sie, ob mittags immer unser Schulmeister zu ihnen kommen würde, aber sie erwiderten, dass sie einen solchen Burschen noch nie gesehen hätten."

Freude und Dankbarkeit

Auf einer Geschäftsreise nach Nikolsburg nächtigte Rabbi Jakov ben Katz in der Herberge von Rabbi Abraham Chajim, wie er es möglichst immer tat, wenn er in der Gegend unterwegs war. Diesmal war er recht spät eingetroffen und nachdem er im Wirtschaftsraum sein Abendmahl eingenommen hatte, wurde auch schon der Ausschank wegen der vorgerückten Stunde eingestellt. Die einwohnenden Gäste zogen sich in ihre Quartiere zurück. Andere Gäste verließen das Lokal. Und danach wurden die Haus- und Hoftüren für die Nacht verriegelt.

Die beiden Rabbis Jakov ben Katz und Abraham Chajim setzten sich noch gemeinsam an einen der Tische. Während sie Neuigkeiten austauschten, hörten sie in der Küche gedämpft eine aufgeregte Stimme. Fragend blickte der Schargoroder den Schankwirt an.

Der sagte: „Ich habe zwei Hilfsknechte, die abends als Letztes die Küche reinigen und für den nächsten Tag vorbereiten. Der eine ist ein junger Chassid, den ich bei mir zur Lehre aufgenommen habe. Der andere ein alter Jude, der schon hier arbeitete, bevor ich die Herberge übernahm. Einer von beiden muss abends die Herde und Öfen reinigen und Brennholz für den nächsten Tag bereitlegen. Der andere säubert den Boden, indem er ausfegt und wischt. Der alte Jude ist wegen seines Dienstalters derjenige, der entscheiden kann, welches von beidem er machen will. Und zuverlässig entscheidet er sich spätestens nach einer Woche anders, weil er den Eindruck gewinnt, die Arbeit des Anderen sei leichter. Das macht er schon so lange ich die Herberge führe und davor wird er es auch gemacht haben, wenn es möglich war."

„Aber kannst du nicht Frieden schaffen, indem du beiden ihren Teil zuweist?" fragte Rabbi Jakov.

„Gewiss könnte ich das, aber mein junger Schüler ist schon der vierte in meinen Jahren hier, der in dieser Situation einige wichtige Lehren lernen kann, und bei dem Alten hoffe ich auch immer noch, dass er eines Tages etwas lernt, obwohl es nach all den Jahren nicht mehr sehr wahrscheinlich ist. Er ärgert sich dort in der Küche ja eigentlich immer über sich selbst, wenn er so schimpft. Schließlich weiß er, dass er es selbst ist, der sich seine jeweilige Aufgabe aussucht. Trotzdem ist das unbegründete Gefühl, er habe stets den schwereren Teil, nicht aus seinem Herzen zu bekommen. Anfangs habe ich natürlich auch versucht, ihn mit Worten zu überzeugen, aber sein fälschlicher Eindruck ist scheinbar übermächtig."

„Und welches sind die Lehren, die deine Schüler bei der Küchenarbeit lernen?" wollte Rabbi Jakov nun wissen, obwohl er das Lehrsystem seines Freundes schon mit Bewunderung und Anerkennung durchschaut hatte.

„Das erste ist," erläuterte Abraham Chajim lächelnd, „dass sie lernen, dass man in manchen Situationen mit klaren Worten und guten Argumenten nicht weiterkommt. Dann, unbegründete Schmähungen auszuhalten, ohne selbst zornig zu werden. Dann lernen sie, dass es weniger darauf ankommt was sie tun, als wie sie es tun. Und zuletzt kommen sie dahin..."

„... dass sie das Ganze noch mit Freude und Dankbarkeit erfüllt und sie bei ihrer Arbeit innerlich immerwährend den Lobpreis Gottes singen," vollendete Jakov ben Katz nickend den Satz.

Und dann sprangen beide laut lachend auf, sangen einen Lobpreis und tanzten dazu, dass die Stühle im Schankraum nur so umherpurzelten.

Trauer

Als Rabbi Jakov ben Katz von Schargorod vierzehn Jahre alt war, starb sein Vater Katz ben Jehuda. Seine Mutter nahm den Tod ihres Mannes sehr schwer. Sie weinte fast jeden Tag und verbrachte viel Zeit auf dem Friedhof, wo sie abwechselnd betete und mit ihrem Mann sprach, als könne er sie hören.

Jakov war das einzige Kind seiner Eltern und zunächst kümmerte er sich nicht nur um die Dinge, um die er sich nun an Stelle seines Vaters kümmern musste, sondern auch um vieles, was zu den Aufgaben seiner Mutter gehörte. Die jedoch sank immer tiefer hinein in ihre Trauer und obwohl Jakov sich monatelang mühte, jede anstehende Pflicht und Notwendigkeit zu erfüllen, sann er doch für sich über die Möglichkeiten zur Veränderung seiner Situation nach.

Als im Herbst eines ihrer Pferde auf der Weide starb, begann Jakov laut zu klagen, so dass die Menschen, die auf der Dorfstraße vorbeigingen, ihn hörten. Sie sahen dann, wie er versuchte, das Pferd zum Fressen zu bewegen, indem er ihm Stroh und Gras vor das Maul hielt und laut auf es einredete. Einer der Männer erbarmte sich schließlich und sprach den Jungen an: „Das Pferd ist tot, es wird nicht fressen, was denkst du?"

„Oh ja," rief Jakov, „es wird vor allem durstig sein. Ich muss ihm rasch gutes Wasser bringen."

Er sprang auf, griff sich den Eimer und lief zum Flüsschen Muraschka hinunter, um schnell wieder mit dem Wasser zurückzukommen. Sogleich redete er das Pferdchen an, das auf der Wiese lag und sich nicht rührte. Er träufelte Wasser auf sein Maul und rief immer wieder seinen Namen.

Einige der Passanten, die die Familie kannten, wurden immer besorgter. Sie wussten, dass die Mutter auf dem Friedhof sein würde und eilten dorthin um ihr zu berichteten, dass ihr Sohn verrückt geworden sei und auf welche Weise es sich äußere.

Die Mutter schrak aus ihrer Trauer auf und in ihrem Schrecken lief sie schnell nach Hause, wo sie ihren Sohn fand, der inzwischen angefangen hatte, zu versuchen, das Pferd aufzurichten, indem er es am Kopfe zog und mit erhobener Stimme zu ihm sprach.

Die Mutter griff ihren Sohn an der Schulter und schüttelte ihn. „Was tust du, was tust du, siehst du nicht, dass das Pferd gestorben ist? Du wirst das nicht mit Futter und guten Worten ändern können. Es ist jetzt für alles Irdische unerreichbar."

Und Jakov wandte sich ihr mit leuchtenden Augen und einem seltsamen Lächeln zu: „Aber es hat hier einen Kopf und vier Beine. Wenn ich es genügend anspornen kann, kann ich es wieder zum Leben erwecken."

Da erkannte die Mutter plötzlich die Klugheit ihres Sohnes, der ja seinen lieben Vater verloren hatte und trotzdem nicht das notwendige weltliche Tun vernachlässigt hatte. Sie begriff, dass er ihr eine Lehre erteilen wollte und dass sie die letzten Monate in frucht- und nutzloser Trauer vor einem Erdhaufen und einem Stein verbracht hatte und dabei noch den einen Menschen mit allem allein gelassen hatte, der ihr am nächsten stand.

Von da an kümmerte sie sich wieder um alle Belange des Hauses, die ihr zustanden und unterstützte ihren Sohn so gut sie es konnte, denn sie wusste, dass er einmal ein Weiser werden und den Namen seines Vaters ehren würde.

Als Adler geboren

Rabbi Jakov ben Katz von Schargorod hielt neben der von ihm geleiteten Schul ein paar Hühner. Am Rand des nahen Waldes fiel in einer stürmischen Nacht ein Baum um, in dessen Krone ein Adlerpaar ein Nest gebaut hatte. Rabbi Jakov, der nächtens betend auf einer Bank gesessen hatte, ging mit seiner Lampe hinaus und fand den Baum mit dem zerschmetterten Horst. Mitten unter den Trümmern lag ein Adlerei, das noch unzerbrochen war. Er nahm es in seine Hand, barg es unter seinem Umhang und brachte es zu seinem Hühnerstall. Dort legte er es zu einem Huhn ins Nest, welches dabei war, seine Eier auszubrüten.

Als das Adlerei zusammen mit den Hühnereiern ausgebrütet war, bemühte der Rabbi sich darum, das Küken im Nest großzuziehen, denn entgegen seinen Geschwistern begann es nicht kurz nach dem Schlüpfen herumzulaufen. Er fütterte den kleinen Adler mit Würmern und ließ ihn aber ansonsten im Stall bei den Hühnern. Sobald der Adler selbst auf seinen Füßen stehen konnte, hob er unbeholfen an, mit den anderen Hühnern im Garten zu scharren und zu picken. Nach und nach lernte er alles von den Hühnern, was sie zu lehren hatten, denn er hielt sich selbst für ein Huhn und verhielt sich in allem wie sie.

Unter den Chassidim erlangte der Vogel des Rabbi Jakov schnell einige Berühmtheit und gerne gingen jene, die in der Schul des Reb ihre Gebete verrichtet hatten, anschließend auf den Hühnerhof, um den Adler zu sehen, der glaubte, ein Huhn zu sein. Er gackerte so gut er es vermochte und scharrte im Boden nach Würmern. Wenn ein paar Handvoll Körner verstreut wurden, lief der Adler mit den anderen Hühnern eilig herbei und wenn er erschreckt wurde, flatterte er wie die anderen Tiere höchstens mal ein paar Meter.

Menschen, die den Vogel zum ersten mal sahen, setzte Rabbi Jakov ben Katz immer wieder gerne auseinander, wie es sich mit

ihm verhielt: „Seht, das Tier ist scheinbar mit alldem einigermaßen zufrieden. Sicher könnte es immer etwas mehr zu fressen geben, oder der Winter ist gar lang und kalt, aber seiner wahren
Natur wird sich der Adler nicht bewusst. Wenn hin und wieder einmal ein anderer Adler hoch oben vorbeifliegt in all seiner
Freiheit und Majestät, flieht unser Adler sogar zusammen mit den
Hühnern in den Hühnerstall. Er fürchtet sich vor dem, der ihn
eigentlich erwecken könnte. Höchstwahrscheinlich wird der Adler - obwohl als solcher geboren - eines Tages als Huhn sterben.
Genauso ist es im Grunde mit den Menschen."

Sabbat

Die Juden und auch die Chassidim hielten sich in den Ländern der Vertriebenheit gerne unter sich, und so war es auch in der Gegend um Schargorod. Da aber überall in den Ländern vorwiegend Gojim lebten, blieben auch Kontakte zu ihnen nicht gänzlich aus. Meistens waren Handel und Geschäft Grund dafür, aber manchmal gab es von Seiten eines Goi ein weitergehendes Interesse. Rabbi Jakov ben Katz war für Gespräche über fast alles jenseits seiner Geschäfte stets aufgeschlossen und eines Tages, als er auf Reisen mit einem Mann eine Landstraße entlangzog, verwickelte dieser ihn in eine Unterhaltung.

Nach einigen vorausgehenden wechselseitigen Erkundigungen über das Woher und Wohin fragte der Wanderer schließlich: „Man hört, dass eure Sabbatgebote sehr streng sind. Dass ihr recht viele Dinge nicht tun dürft. Fällt euch das nicht sehr schwer, besonders wenn viele dringende Verrichtungen anstehen?"

Ben Katz antwortete ihm darauf: „Wir sehen den Schabbes als eine eigenständige und losgelöste Sache, die man nicht mit den Tätigkeiten der anderen Tage vermischen kann und soll. Du kannst es dir vorstellen, als wenn du in einen See steigst, um dich zu reinigen, zu schwimmen und gar unterzutauchen. Währenddessen kannst du viele Dinge nicht tun, die du im Alltag tust. Dies ist aber kein Mangel des Waschens und Schwimmens, denn umgekehrt klagt ja auch wochentags keiner, dass er nicht schwimmen kann, während er kocht, schreibt oder seine Schuhe neu besohlt."

Nachdenklich nickte der Goi und fragte dann: „Welches ist aber die besondere Qualität, die den Sabbat vom Rest der Woche unterscheidet?"

„Wir erinnern uns mit dem Schabbes an die Erschaffung der Welt," sagte Reb Jakov. „Binnen sechs Tagen schuf der Höchste die Welt und machte sie vollkommen. Alles griff ineinander und lief ab, wie ein fein abgestimmtes Uhrwerk. Nur eine Schöpfung fehlte, und diese vollzog Gott am siebten Tage."

„Wie? Was mag denn dies nun sein?" rief der Wanderer erstaunt aus.

„Ganz einfach," meinte Jakov ben Katz, „es ist die Ruhe. Am siebten Tage erschuf sie der Allmächtige, indem er alle Tätigkeit ließ. So ist es auch uns geboten, von möglichst vielen Tätigkeiten abzusehen, um diese letzte Schöpfung Gottes auskosten zu lernen. Auch wenn wir völlige Ruhe aufgrund der menschlichen Begrenztheit im Gegenteil zum Herrn nicht erlangen können, so können wir sie doch zu erreichen suchen. Und unsere Gebote für den Schabbes sollen dabei nur eine Hilfe sein. Wichtiger aber als diese äußere Ruhe, das Ruhenlassen äußeren Tuns, ist für uns Chassiden das schrittweise Erreichen innerer Ruhe, einer Ruhe des Geistes und der Seele."

Dankbarkeit

Als der Schargoroder Zaddik einmal mit einem seiner jungen Chassiden namens Isaak ihr Bethaus betrat, um die für den Schabbes notwendigen Vorbereitungen zu treffen, war ein unscheinbares altes Männlein, das alle Juden umzu „Leib den Knecht" nannten, bereits am Schaffen und Werken. Nachdem er höflich gegrüßt hatte, ging er den beiden Chassiden aus dem Weg und werkelte an anderer Stelle im Hause.

Jakov ben Katz sagte zu seinem Begleiter: „Dieser wird am Tage seines Todes ungeprüft direkt ins oberste Paradies eingehen und von allen dort mit großer Ehrerbietung empfangen werden."

Isaak wirkte zutiefst erstaunt. Leib war ihm nie als Mann großer Taten oder großer Worte aufgefallen. Auch große Heiligkeit konnte er nun gar nicht an ihm wahrnehmen. Seine Verblüffung konnte er nur in zwei kurze Worte fassen: „Wie das?"

Der Zaddik erwiderte mit fröhlicher Miene: „Er hat die höchste Stufe der Dankbarkeit erklommen."

Isaak konnte es immer noch nicht fassen: „Aber ich habe von ihm noch nie ein Wort des Dankes gehört – über das normale Maß des höflichen Umgangs untereinander hinaus. Denke doch da einmal an Schimon, der ist dagegen ein großer Dankbarer vor dem Herrn. Er dankt allenthalben für alles und so viel, dass es einem manchmal sogar schon fast lästig wird."

„Siehe," unterwies ihn daraufhin Jakov ben Katz, „es gibt verschiedene Stufen von Undankbarkeit. Die traurigste von ihnen ist die Stufe, auf der ein Mensch gar nicht sieht, wofür er alles dankbar sein könnte und sollte. Die ungerechteste Stufe ist die, welche einen Menschen denken lässt, dass er nichts zu danken habe, sondern nur empfange, was ihm zustehe. Die zugleich am weitesten von der Überwindung entfernte und der Überwindung am nächsten liegende Stufe ist die, die einen Menschen in einer inneren Erstarrung hält, in der er zwar meint, das Dankenswerte zu erkennen, aber den Dank nicht aus sich herauslassen kann. Und wie kann man Dank aus sich herauslassen, Isaak? – Nun schnell, sage es mir."

Isaak stammelte, sammelte sich und sagte endlich kurz und knapp: „Durch Tanz, Dankeswort und Tat."

Und der Zaddik schlug ihm die Mütze vom Kopf, begann zu tanzen und rief: „Der Tanz ist Freude und Dank für den Herrn, aber die anderen beiden sind die weit voneinander entfernten Stufen der Dankbarkeit. Eine nah am Nichts, eine nah am Paradies. Eine nur Schall, eine Verwandlung."

Von diesem Tag an betrachtete der junge Isaak Leib den Knecht wie einen Engel, der im Bethause umherschritt.

Trunken

Wenn seine Frau Perle gerade nicht anwesend war, scheute sich Rabbi Jakov ben Katz in Gesprächen mit seinen Schülern nicht, auch kräftige Bilder zu gebrauchen.

So sprach er einmal: „Wie wenn ein Trunkenbold sich mit Gebranntem voll laufen lässt und dann auf dem Weg zu seinem Heim wackelt und stolpert und fällt und nicht nach Hause findet, so beladen wir uns mit Sünden und verwickeln uns bis zum Halse in der sinnlichen Welt und wanken hin und her und verirren uns. Was hülfe? Mit aller Kraft des Teufels Versuchungen widerstehen und nüchtern bleiben." (Ruth Finder)

Geschickter Rat

Rabbi Jakov ben Katz von Schargorod hatte unter seinen Schülern drei, die sich von einander sehr unterschieden. Einer von den Dreien war in der Lehre ziemlich bewandert, verbrachte viel Zeit in der Schul des Rabbi und war um ein schlaues Wort oder eine belehrende Bemerkung nie verlegen.

Der zweite Schüler war lieber unter Leuten, half ihnen wo er nur konnte. Vergaß sich aber dabei. Das tat ihm nicht gut: Auszehrung seiner Kräfte und Getriebensein kehrten langsam bei ihm ein.

Der Dritte wiederum wusste beides gut anzuwenden, zog sich aber beständig zurück.

Eines Tages kamen alle drei nacheinander zum Rabbi nach Haus und baten ihn um eine Unterweisung. Und jedem hat er das gleiche gesagt: „Du sollst deinen Nächsten lieben wie dich selbst." (3Mo 19.18)

Seine Frau Perle konnte all das durch die halb geöffnete Tür im Nebenzimmer verfolgen. Sie kannte die Verschiedenheit der Schüler. Umso größer war ihr Staunen ob des gleichen Rates. Auf ihre Nachfrage erklärte Jakov ben Katz: „Der Erste muss dieses tun. Der Zweite verstehen. Der Dritte lehren." ^(Ruth Finder)

Von allem lernen

Das Städtchen Schargorod, in dem Rabbi Jakov ben Katz mit seiner Frau Perle lebte, lag mitten in herrlicher Natur. Flüsse, Seen, Wiesen, Felder und Wald – alles war da. So oft er konnte, machte der Reb ausgedehnte Spaziergänge in der Umgebung. Er war stets neugierig und bald kannte er sich ganz gut mit Tieren und Pflanzen aus. Dabei wusste der Reb seinen Beobachtungen auch etwas Lehrreiches abzugewinnen. Eines Tages nahm er seine Frau mit in den Wald. Nach eine Weile sagte er zu Perle: „Von allem vermag man zu lernen und alles, was Gott geschaffen hat, vermag uns zu lehren. Auch die Kreaturen des Waldes."

„Was können wir, mein Lieber", fragte ihn Perle zweifelnd, „von den Ameisen lernen?"

„Dass man zusammen etwas Großes schaffen kann," antwortete der Schargoroder.

„Und von der Schnecke?"

„Dass, wenn man seinen Frieden gefunden hat, man überall zu Hause ist."

„Was lerne man denn von dem Elch?"

„Dass auch die Großen mal klein angefangen haben."

Perle fand Gefallen an dem Spiel und fragte weiter: „Was ist mit dem Kauz?"

„Wir müssen unseren Blickwinkel erweitern."

„Was können wir von der Fliege lernen?"

„Dass wir nicht viel Zeit haben."

„Und von dem Reh?"

„Dass wir wegen dem bösen Trieb immer auf der Hut sein müssen."

Inzwischen waren die beiden am Fluss angekommen. Da fragte Perle: „Was könnten wir von den Fischen lernen?"

Der Rabbi sagte nachdenklich: „Dass nicht alles, was glänzt, uns auch zum Guten ist." (Ruth Finder)

Die Wahl

Eines Tages besuchte Rabbi Jakov ben Katz einen Schüler, der aufgrund eines sehr schweren Leidens im Krankenhaus weilte. Es war ungewiss, wie lange sein Leben noch währen würde.

Gemeinsam schwiegen und beteten sie.

Plötzlich sprach einer der anderen Schwerkranken, die das Krankenzimmer mit dem Schüler teilten:" Rabbi, ihr glaubt und betet. Seht Euch aber nur einmal um. Siechtum, Leid und Elend. Wie kann es da sein, dass Euer Glaube so unerschütterlich ist und ihr immer weiter gute Werke tut? "

Der Rabbi schaute den Kranken voller Mitgefühl und Zuneigung an:"Mein Sohn, eine Nachtigall singt ihr Lied nicht aus Freude und Liebe. Sie singt es, weil es ihre Natur ist. Sie hat keine Wahl. Würde Gott seine Wundermacht für alle Augen offenbaren und nicht im Verborgenen, dann hätten auch wir keine Wahl mehr, denn dann würden wir wissen. ER aber gab uns das größte Geschenk; ER schenkte uns die Freiheit wählen zu können."

(Ruth Gabriel)

Würde

Ein Schüler des Rabbi Jakov ben Katz fragte ihn einmal: „Sollten wir die Würdenträger unseres Glaubens als ein Vorbild nehmen?"

Der Rabbi antwortete: „Würde tragen und würdig sein verhält sich zu einander wie Ausgelassenheit und Freude: das Erste ist äußerlicher Natur, das Zweite kommt von innen." (Ruth Finder)

Das Erbe

Ein Jude kam zu Rabbi Jakov ben Katz und redete auf ihn ein: „Rabbi, Ihr lernt und betet unentwegt, helft und lehrt unermüdlich, tut und macht für die Euren und die Fremden. Das alles um Gottes Erlösung willen. Aber wozu solch Bestreben und Mühe, wir werden doch alle erlöst und Gottes Gnade ist uns sicher. Wir haben Zeit."

Der Rabbi antwortete mit einem Gleichnis: „Es war einmal ein reicher Mann, der nach Jahren harter und geschickter Arbeit sein Geschäft aufgebaut hatte und es zu einem beträchtlichen Vermögen brachte. Seine Familie war gut versorgt und er behandelte auch seine Angestellten anständig. Als sein Sohn ein junger Mann geworden war, wollte der Vater, dass er zeitig anfange über das Geschäft zu lernen, das er später führen sollte. Der Jüngling dachte aber nicht daran und verbrachte lieber seine Zeit mit Nichtigem. Er prahlte unter seinen Spaßgenossen: ‚Wozu soll ich mich jetzt bemühen, wenn ich sowieso irgendwann alles erbe.' Das kam zu des Vaters Ohren. Er war entzürnt und enterbte sogleich seinen Sohn bis in das vierte Glied. Es währte lange, bis es die Nachkommen des Unglücklichen wieder zu Wohlstand brachten."

Und weiter sprach der Rabbi: „Ich aber will mich um das Erbe meines Himmlischen Vaters schon jetzt bemühen, es antreten und damit auch Gutes bewirken." (Ruth Finder)

Flügel

Rabbi Jakov ben Katz sagte einmal: „Wer weiß, wo sein Zuhause ist und wer dort auf ihn wartet, der mache sich mit aller Kraft und freudiger Sehnsucht auf den Weg: es werden ihm sicher irgendwann Flügel verliehen und er wird damit nach Hause hingetragen. Wer aber weiß und trotzdem in der Ferne verweilt und stehen bleibt, dem werden in der Fremde Wurzeln wachsen, und es wird ihm schwer werden, sich loszureißen." (Ruth Finder)

Zündholz

Eines Abends erhielt Rabbi Jakov ben Katz Besuch eines Schülers, der sich bei ihm darüber beklagte, dass er sehr unter der mangelnden Gottergebenheit seiner Nächsten zu leiden habe. Dadurch würden sie es ihm zuweilen unmöglich machen, seine Liebe zur Wahrheit und zu Gott ausdrücken zu können.

Rabbi Jakov ben Katz reichte ihm ein Zündholz, wies mit der Hand auf die Kerze neben sich und sprach: „Du beklagst dich über die Dunkelheit und bist doch derjenige, der das Zündholz besitzt." (Ruth Gabriel)

Freude

Einmal war Rabbi Jakov ben Katz sehr krank und musste in einer entfernten Stadt in einem Lazarett behandelt werden. Seine Frau machte sich um ihn große Sorgen. Als der Rabbi endlich genesen nach Hause kam, war sie sehr froh.

„Dich gesund zu wissen und dich wieder zu sehen – oh Jakov, es gibt keine größere Freude auf der Welt!"

Rabbi Jakov ben Katz sagte aber mit heiterer Stimme: „Ich sehe, deine Freude ist groß. So wie auch die meine. Aber es gibt noch viel größere Freude, meine Liebe!"

„Welche wäre das?" fragte Perle.

„Du weißt, über was du dich freust, und kennst denjenigen, über welchen du dich freust. Aber ein Suchender weiß nicht, wohin ihn der Weg führt, und er kennt IHN nicht, der am Ende des Weges seiner harrt. Dennoch ist seine Freude unermesslich."

(Ruth Finder)

Zwei Häuser

Wenn es um Zusammenwirkung der Seelen ging, pflegte Rabbi Jakov ben Katz folgende Geschichte zu erzählen: „Ein Chassid, der einem Bethaus vorstand, wollte ein neues bauen. Er erklärte den Gemeindemitgliedern, dass es groß und hell sein sollte. Die Leute waren begeistert und fingen mit großer Freude an, das Gotteshaus zu errichten. Der Vorsteher ließ sie alleine arbeiten, blieb der Baustelle meistens fern und brachte stattdessen immer weitere Vorschläge zum Außen- und Innenausbau des Hauses: Es möge aus edlem Holz sein, viele Gebetspulte haben und so manches mehr.

Als das Bethaus fertiggestellt wurde, war es anders groß und anders hell, als es sich der Vorsteher gedacht hatte. Auch das Holz war nicht so edel - dafür aber aus dem nahe gelegenen Wäldchen. Und an der Anzahl der Pulte hatte der Bethausvorsteher auch was auszusetzen. Es war nicht SEIN Haus geworden.

Die Leute aber haben sich bei ihm bedankt. Einer sagte zu dem Mann, dass die Gemeinde auch ein neues Lehrhaus brauche und dass er seine Ideen auch dort umsetzen könne – die Unterstützung aller sei ihm sicher."

Der Rabbi stand auf.

Ein Schüler fragte: „Was ist den aus dem Vorschlag an den Vorsteher geworden?"

Ein Sonnenstrahl fiel in den großen, hellen, mit schönem Holz und vielen Lesepulten ausgestatteten Raum.

(Ruth Finder)